奥赛经典

专题研究系列

初中数学竞赛中的组合问题

湖 南 省 数 学 会
湖南师范大学数学奥林匹克研究所 | 组编

◇张 垚 沈文选 吴仁芳/编著

湖南师范大学出版社

◆ 张 垚

男，1938年生，湖南师范大学数学与计算机科学学院教授，中国数学奥林匹克高级教练，湖南省数学奥林匹克主教练，美国《数学评论》评论员. 1987~1999年任湖南省数学会副理事长兼普及工作委员会主任，负责全省数学竞赛的组织及培训工作，并主持了1989年全国初中数学联赛和1997年全国高中数学联赛的命题工作.

已出版图书《数学奥林匹克理论、方法、技巧》等20余部，发表学术论文80余篇. 从1992年起享受国务院颁发的政府特殊津贴. 曾荣获湖南省优秀教师，全国优秀教师，曾宪梓教育基金高等师范院校教师奖三等奖，湖南省教委科技进步奖二等奖等多项表彰和奖励. 所培训的学生有100余人进入全国中学生数学冬令营，其中有40余人进入国家集训队，14人进入国家队，在国际中学生数学竞赛(IMO)中，共夺得10枚金牌和3枚银牌.

◆ 沈文选

男，1948年生，湖南师范大学数学与计算机科学学院教授，硕士生导师，湖南师范大学数学奥林匹克研究所副所长，中国数学奥林匹克高级教练，全国初等数学研究会理事长，全国高等师范院校数学教育研究会常务理事，《数学教育学报》编委，湖南省高师教育研究会理事长，湖南省数学会初等数学委员会副主任，湖南省数学奥林匹克培训的主要组织者与授课者，湖南师大附中、长沙市一中数学奥林匹克培训主要教练.

已出版著作《走进教育数学》、《单形论导引》、《矩阵的初等应用》、《中学数学思想方法》、《竞赛数学教程》等40余部，发表学术论文《奥林匹克数学研究与数学奥林匹克教育》等100余篇，发表初等数学研究、数学思想方法研究和数学奥林匹克研究等文章200余篇. 多年来为全国初、高中数学联赛，数学冬令营提供试题20余道，是1997年全国高中数学联赛，2002年全国初中数学联赛，2003年第18届数学冬令营命题组成员.

◆ 吴仁芳

男，1975年生，湖南师范大学数学与计算机科学学院讲师. 主要研究方向：数学教育、数学竞赛. 从2006年起负责湖南省数学奥林匹克组织和培训工作，为初、高中竞赛选手做了大量的培训工作.

已出版著作《奥赛经典·解题金钥匙初中数学》、《奥赛经典·解题金钥匙高中数学》、《奥赛经典·分级精讲与测试高一数学》、《新课程教学资源库·数学教学资料(1~3年级)》、《新课程教学资源库·数学教学资料(7年级)》、《中学几何研究》等，在国内外重要数学学术期刊发表学术论文10余篇.

奋发图强，力争上游，

为提高我国数学水平

而共同努力。

王梓坤教书

▲ 王梓坤：中国科学院院士

湖南省中学生在国际数学奥林匹克中的获奖情况

届　次	获奖情况
第 28 届 （1987）	刘　雄（湖南湘阴一中）　金牌
第 32 届 （1991）	郭旱阳（湖南师大附中）　银牌
第 34 届 （1993）	刘　炀（湖南师大附中）　金牌
第 35 届 （1994）	彭建波（湖南师大附中）　金牌
第 39 届 （1998）	艾颖华（湖南师大附中）进国家队 该届国家队未参赛
第 40 届 （1999）	孔文彬（湖南师大附中）　银牌
第 41 届 （2000）	刘志鹏（长沙市一中）　金牌
第 42 届 （2001）	张志强（长沙市一中）　金牌 余　君（湖南师大附中）　金牌
第 43 届 （2002）	肖　维（湖南师大附中）　金牌
第 44 届 （2003）	王　伟（湖南师大附中）　金牌 向　振（长沙市一中）　金牌
第 45 届 （2004）	李先颖（湖南师大附中）　金牌
第 48 届 （2007）	胡　涵（湖南师大附中）　银牌

前　言

　　数学奥林匹克是起步最早、规模最大、类型多种、层次较多的一项学科竞赛活动.多年来的实践表明:这项活动可以激发青少年学习数学的兴趣,焕发青少年的学习热情,吸引他们去读一些数学小册子,促使他们寻找机会去听一些名师的讲座;这项活动可以使参与者眼界大开,跳出一个班、一个学校或一个地区的小圈子,与其他高手切磋,培养他们喜爱有挑战性数学问题的素养与精神;这项活动可以使参与者求知欲望大增,使得他们的阅读能力、理解能力、交流能力、表达能力等与日俱增.这是一种有深刻内涵的文化现象,因此,越来越多的国家或地区除组织本国或本地区的各级各类数学奥林匹克外,还积极地参与到国际数学奥林匹克中.

　　我国自 1986 年参加国际数学奥林匹克以来,所取得的成绩举世公认,十多年来一直保持世界领先水平.其中,截至 2010 年,湖南的学生已取得 10 块金牌、3 块银牌的好成绩.这优异的成绩,是中华民族精神的体现,是国人潜质的反映,是民族强盛的希望.为使我国数学奥林匹克事业可持续发展,一方面要继续吸引越来越多的青少年参与,吸引一部分数学工作者扎实地投入到这项活动中来,另一方面要深入研究奥林匹克数学的理论体系,要深入研究数学奥林匹克教育理论与教学方略,研究数学奥林匹克教育与中学数学教育的内在联系.为此,在中国数学奥林匹克委员会领导的大力支持与热情指导下,2003 年,湖南师范大学成立了"数学奥林匹克研究所".研究所组建一年后,我们几位教授都积极投身到研究所的工作中,除深入进行奥林匹克数学与数学奥林匹克教育理论研究外,还将我们多年积累的辅导讲座资料进行了全面、系统的整理,以专题讲座的形式编写了《奥赛经典·专题研究系列》,高中分几何、代数、组合、数论、真题分析五卷,初中分几何、代数、组合、数论四卷.这些丰富、系统的专题知识不仅是创新地解竞赛题所不可或缺的材料,而且还可激发解竞赛题的直觉或灵感.从教育心理学角度上说,只有具备了充分的专题知识与逻辑推理知识,才能有目的、有方向、有成效地进行探究性活动.

编　者

目　录

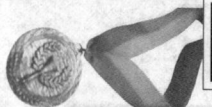

第一章 计数问题

§1 基础知识

1. 加法原理、乘法原理及计数公式

加法原理 假设完成一件事情的方法可分为几类(各类中的方法是互不相同的),且第一类中有 m_1 种方法,第二类中有 m_2 种方法,…,第 n 类中有 m_n 种方法,那么完成这件事情一共有 $m_1+m_2+\cdots+m_n$ 种方法,这就是加法原理,简称为分类相加.

乘法原理 假设完成一件事情要分成几步,且第一步有 m_1 种方法,第二步有 m_2 种方法,…,第 n 步有 m_n 种方法,那么完成这件事情一共有 $m_1\times m_2\times\cdots\times m_n$ 种方法,这就是乘法原理,简称为分步相乘.

例1 将 27 分拆为 3 个质数之和(不考虑顺序),共有 _____ 种不同的分拆方法.

解 设 $27=a+b+c(a,b,c$ 是质数,$a\leqslant b\leqslant c)$,则 $27\geqslant 3a,a\leqslant 9$,故 a 只可能等于 2,3,5 或 7.

(1)当 $a=2$ 时,$b+c=25$,只有 1 个解:$(b,c)=(2,23)$;

(2)当 $a=3$ 时,$b+c=24$,共有 3 个解:$(b,c)=(5,19),(7,17)$ 和 $(11,13)$;

(3)当 $a=5$ 时,$b+c=22$,共有 2 个解:$(b,c)=(5,17)$ 和 $(11,11)$;

(4)当 $a=7$ 时,$b+c=20$,只有 1 个解:$(b,c)=(7,13)$.

综上,由加法原理,一共有 $1+3+2+1=7$ 种不同的分拆方法.

例2 在平面直角坐标系中,以原点为中心 $\sqrt{6}$ 为半径的圆的内部共有多少个格点?(格点指的横坐标和纵坐标都为整数的点)

解 设 $A(x,y)$ 是任意满足题目要求的一个格点,则 $|OA|=\sqrt{x^2+y^2}<(\sqrt{6})^2$,于是,可把这个问题分为 6 类情形:$x^2+y^2=k,k=0,1,2,3,4,5$.

当 $x^2+y^2=0$ 时,$(x,y)=(0,0)$,只有 1 个解;

当 $x^2+y^2=1$ 时,$(x,y)=(-1,0),(1,0),(0,-1),(0,1)$,共有 4 个解;

当 $x^2+y^2=2$ 时,$(x,y)=(-1,1),(1,1),(1,-1),(-1,-1)$,共有 4 个解;

当 $x^2+y^2=3$ 时,没有解;

当 $x^2+y^2=4$ 时,$(x,y)=(-2,0),(2,0),(0,-2),(0,2)$,共有 4 个解;

当 $x^2 + y^2 = 5$ 时,$(x,y) = (-2,-1),(-2,1),(-1,-2),(-1,2),(2,-1),(2,1),(1,-2),(1,2)$,共有 8 个解.

综上,由加法原理,满足题目要求的格点共有 $1+4+4+0+4+8 = 21$(个).

例 3 360 可以被多少个不同的正整数整除(包括 1 和 360 在内)?

解 因 $360 = 2^3 \times 3^2 \times 5$,故 360 的正约数有 $2^a \times 3^b \times 5^c$ 的形式,其中 a,b,c 均为非负整数且 $0 \leqslant a \leqslant 3, 0 \leqslant b \leqslant 2, 0 \leqslant c \leqslant 1$,因 a 可以取 $0,1,2,3$,a 有 4 种取法,b 可以取 $0,1,2$,b 有 3 种取法,c 可以取 $0,1$,c 有 2 种取法,故由乘法原理知 360 共有 $4 \times 3 \times 2 = 24$ 个正约数,即 360 可被 24 个不同的正整数整除.

注 一般地,设 $n = p_1^{\alpha_1} p_2^{\alpha_2} \cdots p_k^{\alpha_k}$,其中 $p_1, p_2, \cdots, p_k$ 是互不相同的质数,$\alpha_1, \alpha_2, \cdots, \alpha_k$ 都是正整数,那么 n 的正约数共有 $(\alpha_1 + 1)(\alpha_2 + 1)\cdots(\alpha_k + 1)$ 个.

例 4 利用 $1,2,3,4,5,6$ 共可组成

(1)多少个数字不重复的三位数?

(2)多少个数字不重复的三位偶数?

(3)多少个数字不重复的 4 的倍数?

解 (1)个位数可取 $1,2,3,4,5,6$ 中任意一个,有 6 种选择;十位数可取不同于个位数的任何一个数,有 5 种选择;百位数可取不同于个位数也不同于十位数的任何一个数,有 4 种选择,由乘法原理知共有 $6 \times 5 \times 4 = 120$ 个数字不重复的三位数.

(2)个位数只能有 3 种选择:2 或 4 或 6;在个位数取完后,十位数还有 5 种选择;百位数还有 4 种选择,所以共有 $4 \times 5 \times 3 = 60$ 个数字不重复的三位偶数.

(3)因为 4 的倍数必须是其十位和个位组成的两位数是 4 的倍数,分为下列 6 种情况:

一位 4 的倍数,只有 1 个:4;

二位 4 的倍数,共有 8 个:$12,16,24,32,36,52,56,64$;

三位 4 的倍数有 $4 \times 8 = 32$ 个,其中 8 表示由十位数和个位数组成的两位数有 8 种取法,4 表示百位数可取不同于十位数和个位数的其他 4 个数字中的任何一个;

四位 4 的倍数有 $3 \times 32 = 96$ 个,其中 32 表示由百位数、十位数和个位数组成的三位数有 32 个,3 表示千位数可取除个位数、十位数和百位数外,其他 3 个数字中的任何一个.

类似地,可得五位 4 的倍数有 $2 \times 96 = 192$ 个,六位 4 的倍数有 $1 \times 192 = 192$ 个.

综上,由加法原理得满足题意的 4 的倍数共有 $1+8+32+96+192+192 = 521$(个).

注 一般地,从 n 个不同元素中任取 $m(m \leqslant n)$ 个不同元素按照一定的次序排成一列,称为从 n 个元素中取 m 个元素的一个排列,从 n 个元素中取 m 个元素的所有排列

的个数记为 A_n^m,则由乘法原理可得 $A_n^m = n(n-1)\cdots[n-(m-1)] = \dfrac{n!}{(n-m)!}$, ①

这里 $n!$ 是 $n(n-1)(n-2)\cdots2\cdot1$ 的缩写,读做 n 的阶乘,并约定 $0! = 1$.

特别,将 n 个不同元素按照一定的次序排成一列,称为 n 个元素的一个全排列,n 个元素的所有全排列的个数记为 A_n^n,则

$$A_n^n = n(n-1)(n-2)\cdots2\cdot1 = n!.$$ ②

例5 (1)从 10 本不同的书中取 3 本书,分别送给 3 位朋友,每人恰好一本,共有多少种不同的方法?

(2)从 10 本不同的书中任取 3 本书送给 1 位朋友,共有多少种不同的方法?

解 (1)从 10 本书中取 1 本送给第一位朋友有 10 种选择,再从余下 9 本书中取 1 本送给第二位朋友,有 9 种选择,最后从余下的 8 本书中取 1 本书送给第三位朋友有 8 种选择,故由乘法原理知,不同的送书方法共有 $A_{10}^3 = 10\times9\times8 = 720$(种).

(2)同(1),我们知道从 10 本书中依次取出 3 本书(每次取一本书)共有 $A_{10}^3 = 10\times9\times8$ 种取法. 当取出的 3 本书是 A,B,C 时,它们取出的次序都有下列 $A_3^3 = 3\times2\times1 = 6$ 种不同的顺序:ABC,ACB,BAC,BCA,CAB,CBA. 而将它们送给一位朋友是相同的情况,故不同的送书方法共有 $\dfrac{A_{10}^3}{A_3^3} = \dfrac{10\times9\times8}{3\times2\times1} = 120$(种).

注 一般地,从 n 个不同元素中任取 $m(m\leqslant n)$ 个不同元素,不论顺序如何并成一组,称为从 n 个元素中取 m 个元素的一个组合,从 n 个元素中取 m 个元素的所有组合的个数记为 C_n^m.

因为从 n 个不同元素中取 m 个不同元素的排列个数等于 A_n^m,而我们可用另一种方法来计算这个排列个数:首先从 n 个不同元素中取出 m 个不同元素(不论顺序)有 C_n^m 种方法,再将取出的 m 个元素排成一列有 A_m^m 种方法,故由乘法原理知所求排列数又等于 $C_n^m \cdot A_m^m$,于是 $C_n^m \cdot A_m^m = A_n^m$,即

$$C_n^m = \dfrac{A_n^m}{A_m^m} = \dfrac{m(m-1)(m-2)\cdots2\cdot1}{1\cdot2\cdots m} = \dfrac{n!}{m!\,(n-m)!}.$$ ③

例6 (1)6 本书分给 2 个人,每人 3 本,有多少种不同的分法?

(2)6 本书分成 2 堆,每堆 3 本,有多少种不同的分法?

(3)6 本书分成 3 堆,每堆的书本数分别是 3,2,1,有多少种不同的分法?

(4)6 本书分成 3 堆,每堆 2 本,有多少种不同的分法?

解 (1)从 6 本书中取 3 本书给一个人有 C_6^3 种取法,余下 3 本给另一个人有 C_3^3 种取法,由乘法原理知,共有 $C_6^3 \cdot C_3^3 = \dfrac{6\times5\times4}{1\times2\times3} \cdot \dfrac{3\times2\times1}{1\times2\times3} = 20$(种)不同的分法.

(2)因为取 3 本书 A,B,C 作一堆,余下 3 本书 D,E,F 作另一堆与取 A,B,C 作一

堆是同一种分堆情况,故所求方法数为 $\dfrac{C_6^3 \cdot C_3^3}{A_2^2} = \dfrac{20}{1 \times 2} = 10$(种).

(3)所求方法数为 $C_6^3 C_3^2 C_1^1 = \dfrac{6 \times 5 \times 4}{1 \times 2 \times 3} \cdot \dfrac{3 \times 2}{1 \times 2} \cdot 1 = 60$ 种.

(4)类似于(2),此时 3 堆没有区别,所求方法数为 $\dfrac{C_6^2 \cdot C_4^2 \cdot C_2^2}{A_3^3} = (\dfrac{6 \times 5}{1 \times 2} \cdot \dfrac{4 \times 3}{1 \times 2} \cdot \dfrac{2 \times 1}{1 \times 2}) \div (1 \times 2 \times 3) = 15$(种).

例 7 20 人分为 2 组,每组 10 人,并且每组选出正、副组长各一人,共有多少种不同的方法?

解 同例 6(2)知 20 人分为 2 组,每组 10 人的方法数为 $\dfrac{C_{20}^{10} C_{10}^{10}}{A_2^2} = (\dfrac{20!}{10! \ 10!} \cdot \dfrac{10!}{10! \ 0!}) \div 2! = \dfrac{1}{2}[\dfrac{20!}{(10!)^2}]$(种),再从一组 10 人中选出正、副组长各一人有 $A_{10}^2 = 10 \times 9 = 90$(种)方法,最后从另一组 10 人中选出正、副组长各一人也有 $A_{10}^2 = 10 \times 9 = 90$(种)方法,故由乘法原理得所求方法数为 $\dfrac{1}{2}[\dfrac{20!}{(10!)^2}] \times 90 \times 90 = 4050 \cdot [\dfrac{20!}{(10!)^2}]$(种).

2. 容斥原理

为了介绍容斥原理的内容,我们先介绍有关集合的一些基本概念.

集合是数学中的一个基本概念,通常将具有某种性质的对象的全体称为集合,对象称为集合中的元素,同一集合中的任意 2 个元素是互不相同的. 只含有限个元素的集合叫做有限集,不含任何元素的集合叫做空集,记为 $\varnothing$,含有无穷多个元素的集合叫做无限集.

具有性质 p 的对象全体组成的集合记为 $A = \{x \mid x$ 具有性质 $p\}$. 判断一个对象 x' 是否属于 A,等价于证明 x' 是否具有性质 p. 若 A 中的所有元素都属于 B,则称 A 是 B 的一个子集,记为 $A \subseteq B$;若 $A \subseteq B$,且 B 中至少有一个元素不属于 A,则称 A 是 B 的一个真子集,记为 $A \subsetneqq B$;约定空集 $\varnothing$ 是任何集合的子集. 若 x 是 A 中元素,则记为 $x \in A$,若 x 不是 A 中元素,则记为 $x \notin A$.

任意两个集合 A 与 B 的交集 $A \cap B$,并集 $A \cup B$ 的定义如下:

$A \cap B = \{x \mid x \in A$ 且 $x \in B\}$,$A \cup B = \{x \mid x \in A$ 或 $x \in B\}$.

设 $A \subseteq I$,则 A 在 I 中的补集 $\bar{A}$(有的书上记为 $\complement_I A$)定义为 $\bar{A} = \{x \mid x \in I$ 且 $x \notin A\}$.

容斥原理是解决计数问题常用的一个原理,我们先通过一个例子来介绍容斥原理的内容.

例 8 从 1 到 100 的正整数中能被 3 整除或能被 5 整除的正整数共有多少个?

解 设 A, B 分别表示从 1 到 100 的正整数中能被 3,5 整除的数集,即

$A=\{a\mid 1\leqslant a\leqslant 100,3\mid a\}$，$B=\{b\mid 1\leqslant b\leqslant 100,5\mid b\}$，

而用 $|A|$，$|B|$ 分别表示 A，B 中的数的个数，于是 $|A|=\left[\dfrac{100}{3}\right]=33$，$|B|=\left[\dfrac{100}{5}\right]=$ 20，这里 $[\alpha]$ 表示不超过 α 的最大整数，例如 $[3.15]=3$，$[\sqrt{2}]=1$，并且 $[\alpha]$ 满足 $\alpha-1<[\alpha]\leqslant\alpha$.

A 与 B 的并集 $A\bigcup B$ 表示从 1 到 100 的正整数中能被 3 或 5 整除的数的集合，而 A 与 B 的交集 $A\bigcap B$ 表示 1 到 100 的正整数中既能被 3 整除又能被 5 整除的数的集合. 因 3 与 5 互质，故 $A\bigcap B$ 为从 1 到 100 的正整数中能被 $3\times5=15$ 整除的数的集合，于是 $A\bigcap B$ 中数的个数为 $|A\bigcap B|=\left[\dfrac{100}{3\times5}\right]=6$.

从图 1-1 可以看出，$A\bigcup B$ 中数的个数为

$$|A\bigcup B|=|A|+|B|-|A\bigcap B|=33+20-6=47. \qquad ④$$

上式中之所以要减去 $|A\bigcap B|$，原因是在计算 $|A|$（被 3 整除的数的个数）及计算 $|B|$（被 5 整除的数的个数）时，都计算了 $A\bigcap B$ 中的数（被 15 整除的数）的个数 $|A\bigcap B|$，这就重复计算了一次，故应减去.

因此，本题的结论是：从 1 到 100 的正整数中能被 3 或 5 的整除的数的个数是 47.

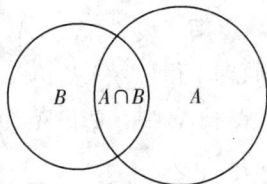

图 1-1

我们将④式抽去其具体内容，便得到下列原理：

容斥原理 I 设 A，B 是两个有限集合，那么 $|A\bigcup B|=|A|+|B|-|A\bigcap B|$. ⑤

注意：记号 $|M|$ 表示集合 M 中元素的个数（不要与数的绝对值混淆，有的书上也用记号 $\mathrm{Crad}M$ 表示集合 M 中元素的个数），记号 $A\bigcup B$ 表示集合 A 与集合 B 的并集，即由集合 A 和集合 B 的全部元素（A 与 B 中相同的元素只取 1 个）组成的集合，而记号 $A\bigcap B$ 表示集合 A 与集合 B 的交，即由集合 A 与集合 B 的公共部分的元素组成的集合.

关于 3 个有限集合的容斥原理 I 为

$$|A\bigcup B\bigcup C|=|A|+|B|+|C|-(|A\bigcap B|+|B\bigcap C|+|C\bigcap A|)+|A\bigcap B\bigcap C|. \qquad ⑥$$

证明 如图 1-2，要计算 $|A\bigcup B\bigcup C|$，先计算 $|A|+|B|+|C|$，其中 $|A\bigcap B|$，$|B\bigcap C|$，$|C\bigcap A|$ 都重复计算了一次，必须减去，得到 $|A|+|B|+|C|-(|A\bigcap B|+|B\bigcap C|+|C\bigcap A|)$，这样一来，$|A\bigcap B\bigcap C|$ 却一次也没有计算在内，所以又必须加上，于是得到要证的公式⑥.

容斥原理 I 的一般形式是：设 A_1，A_2，$\cdots$，A_n 是 n 个有限集合，那么

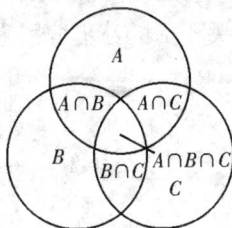

图 1-2

$$|A_1 \cup A_2 \cup \cdots \cup A_n| = \sum_{i=1}^{n} |A_i| - \sum_{1 \le i < j \le n} |A_i \cap A_j| + \sum_{1 \le i < j < k \le n} |A_i \cap A_j \cap A_k| - \cdots + (-1)^{n-1}|A_1 \cap A_2 \cap \cdots \cap A_n|.$$ ⑦

其中 $\sum_{i=1}^{n}|A_i|$ 表示 $A_1, \cdots, A_n$ 中每个集合的元素个数之和，$\sum_{1 \le i < j \le n}|A_i \cap A_j|$ 表示 $A_1, A_2, \cdots, A_n$ 中每2个集合的交集的元素个数之和，$\sum_{1 \le i < j < k \le n}|A_i \cap A_j \cap A_k|$ 表示 $A_1, \cdots, A_n$ 中每3个集合的交集的元素个数之和，$\cdots$，$|A_1 \cap A_2 \cap \cdots \cap A_n|$ 表示 n 个集合 $A_1, A_2, \cdots, A_n$ 的交集的元素的个数.（证明略）

例9 某年级语文、数学、英语三门课程，期中考试成绩统计如下：至少一门课上90分的有200人，语文上90分的有122人，数学上90分的有82人，英语上90分的有90人，语文与数学两科上90分的有48人，数学与英语两科上90分的有28人，英语与语文两科上90分的有23人，问语文、数学和英语三科都上90分的有几人？

解 设 A_1, A_2, A_3 分别表示语文、数学、英语上90分的学生组成的集合，由容斥原理Ⅰ得 $|A_1 \cap A_2 \cap A_3| = |A_1 \cup A_2 \cup A_3| - (|A_1| + |A_2| + |A_3|) + (|A_1 \cap A_2| + |A_2 \cap A_3| + |A_3 \cap A_1|) = 200 - (122 + 82 + 90) + (48 + 28 + 23) = 5$，即三科都上90分的有5人.

例10 求从1到100的正整数中既不被3整除又不被5整除的正整数的个数.

解 设 $\overline{A}$ 表示从1到100的正整数中不被3整除的数的集合，$\overline{B}$ 表示从1到100的正整数中不被5整除的数的集合，而 I 表示从1到100的正整数集合，由例8知从1到100的正整数中能被3或5整除的正整数的个数为 $|A \cup B| = 47$. 于是 $|\overline{A} \cap \overline{B}| = |I| - |A \cup B| = 100 - 47 = 53$，即从1到100的正整数中既不被3整除又不被5整除的数的个数是53.

抽去上式的具体内容，便得到下列：

容斥原理Ⅱ 设 A, B 是有限集 I 的两个子集，A, B 关于 I 的补集分别记为 $\overline{A}, \overline{B}$，那么 $|\overline{A} \cap \overline{B}| = |I| - |A \cup B| = |I| - (|A| + |B|) + |A \cap B|.$ ⑧

容斥原理Ⅱ的一般形式为：设 $A_1, A_2, \cdots, A_n$ 是有限集合 I 的子集，$A_1, A_2, \cdots, A_n$ 关于 I 的补集分别为 $\overline{A_1}, \overline{A_2}, \cdots, \overline{A_n}$，则

$$|\overline{A_1} \cap \overline{A_2} \cap \cdots \cap \overline{A_n}| = |I| - |A_1 \cup A_2 \cup \cdots \cup A_n| = |I| - \sum_{i=1}^{n}|A_i| + \sum_{1 \le i < j \le n}|A_i \cap A_j| - \sum_{1 \le i < j < k \le n}|A_i \cap A_j \cap A_k| + \cdots + (-1)^n |A_1 \cap A_2 \cap \cdots \cap A_n|.$$ ⑨

（证明略）.

例11 某班期中考试结束后，语文、数学、英语获得90分以上的学生人数分别是

22人、18人、20人,其中语文和数学两科都获得 90 分以上的学生人数有 8 人,语文和英语两科都获得 90 分以上的学生人数有 9 人,数学和英语两科都获得 90 分以上的学生人数有 7 人,并且语文、数学、英语三科都没有获得 90 分以上的学生人数有 5 人.问这个班最少有几个学生? 最多有几个学生.

解 这个班的学生组成的集合为 I,这个班共有 $m=|I|$ 人,设三科都获得 90 分以上的学生有 n 人,A_1,A_2,A_3 分别表示语文、数学、英语获得 90 分以上的学生组成的集合,由容斥原理 Ⅱ 得三科都没有获得 90 分以上的学生人数为

$$5=|\overline{A}_1 \cap \overline{A}_2 \cap \overline{A}_3|=|I|-|A_1 \cup A_2 \cup A_3|$$

$$=m-(|A_1|+|A_2|+|A_3|)+(|A_1 \cap A_2|+|A_1 \cap A_3|+|A_2 \cap A_3|)-|A_1 \cap A_2 \cap A_3|$$

$$=m-(22+18+20)+(8+9+7)-n=m-36-n,$$

所以这个班的学生人数为 $m=41+n$.

另一方面,由于两科获得 90 分以上的学生人数分别为 8,9,7,所以 3 科都获得 90 分以上的学生人数可以为 0,但最多不超过 7,即 $0 \leqslant n \leqslant 7$,所以 $41 \leqslant 41+n \leqslant 48$.

综上所述,当没有学生三科都获得 90 分以上时,班上学生人数最少,只有 41 人;当有 7 个学生的三科成绩都在 90 分以上时,班上学生人数最多,有 48 人.

3. 对应原理

先看一个简单的例子:

为了证明从 1 到 100 之间的偶数和奇数的个数相等,除了直接算出 1 到 100 之间的偶数和奇数的个数都为 50 个外,还可用下列方法来证明:

我们先将奇数从小到大排成一行,然后在奇数下方将偶数从小到大对应的排成一行:

$$1, \quad 3, \quad 5, \quad \cdots, \quad 2k-1, \quad \cdots, \quad 97, \quad 99$$

$$\updownarrow \quad \updownarrow \quad \updownarrow \qquad \updownarrow \qquad \updownarrow \quad \updownarrow$$

$$2, \quad 4, \quad 6, \quad \cdots, \quad 2k, \quad \cdots, \quad 98, \quad 100$$

下方每个偶数恰是上方对应的奇数加 1,于是我们将 1 到 100 的所有奇数与所有偶数"一对一"地对应起来,从而得到 1 到 100 的所有奇数个数与所有偶数个数相等的结论.

一般地,如果我们能建立两个集合 M,N 之间的一个对应 f,满足:对于 M 中任意一个元素 x,N 中都有唯一确定的一个元素 y 与之对应,且 M 中不同的元素对应着 N 中不同的元素,反之 N 中每个元素 y 都有 M 中一个元素 x 与 y 对应,那么所建立的对应 f 叫做 M 与 N 之间的一个一一对应.

对应原理 如果存在两个有限集合 M 与 N 之间的一个一一对应,那么 $|M|=|N|$.

§2 解计数问题的基本方法

1. 枚举法

枚举法就是把要求计数的对象——列举出来,列举时要按一定的次序进行,要注意既不重复,也不遗漏.

例1 (2006 年浙江省竞赛试题)将长为 15cm 的木棒截成长度为整数的三段,使它们构成一个三角形的三边,则不同的截法有(　　).

A.5 种　　　　　　B.6 种　　　　　　C.7 种　　　　　　D.8 种

解 设木棒被截成长度为 $a$cm,$b$cm,$c$cm 的三段(a,b,c 为正整数,$a+b+c=15$,且 $a \leqslant b \leqslant c$),则 a,b,c 可构成一个三角形的三边的充要条件是 $a+b>c$,则 (a,b,c) 只有下列 7 种可能:$(1,7,7)$,$(2,6,7)$,$(3,5,7)$,$(3,6,6)$,$(4,4,7)$,$(4,5,6)$,$(5,5,5)$,故选 C.

例2 (2005 年"我爱数学"初中生夏令营竞赛试题)某计算机用户计划用不超过 500 元的资金购买单价分别为 60 元,70 元的单片软件和盒装磁盘,根据需要软件至少买 3 片,磁盘至少买 2 盒,则不同的选购方式共有_____种.

解 先买了 3 片软件和 2 盒磁盘,余下 $500-(3\times60+2\times70)=180$(元). 若不买软件,则可买磁盘 0 盒、1 盒或 2 盒;若买 1 片软件,则可买磁盘 0 盒或 1 盒;若买 2 片软件,则不可能再买磁盘;若买 3 片软件,也不能再买磁盘,故共有 $3+2+1+1=7$ 种选购方法.

2. 利用加法原理、乘法原理及计数公式

利用加法原理和乘法原理解计数问题的关键在于正确地进行分类和分步,分类必须包含所有可能情形,并且不允许同一种情形不能出现在两个不同的类中.

例3 将正方形的每条边 5 等分,取分点(不包括正方形的 4 个顶点)为顶点的三角形共有多少个.

解 分两类计算.

第Ⅰ类,如图 1-3 所示,三角形的 3 个顶点分别在正方形的 3 条边上.首先从 4 条边中取 3 条边有 4 种取法,其次,从每条边上取一点,各有 4 种取法,故共计有 $4\times4\times4\times4=256$(个)三角形.

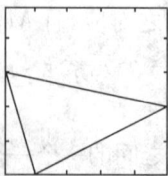 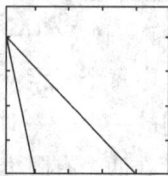

图 1-3　　　　　　图 1-4

第Ⅱ类，如图1-4所示，三角形的两个顶点位于正方形的一条边上，而第三个顶点在正方形的另一边上. 首先从4条边中取1条边有4种取法，在这条边上的4个分点中取2个分点有6种取法，其次从其余3边中的12个分点中取一点有12种取法，故共计有 $4 \times 6 \times 12 = 288$（个）三角形.

两类合计，共有 $256 + 288 = 544$（个）三角形.

例4 （首届"华罗庚杯"赛试题）已知平面上99条直线的交点个数的最大值是 p，求 p 的值.

解 当任意两条直线都相交，任意3条直线不共点时交点数最大. 从99条直线中任取一条直线有99种取法，再从余下98根直线中取一条直线有98种取法，共有 99×98 种取法，但先取直线 a，后取直线 b 与先取直线 b，后取直线 a 得到的是同一个交点，故交点个数的最大值 $p = \dfrac{1}{2} \times 99 \times 98 = 4851$.

例5 （第(1)题为2004年重庆市竞赛试题）如图1-5，

(1)图中共有_____个（包括大小不同的）正方形；

(2)图中共有_____个包括大小不同的矩形（包含正方形）.

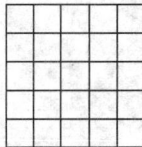

解 (1)边长为 $1,2,3,4,5$ 的正方形分别有 $5^2, 4^2, 3^2, 2^2, 1^2$ 个，故共有 $5^2 + 4^2 + 3^2 + 2^2 + 1^2 = 55$ 个正方形.

图1-5

(2)长方形的水平方向的边长可为 $1,2,3,4,5$，它们分别有 $5,4,3,2,1$ 种不同取法故长方形的水平方向边长共有 $5+4+3+2+1 = 15$ 种不同取法. 同理，长方形的竖直方向的边长也有 $5+4+3+2+1 = 15$ 种不同取法，故共有 $15 \times 15 = 225$ 个不同的长方形.

3. 算两次方法

算两次方法就是适当选择一个（或几个）对象，用两种不同方法来计算这种对象的个数，列出方程（或方程组），然后通过解方程（组）来求出问题的解.

例6 （2008年全国竞赛浙江赛区初赛试题）小明把棱长为4的正方体分割成29个棱长为整数的小正方体，则其中棱长为1的小正方体有（　　　）个.

A. 22　　　　　　　B. 23　　　　　　　C. 24　　　　　　　D. 25

解法一 若分割出棱长为3的正方体，则余下的均是棱长为1的正方体，有 $4^3 - 3^3 = 37$ 个，不满足题目要求.

设棱长为2的正方体有 x 个，棱长为1的正方体有 y 个，则

$$\begin{cases} x + y = 29 \\ 2^3 \cdot x + y = 4^3 \end{cases} \Rightarrow \begin{cases} x = 5 \\ y = 24 \end{cases}.$$

故选C.

解法二 设棱长为 1，2，3 的正方体分别有 x,y,z 个，依题意得

$$\begin{cases} x+y+z=29 \\ x+2^3y+3^3z=64 \end{cases}.$$

因为棱长为 3 的正方体至多只有 1 个，所以 $z=0$ 或 $z=1$.

当 $z=0$ 时，上述方程组化为 $\begin{cases} x+y=29 \\ x+8y=64 \end{cases} \Rightarrow \begin{cases} x=24 \\ y=5 \end{cases}$.

当 $z=1$ 时，上述方程组化为 $\begin{cases} x+y=28 \\ x+8y=37 \end{cases}$，此方程组无非负整数解.

故选 C.

例 7 (2007 年浙江省竞赛试题)现有 a 根长度相同的火柴棒，按图 1-6(1)可摆成 m 个正方形，按图 1-6(2)可摆成 $2n$ 个正方形.

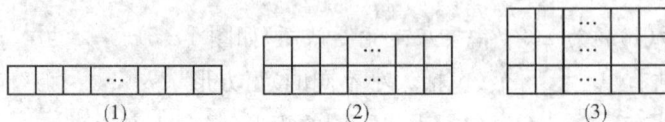

图 1-6

(1)用含 n 的代数式表示 m；

(2)当这 a 根火柴棒还能摆成如图 1-6(3)所示的形状时，求 a 的最小值.

解 (1)图 1-6(1)中火柴棒总数是 $3m+1$ 根，图 1-6(2)中火柴棒总数是 $5n+2$ 根，因为火柴棒的总数相同，所以 $3m+1=5n+2$，即 $m=\dfrac{5n+1}{3}$.

(2)设图 1-6(3)中有 $3p$ 个小正方形，则火柴总数为 $7p+3$ 根. 由题意得 $a=3m+1=5n+2=7p+3$，所以 $m=\dfrac{7p+2}{3}$，$n=\dfrac{7p+1}{5}$，而 m,n,p 都为正整数，且 $7p+1$ 被 5 整除，于是 p 的个位数字只能是 2 或 7，即 $p=2,7,12,17,\cdots$，其中使 $7p+2$ 是 3 的倍数且值最小的 $p=7$，这时 $m=\dfrac{7\times7+2}{3}=17$，$n=\dfrac{7\times7+1}{5}=10$，且 a 的值最小，$a=3\times17+1=5\times10+2=7\times7+3=52$.

4. 递推方法

有些计数问题可归结为求一列数 $a_1,a_2,\cdots,a_n,\cdots$ 中第 n 个数 a_n，但直接计算 a_n 很困难，这时，需要用递归的思想、递推的方法，先求出 a_1(或 a_2)，再建立 a_n 与 a_{n-1} 的递推关系，逐步递推达到计数的目的.

例 8 平面内 100 条直线最多可把平面分成多少个部分？

解 设 n 条直线可把平面分成 a_n 个区域，通过画图易得 $a_1=2$，$a_2=4=a_1+2$，

$a_3=7=a_2+3,\cdots$，一般情形下，$a_n=a_{n-1}+n$（事实上，假设 $n-1$ 直线已将平面分成 a_{n-1} 个部分，再画出第 n 条直线 l_n，为了使分成的部分的个数最多，直线 l_n 应与前 $n-1$ 条直线都相交，且相交两两不重合，即 l_n 上有 $n-1$ 个交点，它们将 l_n 分成 n 段，而每段又将原有部分一分为二，故增加了 n 个部分，所以 $a_n=a_{n+1}+n$）．于是

$$a_{100}=a_{99}+100=a_{98}+99+100=a_{97}+98+99+100=a_1+2+3+\cdots+100=2+$$

$$2+3+\cdots+100=1+(1+2+\cdots+100)=1+\frac{(1+100)\times100}{2}=1+5050=5051.$$

注 一般地，我们可得 $a_n=1+(1+2+\cdots+n)=1+\frac{(1+n)n}{2}=\frac{1}{2}(n^2+n+2)$.

例 9 （2007 年北京市竞赛试题（初二））将正整数从 1 开始依次按图 1-7 所示规律排成一个数阵，其中，2 在第 1 个拐角处，3 在第 2 个拐角处，5 在第 3 个拐角处，7 在第 4 个拐角处，…，那么第 2007 个拐角处的数是_____.

```
26─25─24─23─22─21
                │
27  10─ 9─ 8─ 7─20
    │            │
28  11  2─ 1  6  19
    │   │      │  │
 ⋮  12  3─ 4─ 5  18
    │            │
 ⋮  13─14─15─16─17
```

图 1-7

解 设第 n 个拐角处的数是 a_n，则 $a_1=2,a_2=3,a_3=5,a_4=7,a_5=10,a_6=13,a_7=17,a_8=21,\cdots$，于是 $a_2-a_1=1,a_3-a_2=2,a_4-a_3=2,a_5-a_4=3,a_6-a_5=3,a_7-a_6=4,a_8-a_7=4,\cdots$，一般地，我们有 $a_{2n-1}-a_{2n-2}=n,a_{2n}-a_{2n-1}=n$.

注意到 $2007=2\times1004-1$，于是

$$a_{2007}=a_1+(a_2-a_1)+(a_3-a_2)+(a_4-a_3)+\cdots+(a_{2005}-a_{2004})+(a_{2006}-a_{2005})+$$

$$(a_{2007}-a_{2006})=2+1+2+2+3+3+\cdots+1003+1003+1004=1+2\times(1+2+3+\cdots+$$

$$1003)+1004=1+2\times\frac{(1+1003)\times1003}{2}+1004=1+1004^2=1008017.$$

5. 利用容斥原理

例 10 从 1 到 1000 的正整数中与 105 互质的正整数共有多少个?

解 因为 $105=3\times5\times7$，故与 105 互质的正整数就是不被 $3,5,7$ 中任何一个数整除的正整数. 记 $I=\{1,2,\cdots,1000\}$，将 I 中分别被 $3,5,7$ 整除的正整数组成的集合记为 A_3,A_5,A_7，而 A_3,A_5,A_7 在 I 中的补集分别记为 $\overline{A}_3,\overline{A}_5,\overline{A}_7$（即 $\overline{A}_3,\overline{A}_5,\overline{A}_7$ 分别表示 I 中不被 $3,5,7$ 整除的正整数组成的集合），于是 I 中与 105 互质的数组成的集合为 $\overline{A}_3\bigcap\overline{A}_5\bigcap\overline{A}_3$，由容斥原理 II 得

$$|\overline{A}_3\bigcap\overline{A}_5\bigcap\overline{A}_7|=|I|-|A_3\bigcup A_5\bigcup A_7|$$

$$=|I|-(|A_3|+|A_5|+|A_7|)+(|A_3\bigcap A_5|+|A_3\bigcap A_7|+$$

$$|A_5\bigcap A_7|)-|A_3\bigcap A_5\bigcap A_7|$$

$$=1000-(\left[\frac{1000}{3}\right]+\left[\frac{1000}{5}\right]+\left[\frac{1000}{7}\right])+(\left[\frac{1000}{3\times5}\right]+\left[\frac{1000}{3\times7}\right]+$$

$$\left[\frac{1000}{5\times7}\right]\right)-\left[\frac{1000}{3\times5\times7}\right]$$

$$=1000-(333+200+142)+(66+47+28)-9$$

$$=1000-675+141-9=457,$$

即从 1 到 1000 的正整数中有 457 个数与 105 互质.

例 11 某班学生到公园进行活动,划船的有 22 人,乘电动车的有 20 人,乘过山车的有 19 人,既划船又乘电动车的有 9 人,既乘电动车又乘过山车的有 6 人,既划船又乘过山车的有 8 人,并且有 4 人没有参加上述 3 项活动中任何一项活动.问这个班学生人数的可能值是多少?

解 设 3 项活动都参加了的学生有 n 人,于是由容斥原理Ⅰ知至少参加了一项活动人数为

$$22+20+19-(9+6+8)+n=38+n.$$

所以,这个班的学生人数为 $38+n+4=42+n$.

另一方面参加了两项活动的学生人数分别是 $9,6,8$,所以 $0\leqslant n\leqslant6$,

故 $42\leqslant42+n\leqslant48$.

综上所述,这个班的学生人数可能是 $42,43,44,45,46,47,48$.

6. 配对法

配对法就是按照一定的规则将所研究的对象两两配成一对,从而使计算比较容易,达到化繁为简,化难为易的目的.

例 12 如图 1-8,$\triangle ABC$ 的面积为 $S_{\triangle ABC}=5$,且 $BD_1=D_1D_2=D_2D_3=D_3D_4=D_4C$. 问图中共有多少个三角形(包括 $\triangle ABC$ 在内)?它们的面积之和等于多少?

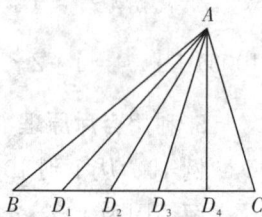

图 1-8

解 除了 $S_{\triangle ABC}=5$ 外,面积之和等于 $S_{\triangle ABC}=5$ 的三角形有以下 4 对:$\triangle ABD_1$ 与 $\triangle AD_1C$;$\triangle ABD_2$ 与 $\triangle AD_2C$;$\triangle ABD_3$ 与 $\triangle AD_3C$;$\triangle ABD_4$ 与 $\triangle AD_4C$.

除了 $S_{\triangle D_1AD_4}=\frac{3}{5}S_{\triangle ABC}=3$ 外,面积之和等于 $S_{\triangle D_1AD_4}=3$ 的还有以下 2 对:$\triangle AD_1D_2$ 与 $\triangle AD_2D_4$;$\triangle AD_1D_3$ 与 $\triangle AD_3D_4$.

此外还有一个 $\triangle AD_2D_3$,且 $S_{\triangle AD_2D_3}=\frac{1}{5}S_{\triangle ABC}=1$.

综上所述,图中三角形的个数为

$(1+4\times2)+(1+2\times2)+1=9+5+1=15$(个),

它们的面积之和为

$(1+4)S_{\triangle ABC}+(1+2)S_{\triangle AD_1D_4}+S_{\triangle AD_2D_3}=5\times5+3\times3+1=35.$

例 13 对集合 $I=\{1,2,\cdots,n\}$ 的任意非空子集 M,将 M 中的元素(假设有 k 个)按照从大到小的次序排列为 $i_1>i_2>\cdots>i_k$,并称 $i_1-i_2+i_3-i_4+\cdots+(-1)^{k-1}i_k$ 为集合 M 的交替和(例如 $\{1,2,4,6,9\}$ 的交替和为 $9-6+4-2+1=6$,$\{5\}$ 的交替和为 5),试求所有这样交替和的总和.

解 我们首先证明 I 的子集(包括空集 $\varnothing$ 和 I 本身)共有 2^n 个,因为对 I 的任意子集 M,I 中每个元 $i(i=1,2,\cdots,n)$ 可以属于 M 也可以不属于 M,有 2 种取法,由乘法原理,构造 M 的方法共有 $2\times2\times\cdots\times2=2^n$ 种,即 I 的子集共有 2^n 个.

将 I 的 2^n 个子集分为两类:A 类中的子集都含有元素 n,B 类中的子集都不含元素 n,并规定空集的交替和为 0,我们将 A 中的子集 $\{a_1,a_2,\cdots,a_k,n\}(a_1<a_2<\cdots<a_k<n)$ 与 B 中子集 $\{a_1,a_2,\cdots,a_k\}$ 配成一对,这样的对子共有 $\frac{1}{2}\times2^n=2^{n-1}$ 个,并且每对子集 $\{a_1,a_2,\cdots,a_k,n\}(a_1<a_2<\cdots<a_k<n)$ 与 $\{a_1,a_2,\cdots,a_k\}$ 的交替和之和等于

$$(n-a_k+a_{k-1}+\cdots+(-1)^ka_1)+(a_k-a_{k-1}+\cdots+(-1)^{k-1}a_1)=n,$$

故所有这样交替和的总和为 $s=2^{n-1}\cdot n$.

注 由例 13 的解答的第一段,我们得到一个很有用的结论:n 元集合的子集(包括空集和集合本身)共有 2^n 个.这是解有关集合计数问题时常用的一个结论.

7. 利用对应原理

当我们计算一个集合 M 中的元素个数比较困难时,我们设法建立集合 M 与另一个集合 N 之间的一个一一对立.如果 N 中元素个数 $|N|$ 比较容易算出,那么由 $|M|=|N|$ 便得到 M 中元素的个数.这就是利用对应原理求解计数问题的基本思路.

例 14 20 名选手参加乒乓球单打淘汰比赛,每打一场淘汰一名选手,问共需要打几场比赛才能产生冠军?

解 注意到每淘汰一名选手就要打一场比赛,而要产生冠军,必须淘汰 19 名选手,故一共要打 19 场比赛才能产生冠军.

例 15 由 1,2,3,4,5,6 组成的所有数字不重复的 6 位数中,1 总是位于 3 的左侧(不一定相邻)的 6 位数有几个?

解 首先由乘法原理易知由 1,2,3,4,5,6 组成的数字不重复的 6 位数共有 $6\times5\times4\times3\times2\times1=720$ 个.假设其中数字 1 总是位于 3 的左侧的 6 位数组成的集合为 A,而数字 1 总是位于 3 的右侧的 6 位数组成的集合为 $\bar{A}$,对 A 中每个 6 位数 a,将其中数字 1 与 3 交换位置就得到 $\bar{A}$ 的唯一一个 6 位数 a',于是,我们建立了集合 A 与 $\bar{A}$ 之间的一个一一对应,故由对应原理得 $|A|=|\bar{A}|$,而 $|A|+|\bar{A}|=720$,所以 $|A|=|\bar{A}|=\frac{1}{2}\times720=360$.

例 16 不定方程 $x_1+x_2+x_3=100$ 的正整数解 (x_1,x_2,x_3) 共有多少组?

解 如图 1-9,在排成一列的 100 个"○"之间的 99 个间隙中选择 2 个,每个间隙内各放一个"+"号,就得到不定方程的一组正整数解 (x_1, x_2, x_3):

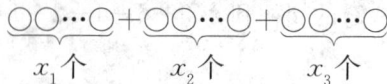

$$\underbrace{○○\cdots○}_{x_1 \text{个}} + \underbrace{○○\cdots○}_{x_2 \text{个}} + \underbrace{○○\cdots○}_{x_3 \text{个}}$$

图 1-9

这种对应是一个一一对应,故不定方程 $x_1 + x_2 + x_3 = 100$ 的正整数解的组数等于从 99 个间隙中取 2 个间隙的方法数,而从 99 个间隙中取一个放"+"号有 99 种方法,再从余下 98 个间隙中取一个放"+"有 98 种方法,故共有 99×98 种取法,但先放左侧的"+"号,后放右侧的"+"号与在同一位置先放右侧的"+"字,后放左侧的"+"号对应的是同一组解,故不定方程的正整数解共有 $\dfrac{99 \times 98}{1 \times 2} = \dfrac{1}{2} \times (9800 - 98) = \dfrac{1}{2} \times 9702 = 4851$(组).

注 类似地,可求出不定方程 $x_1 + x_2 + \cdots + x_k = n$($n, k$ 为正整数,$n \geqslant k$)的正整数解有 $\dfrac{(n-1)(n-2)\cdots(n-k+1)}{1 \cdot 2 \cdots (k-1)} = \mathrm{C}_{n-1}^{k-1}$ 组(这里 C_{n-1}^{k-1} 是组合数记号,读者可参看本章 §1 例 5 后的注).

例 17 不定方程 $x_1 + x_2 + x_3 = 100$ 的非负整数解有多少组?

解 在方程 $x_1 + x_2 + x_3 = 100$ ①中令 $x_1 + 1 = y_1, x_2 + 1 = y_2, x_3 + 1 = y_3$ 得方程 $y_1 + y_2 + y_3 = 103$ ②,于是①的每组非负整数解 (x_1, x_2, x_3),通过公式 $x_i + 1 = y_i (i = 1, 2, 3)$ 与②的一组正整数解 (y_1, y_2, y_3) 相对应,这个对应是一一对应,由例 16 可类似求出②的正整数解有 $\dfrac{102 \times 101}{2} = 5151$(组),故①的非负整数解有 5151(组).

注 类似地,可求出不定方程 $x_1 + x_2 + \cdots + x_k = n$($n, k$ 为正整数)的非负整数解有 $\dfrac{(n+k-1)(n+k-2)\cdots(n+1)}{1 \cdot 2 \cdots (k-1)} = \mathrm{C}_{n+k-1}^{k-1}$(组).

8. 数形结合方法

有些简单的计数问题常常可以通过画图直接得出要计算的结果,还有一些计数问题,则可以通过图形发现计数之间的一些规律,从而便于算出要计算的结果,这就是数形结合方法.

例 18 (2008 年全国竞赛浙江赛区初赛试题)在平面直角坐标系中,称横坐标与纵坐标都是整数的点为整点.将二次函数 $y = -x^2 + 6x - \dfrac{27}{4}$ 的图象与 x 轴所围成的封闭图形染成红色,则此区域内部及其边界上的整点个数是(   ).

A. 5 B. 6 C. 7 D. 8

解 如图 1-10，二次函数 $y=-x^2+6x-\dfrac{27}{4}=-(x-3)^2+\dfrac{9}{4}$ 与 x 轴有两个交点 $\left(\dfrac{3}{2},0\right)$，$\left(\dfrac{9}{2},0\right)$，在 $x=\dfrac{3}{2}$ 与 $x=\dfrac{9}{2}$ 之间有 3 个整数：2，3，4．

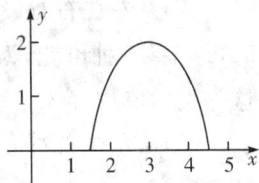

图 1-10

当 $x=2,4$ 时，$y=\dfrac{5}{4}$，满足 $0\leqslant y\leqslant\dfrac{5}{4}$ 的整数是 0，1，整点有 4 个：$(2,0)$，$(2,1)$，$(4,0)$，$(4,1)$；

当 $x=3$ 时，$y=\dfrac{9}{4}$，满足 $0\leqslant y\leqslant\dfrac{9}{4}$ 的整数是 0，1，2，整点有 3 个：$(3,0)$，$(3,1)$，$(3,2)$，共有 7 个整点．故选 C．

例 19（"五羊杯"竞赛试题）如图 1-11(1)，从 A 到 B（往东、北或东北三种方向）共有 _____ 条不同路径（阴影部分不能进入）．

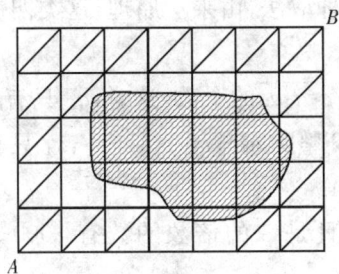

(1)

D G
E F

(2)

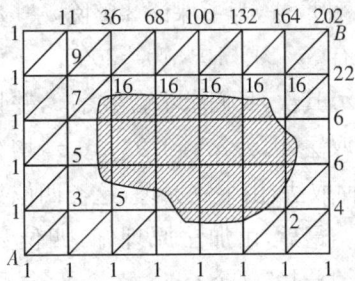

(3)

图 1-11

解 如图 1-11(2)，如果到达点 D,E,F 的路径数分别是 d,e,f，那么到达点 G 的路径数为 $g=d+e+f$．我们在图 1-11(3)中从 A 开始向东、北和东北方向依次标出到达各点的路径数目，最后得到从 A 到 B 共有 202 条路径．

§3 典型例题解题思维策略分析

例 1 求至少出现一个数字 9，而且是 3 的倍数的四位数的个数．

解法一 设满足要求的四位数为 $\overline{a_1a_2a_3a_4}$，于是 3 整除 $\overline{a_1a_2a_3a_4}$ 的充要条件是 3 整除 $a_1+a_2+a_3+a_4$，现分情形讨论如下：

(1)从左往右看，若最后一个 9 出现在第 4 位，即 $a_4=9$，则 a_2,a_3 可以从 0，1，2，…，9 这 10 个数字任取 1 个，为了保证 $a_1+a_2+a_3+a_4$ 被 3 整除，a_1 只有 3 种取法（当 $a_2+a_3+a_4=0(1$ 或 $2)(\bmod 3)$ 时，a_1 可取 3 个数 3，6，9(2，5，8 或 1，4，7)中 1 个），由乘法原理，四位数中最后一位数字是 9，并且是 3 的倍数的数有 $3\times10\times10=300$(个)．

（2）从左往右看最后一个 9 出现在第 3 位，即 $a_3=9$，于是 a_4 只有 9 种可能（$a_4\neq9$），a_2 有 10 种可能，为了保证 3 整除 $a_1+a_2+a_3+a_4$，a_1 只有 3 种可能，由乘法原理，这一类四位数有 $3\times10\times9=270$（个）.

（3）从左往右看最后一个 9 出现在第 2 位，即 $a_2=9$，这时 a_3,a_4 都只有 9 种可能（因 $a_3\neq9$，$a_4\neq9$），为了保证 3 整除 $a_1+a_2+a_3+a_4$，a_1 只有 3 种可能，由乘法原理，这一类数有 $3\times9\times9=243$（个）.

（4）从左往右看最后一个 9 出现在第 1 位，即 $a_1=9$，这时 a_2,a_3 都有 9 种可能，为了保证 3 整除 $a_1+a_2+a_3+a_4$，a_4 只有 3 种可能，从而这类四位数有 $9\times9\times3=243$（个）.

最后，由加法原理知，四位数中至少有一个数字 9，并且是 3 的倍数的数有 $300+270+243+243=1056$ 个.

解法二 我们先求能被 3 整除的所有四位数 $\overline{a_1a_2a_3a_4}$ 的个数，这时 a_2,a_3,a_4 均有 10 种取法，为了保证 3 整除 $a_1+a_2+a_3+a_4$，a_1 只有 3 种取法，由乘法原理，这类四位数有 $3\times10\times10\times10=3000$.

其次，我们求不含数字 9，并且被 3 整除的四位数 $\overline{a_1a_2a_3a_4}$ 的个数，这时，a_1 只有 8 种取法（因为 $a_1\neq0,9$），a_2,a_3 均有 9 种取法，为了保证 3 整除 $a_1+a_2+a_3+a_4$，a_4 只有 3 种取法，由乘法原理，这类四位数有 $8\times9\times9\times3=1944$.

最后，由加法原理知，四位数中至少有一个 9，并且是 3 的倍数的数有 $3000-1944=1056$（个）.

注 当总的方法数 S 及不满足条件的方法数 M 都较容易求出时，可用下列公式求出满足条件的方法数 N：$N=S-M$.

例 2 一个正方形纸片，用剪刀沿一条不过顶点的直线将其剪成两部分，拿出其中一部分，再沿一条不过任何顶点的直线将其剪成两部分，又从得到的 3 部分中拿出其中之一，还是沿一条不过任何顶点的直线将其剪成两部分，……，如此下去，最后得到 34 个六十二边形和一些多边形纸片，则至少要剪的刀数是（　　）.

A. 2004　　　　B. 2005　　　　C. 2006　　　　D. 2007

解 （算两次方法）依题意，用剪刀沿不过顶点的直线剪成两部分时，所得各张多边形（包括三角形）的纸片的内角和增加了 $2\times180°=360°$，剪过 k 刀后，可得 $(k+1)$ 个多边形，这些多边形的内角总和为 $360°+k\times360°=(k+1)\times360°$.

另一方面，因为这 $k+1$ 个多边形中有 34 个为六十二边形，它们的内角总和为 $34\times(62-2)\times180°=2040\times180°$，余下的多边形（包括三角形）有 $k+1-34=k-33$ 个，其内角总和至少为 $(k-33)\times180°$，于是 $(k+1)\times360°\geqslant2040\times180°+(k-33)\times180°$，解得 $k\geqslant2005$.

其次，我们按如下方式剪 2005 刀时，可得到符合条件的结论. 先从正方形剪下 1 个三角形和 1 个五边形，再将五边形剪成 1 个三角形和 1 个六边形，…，如此下去，剪了 58 刀后，得到 1 个六十二边形和 58 个三角形，取出其中 33 个三角形，每个各剪一刀，又可得到 33 个四边形和 33 个三角形，对这 33 个四边形，按上述方法各剪 58 刀，便得到 33 个六十二边形和 33×58 个三角形，于是共剪了 $58 + 33 + 33 \times 58 = 2005$（刀），故选 B.

例 3 跳格游戏. 如图 1-12 所示，人从格外只能进入第 1 格，在格中每次可向前跳 1 格或 2 格，那么人从格外跳到第 6 格可以有_____种方法.

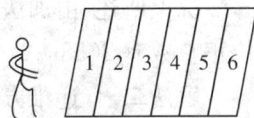

图 1-12

解法一 （数形结合法）如图 1-13，人从格外跳到第 6 格共有 8 种方法.

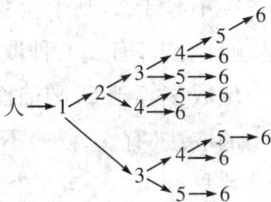

图 1-13

解法二 （递推方法）设跳到第 $k(k \geqslant 3)$ 格时有 a_k 种方法，因为只可能从第 $k-2$ 格跳 2 格或从第 $k-1$ 格跳 1 格才能跳到第 k 格，并且跳到第 $k-2$ 格和第 $k-1$ 格分别有 a_{k-2} 和 a_{k-1} 种方法，由加法原理得 $a_k = a_{k-1} + a_{k-2} (k \geqslant 3)$.

依题意显然有 $a_1 = 1, a_2 = 1$，故 $a_3 = a_2 + a_1 = 1 + 1 = 2, a_4 = a_3 + a_2 = 2 + 1 = 3, a_5 = a_4 + a_3 = 3 + 2 = 5, a_6 = a_5 + a_4 = 5 + 3 = 8$，即跳到第 6 格有 8 种方法.

注 数列 1,1,2,3,5,8,13,21,… 中每一项等于前面相邻两项之和，这个数列叫做斐波那奇数列. 它有许多奇妙的性质，常常用来编制各种数学竞赛试题.

例 4 由 0,1,2,3,4,5,6 组成的四位正整数中，从左到右不出现 12 的数有多少个?

解法一 （利用加法原理和乘法原理）首先计算由 0,1,3,4,5,6 组成的四位正整数的个数，这时千位数字不等于零，有 6 种取法，而百位数字、十位数字和个位数字分别有 7 种取法，故由乘法原理知，由 0,1,2,3,4,5,6 组成的四位正整数有 $6 \times 7 \times 7 \times 7 = 2058$ 个.

其次，计算从左到右出现 12 的四位正整数的个数，又分为下列几种情形:

(1) 千位数字是 1，百位数字是 2 时，十位及个数都有 7 种取法，这类数有 $7 \times 7 = 49$（个）;

(2)百位数字是1,十位数字是2时,千位数字有6种取法,个位数字有7种取法,这类数有$6 \times 7 = 42$(个);

(3)十位数字是1,个位数字是2时,千位数字有6种取法,百位数字有7种取法,这类数有$6 \times 7 = 42$(个).

此外,还应注意到1212这个数在第(1)类和第(3)类中都计算了一次,有1个重复!

综上所述,由加法原理知,由0,1,2,3,4,5,6组成,并且从左到右不出现12的四位正整数有$2058 - (49 + 42 + 42) + 1 = 1926$(个).

解法二 (递推方法)假设由0,1,2,3,4,5,6组成并且从左到右不出现12的k位正整数有a_k个,显然$a_1 = 6$,$k = 2$时.由0,1,2,3,4,5,6组成的二位正整数有$6 \times 7 = 42$(个),其中1个正整数12不满足题目要求,所以$a_2 = 42 - 1 = 41$.当$k \geq 3$时,若满足题目要求的k位正整数的个位数字不等于2,则个位数字有6种取法,因前面$k - 1$个数字组成的$k - 1$位正整数满足题目要求,有a_{k-1}种取法,这样的正整数有$6a_{k-1}$个;若满足题目要求的k位正整数的个位数字等于2,则前面$k - 1$个数字有a_{k-1}种取法,但这a_{k-1}种取法中十位数字等于1的取法(有a_{k-2}种)不满足题目要求,可见个位数字是2,并且满足题目要求的k位正整数只有$a_{k-1} - a_{k-2}$个.

由加法原理得$a_k = 6a_{k-1} + (a_{k-1} - a_{k-2}) = 7a_{k-1} - a_{k-2}$ ($k \geq 3$).

由$a_1 = 6$,$a_2 = 41$,得$a_3 = 7a_2 - a_1 = 7 \times 41 - 6 = 281$,$a_4 = 7a_3 - a_2 = 7 \times 281 - 41 = 1926$.

例5 凸n边形的顶点有n个.

(1)以这n个点为顶点的三角形有多少个?

(2)以这n个点为顶点的凸四边形有多少个?

解 (1)从n点中取1个点有n种取法,再从余下$n - 1$个点取1个点有$n - 1$种取法,最后从余下$n - 2$个点取1个点有$n - 2$种取法,于是从n个点中依次取出3个点有$n(n-1)(n-2)$种取法.若取出的3个点是A, B, C,它们可按下列$6 = 3 \times 2 \times 1$种不同顺序取出:$ABC, ACB, BAC, BCA, CAB, CBA$,但得到的三角形都是同一个三角形$ABC$,故所求三角形个数为$\dfrac{n(n-1)(n-2)}{3 \times 2 \times 1} = C_n^3$(个).(这里$C_n^3$为组合数记号,读者可参看本章§1例5后的注)

(2)类似于(1),所求凸四边形的个数为$\dfrac{n(n-1)(n-2)(n-3)}{4 \times 3 \times 2 \times 1} = \dfrac{1}{24} \cdot n(n-1)(n-2)(n-3) = C_n^4$.

例6 设凸n边形的任意3条对角线不相交于凸n边形内同一点,试求它的所有对角线在形内的交点的个数.

解 (利用对应原理)依题意,一个交点p由2条对角线l和m相交而得,反之,任意两条在形内相交的对角线 l 和 m 确定一个交点,从而 p 与 (l,m) 可建立一一对应.

又因为两条在形内相交的对角线 l，m 分别由凸 n 边形的两对顶点 A，B 和 C，D 连接而成,而对于凸 n 边形的任意 4 个顶点,有且只有一对对角线相交于多边形内一点(如图 $1-14$),故 (l,m) 又可与 4 点组 (A,C,B,D) 建立一一对应,即有 $p\leftrightarrow(l,m)\leftrightarrow(A,C,B,D)$. 由本节例 5(2)知凸 n 边形的 4 顶点组数有 C_n^4 个.

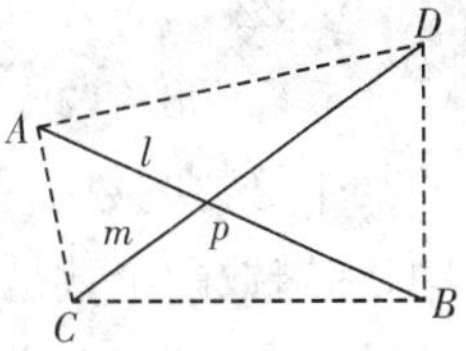

图 $1-14$

因此,凸 n 边形在形内的交点总数等于凸 n 边形的 4 顶点组数 $C_n^4=\dfrac{1}{24}\cdot n(n-1)(n-2)(n-3)$.

模拟实战一

1.(2008 年"时代杯"江苏省中学数学应用与创新邀请赛复赛试题)如图,已知 $\triangle DEF$ 的边长分别为 $1,\sqrt{3},2$,正六边形网格由 24 个边长为 2 的正三角形组成,以这些正三角形的顶点画 $\triangle ABC$,使得 $\triangle ABC \backsim \triangle DEF$,相似比为 $\dfrac{AB}{DE}=k$,那么 k 的不同值共有(　　)个.

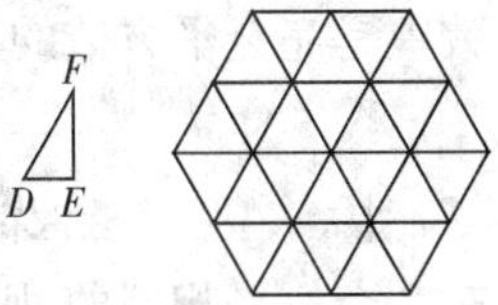

第 1 题

    A. 1   B. 2   C. 3   D. 4

2.(第 18 届北京市"迎春杯"竞赛试题)如图所示,$DE /\!/ FG /\!/ HI /\!/ BC$,图中梯形的个数为_____个.

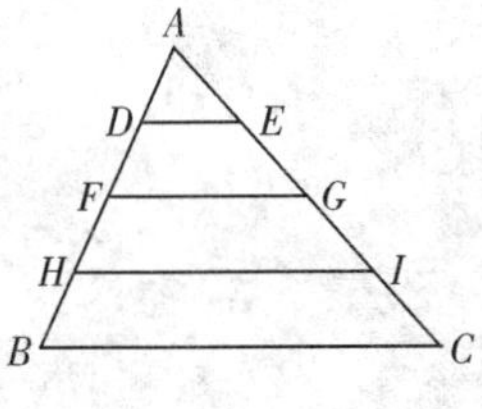

第 2 题 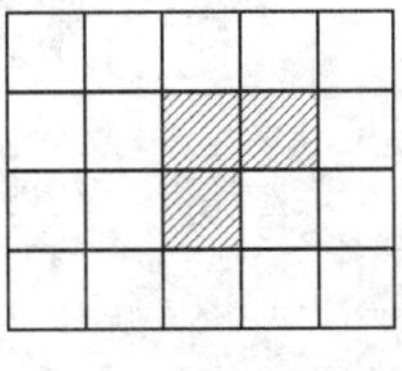   第 3 题

3.(2006 年浙江省竞赛试题)如图所示,阴影部分由方格纸上 3 个小方格组成,我们称这样的图形为 L 形,那么在 4×5 个小方格组成的方格纸上可以画出不同位置的 L 形图案的个数是(　　).

    A. 16   B. 32   C. 48   D. 64

4.(2009 年全国联赛南昌市竞赛试题)如图,连接边长为 1 的正方形各边的中点,连接正方形的对角线,则图中共有等腰三角形(　　)个.

A. 16   B. 32

C. 22   D. 44

5. (2008年"我爱数学"夏令营竞赛试题)如果某个数可以表示成91的某个倍数的数字和,就把这个数叫做"和谐数".那么,在$1,2,\cdots,2008$中,和谐数的个数是_____.

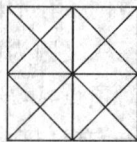

第4题

6. (2007年"新知杯"上海市竞赛试题)不超过1000的正整数x,使得x和$x+1$两者的数字和都是奇数,则满足条件的正整数x有_____个.

7. (2009南昌市竞赛(初二)试题)边长为整数,周长为20的三角形共有(   )个.

A. 4   B. 6   C. 8   D. 12

8. (2007年北京市竞赛(初二)试题)分母是2007的正的最简真分数有(   )个.

A. 675   B. 326   C. 1329   D. 1332

9. (2009年北京市竞赛(初二)试题)已知n为正整数,记$1\times2\times3\times\cdots\times n=n!$(例如$1!=1,4!=1\times2\times3\times4=24$等).若$M=1!\times2!\times3!\times\cdots\times9!$,则$M$的约数中是完全平方数的共有(   )个.

A. 504   B. 672   C. 864   D. 936

10. (2008年青少年国际城市邀请赛试题)一个十位数,其数码只能是2或3,且没有2个3是相邻的,则这样的十位数共有_____个.

11. (2008年青少年国际城市邀请赛试题)若最简分数$\dfrac{p}{q}$写成小数形式为$0.abababab\cdots$(非负整数a,b可以相等,但至少有一个非零),那么符合条件的分数中不同的分子有多少个?

12. (2008 年四川省联赛决赛(初二)试题)在"$\boxed{}1\boxed{}2\boxed{}3\boxed{}4\boxed{}5\boxed{}6$ $\boxed{}7\boxed{}8\boxed{}9$"的小方格中填上"+"、"−"号,如果可使其和为 n,就称数 n 是"可被看出的数",否则称 n 是"不可被看出的数(如 1 是可看出的数,这是因为 $1=+1+2-3-4+5+6-7-8+9$ 是 1 的一种可看出的方法).

(1)证明:7 是可看出的数,而 8 是不可看出的数;

(2)求 25 是可看出的数的不同方法的种数.

13. (2004 年全国联赛试题)如图,在 2×3 的矩形方格纸上,各个正方形的顶点称为格点,则以格点为顶点的等腰直角三角形有( )个.

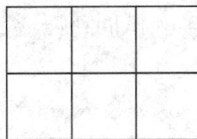

A. 24　　　　　　　　　　B. 38

C. 46　　　　　　　　　　D. 50　　　　第 13 题

14. (2002 年重庆市竞赛试题)从 1 分、2 分、5 分 3 种硬币中取出 100 枚,总计 3 元,其中 2 分硬币枚数的可能情况有( )种.

A. 13　　　　B. 16　　　　C. 17　　　　D. 19

15. (第 17 届江苏省竞赛(初三)试题)现有长为 150cm 的铁丝,要截成 $n(n>2)$ 小段,每段长为不小于 1cm 的整数. 如果任意 3 小段不能拼成三角形,试求 n 的最大值. 此时有几种方法将该铁丝截成满足条件的 n 段?

16.(第 21 届江苏省竞赛(初三第二试)试题)如图所示的 7×7 单位正方形网格中共有 64 个格点,有许多以这些格点为顶点的正方形,则这些正方形的面积有多少个不同的值?

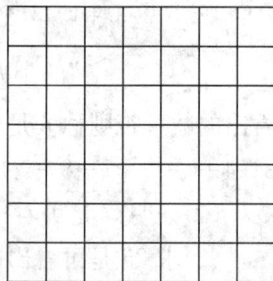

第 16 题

17.(1995 年圣彼得堡市奥林匹克(初中)试题)有如下两类五位数:

(1)各位数字之和等于 36,且为偶数;

(2)各位数字之和等于 38,且为奇数.

试问:哪一类数较多? 说明理由.

18.(2005 年山东省竞赛试题)把数字 $1,2,3,\cdots,9$ 分别填入右图的 9 个圆圈内,要求 $\triangle ABC$ 和 $\triangle DEF$ 的每条边上三个圆圈内的数字之和等于 18.

(1)给出一种符合要求的填法;

(2)共有多少种不同的填法? 证明你的结论.

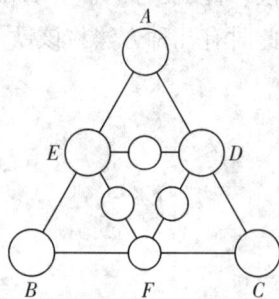

第 18 题

19.(2008年"数学周报杯"全国竞赛试题)将1,2,3,4,5这5个数字排成一排,最后一个数字是奇数,且使得其中任意连续三个数之和都能被这三个数中第一个数整除,那么满足要求的排法有(   )种.

A.2　　　　　　　　　B.3　　　　　　　　　C.4　　　　　　　　　D.5

20.(1996年上海市竞赛试题)如图的菱形中若自上而下将相邻的字母拼成"MATHEMATICS"的字样(圈中字母就是一种拼法),共有_____种不同的拼法.

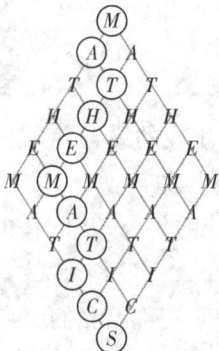

第20题

21.(2006年国际城市竞赛试题)一家机密文件碎纸公司有许多雇员,这些雇员在输送带前排成一列,分别编号为1,2,3,…,老板接到一张文件撕碎的任务,他把这份文件撕成5块后交给第1号雇员,每当第 n 号雇员接到前手传来的纸时,却从中取出 n 块,把每块分成5块,然后再传递给第 $n+1$ 号雇员.若第 k 号雇员接到前手传来的总块数少于2006块,但传给下一位的总块数超过2006块,求 k 的值.

第二章　存在性问题

§1　基础知识

1. 极端原理

原理1　设 $\mathbf{N}_+$ 是全体正整数组成的集合，M 是 $\mathbf{N}_+$ 的一个子集（M 可以是有限集也可以是无限集），则 M 中必有最小数.

原理2　设 $\mathbf{R}$ 是全体实数组成的集合，T 是 $\mathbf{R}$ 的一个非空有限子集，则 T 中必有最大数，也必有最小数.

这两个原理显然十分明显，但它们都给我们解数学竞赛题提供了有力的工具和重要的解题思想方法. 先看下面的例子.

例1　在一次有 $n(n \geqslant 3)$ 名乒乓球选手参加的循环赛中，没有一名选手保持不败. 证明：其中存在 3 名选手 A、B、C，满足 A 胜 B，B 胜 C，C 胜 A.

证明　假设 B 是胜的场次最多的选手，因没有一名选手保持不败，故必有一名选手 A 胜 B，另外，败给 B 的选手中必有一名选手 C 胜 A，否则 A 胜的场次比 B 胜的场次至少多 1（因 A 胜 B），这与假设 B 是胜的场次最多的选手矛盾，故必有三名选手 A，B，C 使 A 胜 B，B 胜 C，C 胜 A.

从上面例子看出，为了解决某个数学问题，先考察某些极端状况，如两点间或点与直线之间的最大距离或最小距离，图形中的最大面积或最小面积，数集中的最大数或最小数，获胜场次最多或最少的队员和队，有朋友最多或最少的人，一列数中的最大数或最小数，在解题中考察这些极端元素. 常常可从中得到启发，找到解题途径，这对于解决许多数学问题，特别是某些存在性问题是一种有效的解题途径.

对于某些不存在"极端"元素的集合，有时可考虑其"临界"元素，例如开区间内实数既无最大数又无最小数，我们可考察其端点处的值. 又如要证一个结论对所有钝角三角形成立，我们可先考虑钝角三角形的临界情形——直角三角形，再将钝角三角形情形转化为直角三角形来研究，这实质上仍是应用极端原理的思想来解题.

例2　平面上有若干个点（点数不少于 5），把其中一些点染成红色，其余点染成蓝色，并且设任何三个同色的三点不共线. 求证：存在一个三角形满足：

(1) 它的三个顶点有相同的颜色；

(2)这个三角形至少有一条边上不包含另一种颜色的点.

解 因为至少有 5 个点被染成了红色或蓝色,故其中至少有 3 点同色,即 3 个顶点同色的三角形必存在.考虑 3 个顶点同色的三角形,这类三角形只有有限个,其中必有一个面积最小的,设这个三角形为 $\triangle ABC$,且不妨设 A,B,C 都为红色,如果 AB,BC,CA 边上分别有一个蓝色点 D,E,F,则 $\triangle DEF$ 的三个顶点同色且 $\triangle DEF$ 的面积小于 $\triangle ABC$ 的面积,这与假设 $\triangle ABC$ 的面积最小矛盾,故满足题设要求的三角形存在.

2. 抽屉原理

将 $n+1$ 只鸽子关入 n 个笼子里,那么,至少有一个笼子里关有两只或更多的鸽子,这就是抽屉原理的最简单的形式.

抽屉原理,又叫做鸽笼原理,它是 19 世纪德国数学家狄里赫勒(Dirichlet,1805—1859)首先提出的.抽屉原理虽然非常简单,浅显易懂,但是,灵活运用这一原理,可以解决许多有趣的问题,并且常常得到一些意想不到的结论.

第一抽屉原理 将 m 个物体放入 n 个抽屉内,则必有一个抽屉至少有 $\left[\dfrac{m-1}{n}\right]+1$ 个物体.

证明:若每个抽屉内至多有 $\left[\dfrac{m-1}{n}\right]$ 个物体,则 n 个抽屉内一共至多有 $n\times\left[\dfrac{m-1}{n}\right]\leqslant n\times\left[\dfrac{m-1}{n}\right]=m-1$ 个物体,这与一共有 m 个物体矛盾,这与已知矛盾,故必有一个抽屉内至少有 $\left[\dfrac{m-1}{n}\right]+1$ 个物体.

第二抽屉原理 将 m 个物体放入 n 个抽屉内,则必有一个抽屉内至多有 $\left[\dfrac{m}{n}\right]$ 个物体.

证明 如果每个抽屉内至少有 $\left[\dfrac{m}{n}\right]+1$ 个物体,那么 n 个抽屉内一共至少有 $n\left(\left[\dfrac{m}{n}\right]+1\right)>n\left(\left(\dfrac{m}{n}-1\right)+1\right)=m$ 个物体.这与一共有 m 个物体矛盾,故必有一个抽屉内至多有 $\left[\dfrac{m}{n}\right]$ 个物体.

上述两个抽屉原理实质上都是极端原理的一种形式:第一抽屉原理说的是有物体最多的抽屉内至少有 $\left[\dfrac{m-1}{n}\right]+1$ 个物体,第二抽屉原理说的是有物体最少的抽屉内至多有 $\left[\dfrac{m}{n}\right]$ 个物体,实际计算时注意 $[\alpha]$ 表示不超过 α 的最大整数,例如 $[\sqrt{3}]=1$,$[2.6]=2$,

$\left[\dfrac{10}{3}\right]=1$ 等,并且 $[\alpha]$ 满足 $\alpha-1<[\alpha]\leqslant\alpha$.

例 3 (第一届"希望杯"竞赛试题)新年晚会上,老师让每位同学从一个装有许多球的口袋中摸出两个球,这些球给人的手感都相同,只有红、蓝、黄、白、绿五种颜色之分(摸时看不到颜色),结果发现总有 2 人取的球的颜色完全相同,由此可知参加取球的人至少有_____人.

解 摸出两个球,颜色不同的情况有 $\dfrac{5\times4}{2}=10$ 种,颜色相同的情况有 5 种,共有 $10+5=15$ 种不同情况,故由第一抽屉原理知至少有 16 人参加摸球时,就能保证有 $\left[\dfrac{16-1}{15}\right]+1=2$ 人摸出的两球的颜色完全相同.

例 4 在直径为 5 的圆内放入 10 个点,证明其中必有两点的距离小于 2.

分析 把圆等分为 9 个扇形显然不行(虽然必有一扇形内至少有 2 点,但不保证它们的距离小于 2),因此,我们先作一个与已知圆同心的小圆(其直径必须小于 2,但不能太小),然后将余下的圆环部分 8 等分.

证明 设 O 是已知圆心,如图 2-1,以 O 为圆心作半径为 0.9 的圆,再将余下的圆环 8 等分,于是将已知圆面分成了 9 个部分,由抽屉原理知其中必有一部分内至少有已知 10 点中的 $\left[\dfrac{10-1}{9}\right]+1=2$ 点 M,N,若 M,N 在小圆内,则 $MN\leqslant2OC=2\times$ 0.9 = 1.8 < 2.

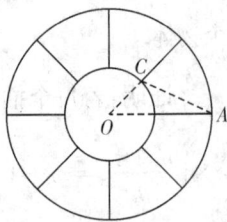

图 2-1

若 M,N 同在一个扇面形内,则由余弦定理,有

$$MN\leqslant AC=\sqrt{OC^2+OA^2-2OC\cdot OA\cos45°}$$
$$<\sqrt{0.81+6.25-2\times0.9\times2.5\times0.7}=\sqrt{3.91}<2.$$

从例 2 可以看出,分割图形制造"抽屉"时,可能不是将图形等分为几部分,而是要求分割的每一部分图形都具有所需要的性质(例 2 中每一部分图形内任意两点的距离都小于 2),读者应用这种方法解题时,应该注意到这一点.

例 5 将平面直角坐标系中点集 $M=\{(x,y)\,|\,x=1,2,3,4,5,y=1,2,3,4\}$ 内的 11 个点染成红色,其余点不染色.证明:存在一个矩形,它的边与坐标轴平行,顶点都在 M 中,并且都是红色.

证明 将 M 分为下列 4 个点集:

$M_i=\{(x,y)\,|\,x=1,2,3,4,5,y=i\}\,(i=1,2,3,4)$.

则由第二抽屉原理知 M_1,M_2,M_3,M_4 必有一个集合内至多有 $\left[\dfrac{11}{4}\right]=2$ 个红色点,

不妨设 M_4 内至多有 2 个红色点,从而 $M_1 \cup M_2 \cup M_3$ 内至少有 $11-2=9$ 个红色点.再将 $M_1 \cup M_2 \cup M_3$ 分成下列 5 个点集:

$$N_i=\{(x,y)|x=i,y=1,2,3\}(i=1,2,3,4,5).$$

由第二抽屉原理, N_1,N_2,N_3,N_4,N_5 必有一个集合内至多有 $\left[\dfrac{9}{5}\right]=1$ 个红色点,不妨设 N_5 内至多有 1 个红色点,从而 $N_1 \cup N_2 \cup N_3 \cup N_4$ 内至少有 $9-1=8$ 个红色点.又将 $N_1 \cup N_2 \cup N_3 \cup N_4$ 分成下列 3 个点集:

$$M_j'=\{(x,y)|x=1,2,3,4,y=j\}(j=1,2,3).$$

由第二抽屉原理知 M_1',M_2',M_3' 中必有一个集合内至多有 $\left[\dfrac{8}{3}\right]=2$ 个红点,不妨设 M_3' 内至多有 2 个红色点,从而 $M_1' \cup M_2'=\{(x,y)|x=1,2,3,4,y=1,2\}$ 内至少有 $8-2=6$ 个红色点.又将 $M_1' \cup M_2'$ 分为 4 个集合:

$$N_i'=\{(x,y)|x=i,y=1,2\}(i=1,2,3,4).$$

因为这 4 个集合内一共至少有 6 个红色点,且每个集合内只有 2 点,故必有 2 个集合内有 2 个红色点(否则这 4 个集合内一共至多只有 $1+1+1+2=5$ 个红色点,矛盾).不妨设 N_1',N_3' 内 4 个点都为红色点,这 4 点即为一个矩形的 4 个顶点,且矩形的边与坐标轴平行,从而完成了题目的证明.

3. 平均值原理

平均值原理 (1)设 $a_1,a_2,\cdots,a_n$ 都是实数,它们的算术平均值为 $A=\dfrac{1}{n}(a_1+a_2+\cdots+a_n)$,则 $a_1,a_2,\cdots,a_n$ 中必有一个数不小于 A,也有一个数不大于 A.

(2)设 $a_1,a_2,\cdots,a_n$ 都是正实数,它们的几何平均值为 $G=\sqrt[n]{a_1a_2\cdots a_n}$,则 $a_1,a_2,\cdots,a_n$ 中必有一个数不小于 G,也有一个数不大于 G.

证明 (1) $\min\limits_{1\leqslant i\leqslant n}\{a_i\}\leqslant A\leqslant\max\limits_{1\leqslant i\leqslant n}\{a_i\}$;

(2) $\min\limits_{1\leqslant i\leqslant n}\{a_i\}\leqslant G\leqslant\max\limits_{1\leqslant i\leqslant n}\{a_i\}$.

这里 $\min\limits_{1\leqslant i\leqslant n}\{a_i\}$ 和 $\max\limits_{1\leqslant i\leqslant n}\{a_i\}$ 分别表示 $a_1,a_2,\cdots,a_n$ 中的最小数和最大数.

从上述证明可以看出,平均值原理也是极端原理的一种表现形式.

例6 将 1,2,3,4,5,6,7,8,9,10 任意排列在一个圆周上,证明:其中必有 3 个连续的数之和不小于 18.

证明 设 $a_1,a_2,\cdots,a_{10}$ 是 $1,2,\cdots,10$ 沿圆周顺时针方向的任意一个排列,不妨设 $a_1=1$,于是

$$(a_2+a_3+a_4)+(a_5+a_6+a_7)+(a_8+a_9+a_{10})=2+3+4+5+6+7+8+9+10=\dfrac{1}{2}\times(2+10)\times 9=54.$$

由平均值原理知 $a_2+a_3+a_4$，$a_5+a_6+a_7$，$a_8+a_9+a_{10}$ 中必有一个不小于 $\frac{1}{3}\times 54=$ 18.

例7 如图 2-2，D、E、F 分别是 $\triangle ABC$ 的三边 BC、CA、AB 上任意一点，证明：$\triangle AEF$，$\triangle BFD$，$\triangle CDE$ 中至少有一个三角形的面积不大于 $\triangle ABC$ 的面积的四分之一.

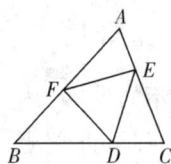

证明 记 $S=S_{\triangle ABC}$，$S_1=S_{\triangle AEF}$，$S_2=S_{\triangle BFD}$，$S_3=S_{\triangle CDE}$，于是

$$\frac{S_1}{S}=\frac{\frac{1}{2}\cdot AE\cdot AF\cdot \sin A}{\frac{1}{2}\cdot AB\cdot AC\cdot \sin A}=\frac{AE\cdot AF}{AB\cdot AC}.$$

同理 $\dfrac{S_2}{S}=\dfrac{BF\cdot BD}{BA\cdot BC}$，$\dfrac{S_3}{S}=\dfrac{CD\cdot CE}{CA\cdot CB}$，

所以 $\dfrac{S_1 S_2 S_3}{S^3}=\dfrac{(AF\cdot FB)\cdot(BD\cdot DC)\cdot(CE\cdot EA)}{AB^2\cdot BC^2\cdot CA^2}$

$$\leqslant \frac{(\frac{AF+FB}{2})^2\cdot(\frac{BD+DC}{2})^2\cdot(\frac{CE+EA}{2})^2}{AB^2\cdot BC^2\cdot CA^2}=\frac{1}{64}.$$

从而 $\sqrt[3]{S_1 S_2 S_3}\leqslant \dfrac{S}{4}$.

由平均值原理得 S_1，S_2，S_3 中必有一个不大于 $\dfrac{S}{4}$. 即证.

4. 图形重叠原理

图形重叠原理 把面积分别为 S_1，S_2，$\cdots$，S_n 的 n 个平面图形 A_1，A_2，$\cdots$，A_n 放入一个面积为 S 的平面图形 A 内.

(1)若 $S_1+S_2+\cdots+S_n>S$，则存在两个平面图形 A_i 与 $A_j(1\leqslant i\leqslant j\leqslant n)$，它们有公共内点；

(2)若 $S_1+S_2+\cdots+S_n<S$，则 A 内必存在一点 P，不属于 A_1，A_2，$\cdots$，A_n 中任何一个.

例8 设 M_1 是凸五边形 $A_1 A_2 A_3 A_4 A_5$，将 M_1 沿 $A_1 A_i$ 方向平移，使 A_1 移到 A_i 得到凸五边形 $M_i(i=2,3,4,5)$. 证明：M_1，M_2，M_3，M_4，M_5 中至少有两个图形，它们有公共内点.

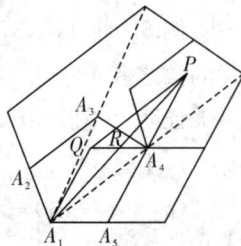

证明 如图 2-3，以 A_1 为位似中心，以 $2:1$ 为相似比作 M_1 的位似图形 M，则 M 仍为凸五边形且 M_1 在 M 内. 下面我们证明 M_2，M_3，M_4，M_5 都在 M 内，例如先证 M_4 在 M 内. 设 P 是 M_4 内任意一点，它是 M_1 内的点 Q 经过平移得到的，于是 QP∥

图 2-3

A_1A_4,故 A_1A_4PQ 为平行四边形,又 R 是 $\square A_1A_4PQ$ 的两条对角线的交点,因 Q 和 A_4 属于 M_1,且 M_1 是凸五边形,故 R 属于 M,而 $A_1R=RP$,$A_1P:A_1R=2:1$,故 P 属于 M.又 P 是 M_4 内任意一点,所以 M_4 包含在 M 之内,同理 M_2,M_3,M_5 都包含在 M 内,设 M_1,M_2,M_3,M_4,M_5 及 M 的面积分别为 S_1,S_2,S_3,S_4,S_5 及 S,则

$$S_1+S_2+S_3+S_4+S_5=5S_1>2^2 \cdot S_1=S.$$

于是,由图形重叠原理知,M_1,M_2,M_3,M_4,M_5 中至少有两个图形,它们有公共内点.

§2 解组合存在性问题的基本方法

1. 反证法

当我们直接证明一个命题的结论成立感到困难时,可考虑用反证法,即从结论否定出发,经过推理导致矛盾,从而推出结论成立.

例1 (1997年"学习报"竞赛试题)有 $n(n\geqslant 6)$ 名乒乓球选手进行单循环赛,比赛结果表明:任意5人中既有1人胜其余4人,又有1人负于其余4人,求证:必有1人胜其余 $n-1$ 人.

证明 用反证法.假设没有1个人全胜,则 n 个人胜的场次只能是 $0,1,2,\cdots,n-2$,共 $n-1$ 个值,其中必有2人胜的场次相同,设 A 和 B 胜的场次相同且 A 胜 B,则败于 B 的选手中必有1名选手 C 胜 A.否则,凡败于 B 的选手败于 A,则 A 比 B 至少多胜一场(因 A 胜 B),与 A,B 胜的场次相同矛盾,故有3名选手 A,B,C 使 A 胜 B,B 胜 C,C 胜 A.对上述3名选手,我们再加上2名选手,这5名选手中必有1人负于其余4人,但这不是 A,B,C,我们记为 D,除 D 外再取2名选手加进 A,B,C 中,这5人中又有一名选手负于其余4人,这人不是 A,B,C,记为 E,于是 A,B,C,D,E 中无一人胜其余4人,与已知条件矛盾,于是必有1人胜其余 $n-1$ 人.

例2 (第8届美国奥林匹克试题)某团体有 $n(n\geqslant 5)$ 名成员,并且有 $n+1$ 个3人委员会,并且没有2个3人委员会的成员完全相同.证明:存在两个3人委员会,它们恰有1个成员相同.

证明 假设结论不成立,那么任何两个3人委员会或者有两个成员相同,或者没有成员相同.

如果委员会 A 与 B 有公共成员,那么他们有两个公共成员 a,b,如果委员会 B 又与 C 有公共成员,那么 a,b 中至少有一个属于 C,从而 A 与 C 也有共同成员,因此可将有公共成员的委员会归为一组,使同一组内任意两个委员会有(两个)成员,不同组的任何两个委员会没有公共成员.

任取一组,设其中有 k 个委员会,组内不同委员的个数为 h,显然 $h\geqslant 3$.

当 $h=3$ 时，$k=1$；

当 $h=4$ 时，$k\geqslant2$，设 $\{a,b,x\}$，$\{a,b,y\}$ 是其中 2 个委员会，则这一组的 3 人委员会只能是 $\{a,x,y\}$，$\{b,x,y\}$ 或 $\{a,b,d\}$ 的形式，其中 d（不是 a,b,x,y）至多有 $h-4$ 种选择，所以 $k\leqslant4+(h-4)=h$.

于是每一组中委员会的个数不大于组中不同成员的人数，从而委员会的总数 $n+1\leqslant$ 总人数 n，矛盾. 因此至少有两个委员会恰有一个公共成员.

2. 利用极端原理

利用极端原理解题就是从极端元素（最大数或最小数，最大距离或最小距离，获胜场次最多的队（员）或获胜场次最少的队（员），等等）出发，经过推理，得出要证的结论，或从结论的否定出发，利用极端元素导致矛盾，从而结论成立.

例 3 （第 13 届国际奥林匹克试题）在 $n\times n$ 的方格纸的每一个小正方形方格内填入数 0 或 1，满足：如果某格内填入的数是 0，那么这一格所在行和所在列各格内填入的数之和不小于 n. 证明：表中填 1 的方格数不小于 $\dfrac{n^2}{2}$.

证明 总有某一行或某列填入数 1 的方格数量最少，设为 k 个，并且不妨设某一行内填入了 k 个 1.

若 $k>\dfrac{n}{2}$，则表中填入数 1 的方格数大于 $\dfrac{n^2}{2}$，结论成立；

若 $k\leqslant\dfrac{n}{2}$，则填这 k 个 1 所在的行有 $n-k$ 个方格内填入的数是 0，依题目条件这 $n-k$ 个填数是 0 所在的每一列至少填入 $n-k$ 个数 1，从而一共至少填入了 $(n-k)^2$ 个数 1，而填有数 1 的 k 个方格所在的每一列都至少有 k 个方格内填入数 1，这 k 列一共至少填入了 k^2 个数 1，故表中填入数 1 的方程数至少为

$$(n-k)^2+k^2=n^2-2kn+2k^2=\dfrac{1}{2}n^2+\dfrac{1}{2}(n-2k)^2\geqslant\dfrac{n^2}{2}.$$

例 4 （北京市竞赛试题）将 1600 颗花生分给 100 只猴子，证明：其中必有 4 只猴子分得的花生一样多.

证明 假设结论不成立，那么最经济（需要花生数最少）的分法是 3 只猴子得 0 颗，3 只猴子得 1 颗，3 只猴子得 2 颗，…，3 只猴子得 32 颗，最后 1 只猴子得 33 颗，这时所需要的花生数至少为

$$3\times(0+1+2+\cdots+32)+33=3\times\dfrac{1}{2}\times(1+32)\times32+33=1617（颗）.$$

这与一共只有 1600 颗花生矛盾，故必有 4 只猴子分得的花生一样多.

3. 利用抽屉原理、平均值原理或图形重叠原理

利用抽屉原理证题的关键是利用题目中的条件构造出与题设密切相关的"抽屉"，

即把题中涉及的元素按照一定的性质进行分类,当取出的元素足够多时,由抽屉原理知其中必有某些元素属于同一个抽屉(同一类),它们都具有某种性质,从而推出题目结论.构造抽屉的常用方法有:利用余数分类,利用整数的奇数因子分类,分割区间,分割图形,划分集合等等.

例 5 (2004 年天津市竞赛试题)在正 2004 边形 $A_1A_2\cdots A_{2004}$ 的各个顶点上随意填上 $1,2,3,\cdots,501$ 中一个数,证明:一定存在四个顶点满足如下条件:

(1)这四个顶点构成的四边形是矩形;

(2)此四边形相对两顶点所填数之和相等.

证明 由题意 A_i 与 A_{i+1002} 为一组关于中心对称的点,其中 $i=1,2,\cdots,1002$,则 2004 个顶点可分为 1002 组,顺次连接每两组的 4 个顶点,均可得到一个四边形,由于其对角线互相平分且相等,所以得到的四边形是矩形.

设在 A_i 上所填的数是 a_i,则

$$2\leqslant a_i+a_{i+1002}\leqslant 501\times 2=1002(i=1,2,\cdots,1002).$$

即 1002 组数对应的和只能取 $2,3,\cdots,1002$ 这 1001 个不同的值,故其中至少有两组数所对应的和相等,即至少有两组顶点所填的数之和相等,则此两组顶点即为所求的四个顶点.

例 6 (第 10 届莫斯科市竞赛试题)任取 101 个不大于 200 的正整数,求证:必有两个数其中一个是另一个的倍数.

分析 只须将从 1 到 200 的正整数分为 100 组,使同一组内任取两个数,其中较大的是较小的倍数,为此只须同一组内每个数都有 $2^k\cdot(2i-1)$ 的形式.

证明 令 $A_i=\{x\mid x=2^k\cdot(2i-1),k$ 为非负整数且 $2^k(2i-1)\leqslant 200\},i=1,2,3,\cdots,100$.因取出的 101 个数属于上述 100 个集合,由抽屉原理,其中必有 2 个数属于同一个集合,显然这两个数中一个是另一个的倍数.

例 7 (1994 年天津市竞赛试题)已知平面上 n 条直线两两相交,求证:它们的交角中至少有一个不大于 $\dfrac{180^\circ}{n}$.

证明 因为每两条直线相交直线构成 4 个角(2 组对顶角),故 n 条直线两两相交最多有 $4[(n-1)+(n-2)+\cdots+2+1]=4\times\dfrac{1}{2}[1+(n-1)](n-1)=2n(n-1)$ 个角.

在平面上任取一点 O,将 n 条直线平移,使它们均通过 O 点,成为相交于 O 点的 n 条直线,于是这 n 条直线将以 O 为顶点的圆周角分为 $2n(n$ 对)角,不妨设这 $2n$ 个角为 $\alpha_1,\alpha_2,\cdots,\alpha_{2n}$,由平行线性质得这 $2n$ 个角中每个都与 $2n(n-1)$ 个交角中的一个相等,因为

$$\frac{1}{2n}(\alpha_1+\alpha_2+\cdots+\alpha_{2n})=\frac{1}{2n}\times360°=\frac{180°}{n},$$

由平均值原理知 $\alpha_1,\alpha_2,\cdots,\alpha_{2n}$ 中必有一个角不大于 $\dfrac{180°}{n}$，于是结论成立.

例 8 3×7 的棋盘的每个方格染成红蓝两色之一，证明：存在若干方格构成的矩形，它的 4 个角上的方格同色.

证明一 列的染色情况只有 8 种情况（图 2-4 中有阴影的方格为红色方格），依次称为 A,B,C,D,E,F,G,H 列类，分为下列 3 种情形：

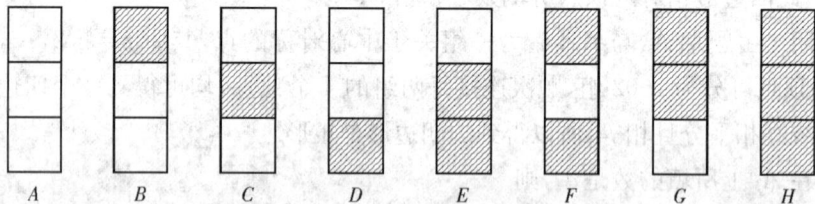

图 2-4

(1) 若有染列为 A 类，又分两种情形，若其余 6 列中有 A,B,C,D 类列之一，则结论成立，否则其余 6 列属于 E,F,G,H 这四类列，由第一抽屉原理知必有两列必同一类，结论也成立.

(2) 若有染列为 H 类，则推理同 (1).

(3) 若各列既无 A 类又无 H 类，则 7 列分属 B,C,D,E,F,G 这 6 类中，由第一抽屉原理知必有两列属同一类，结论也成立.

证明二 图中有 $3\times7=21$ 个方格，它们被染成红蓝两色之一，由第一抽屉原理知其中至少有 $\left[\dfrac{21-1}{2}\right]+1=11$ 格同色，不妨设恰有 11 格同为红色（多的红色格改为蓝色不影响下面的证明）. 由第二抽屉原理知必有 1 列中至多有 $\left[\dfrac{11}{7}\right]=1$ 格为红色，不妨设这一列为第 7 列，去掉这一列，余下的 3×6 矩形中至少有 $11-1=10$ 格为红色. 同理其中必有 1 列至多有 $\left[\dfrac{10}{6}\right]=1$ 格为红色. 不妨设这一列为第 6 列，去掉这一列后余下的 3×5 矩形中至少有 9 格为红色，再用同样推理知其中又有 1 列至多有 $\left[\dfrac{9}{5}\right]=1$ 格为红色，不妨设它是第 5 列，去掉这列后余下的 3×4 矩形中至少有 8 格为红色，再对行用第二抽屉原理知必有 1 行中至多有 $\left[\dfrac{8}{3}\right]=2$ 格为红色，不妨设第 3 行中至多有 2 格为红色，去掉这一行，余下的 2×4 矩形中至少有 6 格为红色，这时必有 2 列的 4 个方格都是红色（否则这个 2×4 矩形中至多有 $2+1+1+1=5$ 格为红色，矛盾），从而结论成立.

证法三 反设结论不成立,考察第一行的 7 个方格,其中至少有 $\left[\frac{7-1}{2}\right]+1=4$ 格同色,不妨设第一行前 4 格同为红色,于是第二行前 4 格中至多有 1 格为红色,不妨设第二行前 3 格为蓝色,于是第三行前 3 格中至多有 1 格为蓝色,从而第三行方格中至少有 2 格为红色,这 2 个红格与第一行同列的两个红格位于同一个矩形的四个角上,矛盾,从而结论成立.

例 9 (第 19 届莫斯科市奥林匹克八年级试题)面积是 5 的矩形中,放置 9 个面积是 1 的矩形,证明:其中必有两个矩形的重叠部分的面积大于或等于 $\frac{1}{9}$.

证明 设 9 个矩形依次是 $M_1, M_2, \cdots, M_9$,设 M_2 中不与 M_1 重叠部分的图形为 N_2,M_3 中不与 M_1 和 M_2 重叠部分的图形为 $N_3, \cdots, M_9$ 中不与 $M_1, M_2, \cdots, M_9$ 重叠部分的图形为 N_9,且记 $M_1 = N_1$,并设 N_i 的面积为 $S_i (i=1,2,\cdots,9)$,因 $M_1, N_2, \cdots, N_9$ 两两无公共内点,由面积重叠原理得 $S_1 + S_2 + \cdots + S_9 \leqslant 5$.　　　　　　①

若 $M_1, M_2, \cdots, M_9$ 中任何两个的重叠部分的面积都小于 $\frac{1}{9}$,于是

$$S_1 = 1, S_2 > 1 - \frac{1}{9} = \frac{8}{9}, S_3 > 1 - \frac{1}{9} - \frac{1}{9} = \frac{7}{9}, \cdots, S_9 > 1 - \underbrace{\frac{1}{9} - \frac{1}{9} - \frac{1}{9} \cdots - \frac{1}{9}}_{8\text{个}} = \frac{1}{9}.$$

于是

$$S_1 + S_2 + \cdots + S_9 > 1 + \frac{8}{9} + \frac{7}{9} + \cdots + \frac{1}{9} = 5.　　　　　　②$$

②与①矛盾,故 $M_1, M_2, \cdots, M_9$ 中至少有两个矩形的重叠部分的面积大于或等于 $\frac{1}{9}$.

4. 计数方法

给定集合 S,为了证明集合 S 中存在(或不存在)具有某种性质 p 的元素,可以用计数论证的方法,具体说来有以下几种形式:

(1)直接算出 S 中具有性质 p 的元素个数大于零(或小于1),从而 S 中必存在(不存在)具有性质 p 的元素.

(2)算出 S 中不具有性质 p 的元素个数小于(或不小于)S 中元素的个数,从而 S 中必存在(不存在)具有性质 p 的元素.

(3)假设 S 中不存在(或存在)具有性质 p 的元素,通过计数导致矛盾,从而 S 中必存在(不存在)具有性质 p 的元素.

例 10 (第 18 届美国奥林匹克试题)某地区网球俱乐部的 20 名成员举行了 14 场

单打比赛,每人至少上场一次.求证:必有 6 场比赛,其 12 个参赛者各不相同.

证法一 用平面上 20 个点 $A_1,A_2,\cdots,A_{20}$ 表示 20 名成员,若两人互相比赛,则对应两点连一线段,否则不连线段,于是得到图中共连有 14 条线段.只要证明其中存在 6 条两两无公共端点的线段,假设从 A_i 出发的线段有 d_i 条$(d_i\geqslant 1,i=1,2,\cdots,20)$,于是

$$d_1+d_2+\cdots+d_{20}=2\times 14=28.$$ (此式计数中每条线段计算了 2 次)

对每一点 A_i,去掉从 A_i 出发的 d_i-1 条线段(同一条线段可以同时被两个端点去掉),至多去掉$(d_1-1)+(d_2-1)+\cdots+(d_{20}-1)=d_1+d_2+\cdots+d_{20}-20=28-20=8$ 条线段,因此至少剩下 $14-8=6$ 条线段,由于这时从每点出发至多有一条线段,所以这 6 条线段两两无公共端点,即有 6 场比赛,参加比赛的 12 人各不相同.

证法二 设至多有 r 场比赛,使参赛的 $2r$ 名选手各不相同,显然 $r\geqslant 1$,于是我们只须证明 $r\geqslant 6$,用反证法.设 $r\leqslant 5$,于是除这 $2r$ 名选手外,其他 $20-2r$ 名选手之间没有互相进行比赛(否则这 $20-2r$ 名选手中至少有 1 对选手比赛过,这对选手加上原来 r 对选手,一共有 $r+1$ 对选手使参赛的 $2r+2$ 名选手互不相同,这与 r 的最大性假设矛盾),因此,这 $20-2r$ 名选手至多与 r 对选手中的选手比赛过.又每名选手至少参加一场比赛,这 $20-2r$ 名选手至少参加了 $20-2r$ 场比赛,加上 r 对选手之间的 r 场比赛,一共至少有$(20-2r)+r=20-r\geqslant 20-5=15$ 场比赛,这与一共只有 14 场比赛矛盾.

综上所述,我们得到必有 6 场比赛,其参赛的 12 名选手互不相同.

例 11 平面内任意给定 9 个点,其中任意 3 点不共线,若这 9 个点之间连有 21 条线段,证明:存在以给定点为顶点,所连线段为边的三角形.

证明 假设结论不成立,并设给定的 9 点中从 A_1 出发的线段数最多,有 k 条,并设它们是 $A_1B_1,A_1B_2,\cdots,A_1B_k$,除 $A_1,B_1,\cdots,B_k$ 外,其他 $9-(k+1)=8-k$ 个点为 $A_2,A_3,\cdots,A_{9-k}$.

因为假设不存在以所连线段为边的三角形,故 $B_1,B_2,\cdots,B_k$ 中任意两点间没有连线,从而从 $B_1,\cdots,B_k$ 中每点出发至多有 $9-k$ 条线(因每个 B_i 至多与 $A_1,A_2,\cdots,A_{9-k}$ 都连有线).又从 $A_1,A_2,\cdots,A_{9-k}$ 中每点出发至多有 k 条线,故从各点出发的线段数的总和至多为 $k(9-k)+(9-k)\cdot k=2k(9-k)$.

但上述计数中所连每条线段都计算了 2 次,故 9 个点之间所连线段总数 N 至多为

$$k(9-k)=\frac{81}{4}-(k-\frac{9}{2})^2\leqslant\frac{81}{4}=20\frac{1}{4}.$$

又 N 为正整数,故 $N\leqslant 20$,这与已知 $N=21$ 矛盾,于是结论成立.

5. 构造方法

构造方法是处理存在性问题的常用方法,只要给出一个例子(直接构造)就使存在

性问题得到了解决,但有时要直接构造出满足条件的实例比较困难,我们可以考虑从下列几个方面入手:

(1)分析要构造的对象应具有的一些结构,再根据这些结构来构造满足所有条件的对象(结构分析法);

(2)先构造满足一部分条件的一些部件,再由这些部件来组成满足所有条件的对象(部件组成法);

(3)先去掉一部分条件,构造一个满足其余条件的对象,再逐步调整使之满足所有的条件(逐步调整法).

如果要证明存在无穷多个对象满足给定的条件,那么可考虑使用递推构造法.

例 12 是否存在一个由 $1,2,3,\cdots,9$ 组成的数字不重复的 9 位数,使对任意 $k=1,2,3,\cdots,9$,该数前 k 位数字形成的 k 位数被 k 整除?

解 假设 $M=\overline{a_1a_2\cdots a_9}$ 满足题目要求,我们分析讨论各个数字应满足的条件,最终确定 M 的表达式.

由条件知 $a_5=5$,a_1,a_3,a_5,a_7,a_9 是奇数,a_2,a_4,a_6,a_8 是偶数.

由 $4\mid\overline{a_1a_2a_3a_4}$ 得 $4\mid10+a_4$,故 a_4 只可能是 2 或 6.

由 $3\mid\overline{a_1a_2a_3}$,$6\mid\overline{a_1a_2a_3a_4a_5a_6}$ 知 $3\mid\overline{a_4a_5a_6}$,

即 $3\mid a_4+a_5+a_6=a_4+5+a_6\equiv a_4+2+a_6(\bmod 3)$,

所以 $a_4+a_6\equiv1(\bmod 3)$,这表明 $(a_4,a_6)=(2,8)$ 或 $(6,4)$,

所以 $\overline{a_4a_5a_6}=258$ 或 654.

当 $a_4=2$,$a_6=8$ 时,由 $8\mid\overline{a_1a_2\cdots a_8}$ 得 $8\mid\overline{a_7a_8}$,结合 a_7 为奇数,a_8 为偶数且 $a_7\neq5$,$a_8\neq2$,知 $\overline{a_7a_8}=16$,故 $a_2=4$.

由 $3\mid\overline{a_1a_2a_3}$,即 $3\mid a_1+a_2+a_3=a_1+4+a_3\equiv a_1+1+a_3(\bmod 3)$,得 $a_1+a_3\equiv2(\bmod 3)$.

但 $3,7,9$ 中任意两数之和 $\not\equiv2(\bmod 3)$,所以 $a_4\neq2$,$a_6\neq8$,从而 $a_4=6$,$a_6=4$.

同上分析仍要求 $8\mid\overline{a_7a_8}$ 且 $a_8\neq4$,$a_8\neq6$,可知 $\overline{a_7a_8}=32$ 或 72,故 $a_8=2$,

从而 $a_2=8$,此时由 $3\mid\overline{a_1a_2a_3}$ 即 $3\mid a_1+a_2+a_3=a_1+2+a_3$,得 $a_1+a_3\equiv1(\bmod 3)$.

当 $a_7=3$ 时,$\{a_1,a_3\}=\{1,9\}$ 或 $\{7,9\}$.

当 $a_7=7$ 时,$\{a_1,a_3\}=\{1,3\}$ 或 $\{1,9\}$,

故所求的 M 只可能是下列这些数:189654327,981654327,789654321,987654321,183654729,381654729,189654723,981654723.经检验,上述 8 个数中只有 381654729 满足 $7\mid\overline{a_1a_2\cdots a_7}$,经检验 $M=381654729$ 满足题目条件,所以满足题目条件的数不仅存在而且是唯一的.

注 上例中我们通过分析所求的数 M 应满足的必要条件(M 应具有的结构)来寻

找 M 是非常自然的想法,计算的过程比较复杂.当发现满足条件的对象只有少数几个时,则可逐一检验,从中找出满足条件的对象,如果穷尽所有各种可能,所有的对象却不符合,则不存在满足条件的对象,这在解题方法上就与反证法相结合了.

例 13 是否存在如图 2-5 的四角星,使图中四个三角形和一个五边形的 13 条边长是互不相等的正整数?

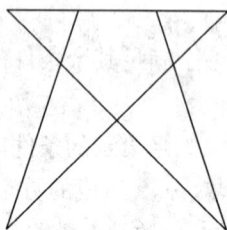

图 2-5

分析和解 因边长为正整数 $3k,4k,5k(k\in \mathbf{N}_+)$ 是边长为正整数的最简单的三角形,我们以它们为部件(k 取 4 个不同的正整数)来构造满足题目条件的四角星,如图 2-6,其中 a,b,c 是互不相等且大于 1 的正整数,m 为正整数.

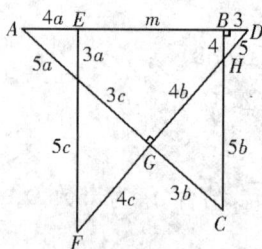

图 2-6

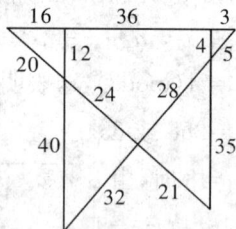

图 2-7

由 $\triangle ABC \backsim \triangle AGD \backsim \triangle FED \backsim \triangle HBD$ 得

$$(4+5b):(4a+m):(5a+3c+3b)=3:4:5, \qquad ①$$
$$(5+4b):(5a+3c):(3+m+4a)=3:4:5, \qquad ②$$
$$(3+m):(3a+5c):(5+4b+4c)=3:4:5, \qquad ③$$

由①及②知 $4+5b$ 和 $5+4b$ 均为 3 的倍数,故可取 $b=3k+1(k\in \mathbf{N}_+)$.由①,②得 $4a+m=20k+12,5a+3c=16k+12$.

由此可得 $a=2k,m=12k+12,c=2k+4$ 为其一组解,经检验,它们满足①,②,③,为了使图中线段互不相等,我们取 $k=2$,便得到满足题目条件的四角星(如图 2-7).

例 14 是否存在无穷多对不同的正整数 (a,b) 使 a^2+b^2+1 被 ab 整除?

分析 先列举一些满足条件的正整数对 $(a_n,b_n)(n=1,2,\cdots)$,如下表:

a_n	1	2	5	13	$\cdots$
b_n	2	5	13	34	$\cdots$
$a_n b_n$	2	10	65	442	$\cdots$
$a_n^2 + b_n^2 + 1$	6	30	195	1326	$\cdots$
关系		$a_n^2 + b_n^2 + 1 = 3a_n b_n$			

经过观察可以看出 $a = a_n, b = b_n$ $(n=1,2,\cdots)$ 满足下列递推关系 $(a_1, b_1) = (1,2)$，$(a_{n+1}, b_{n+1}) = (b_n, 3b_n - a_n)$ $(n=1,2,\cdots)$，且 $a_n^2 + b_n^2 + 1 = 3a_n b_n$.

证明 我们证明 $a^2 + b^2 + 1 = 3ab$ ① 有无穷多组互不相同的正整数解，首先 $(a_1, b_1) = (1,2)$ 是一组解，设 (a_n, b_n)（a_n, b_n 是正整数）且 $a_n < b_n$ 是①的一组解，即 $a_n^2 + b_n^2 + 1 = 3a_n b_n$，考虑 $(a_{n+1}, b_{n+1}) = (b_n, 3b_n - a_n)$，则 a_{n+1}, b_{n+1} 均为整数且 $a_{n+1} = b_n > a_n$，$b_{n+1} = 2b_n + (b_n - a_n) > b_n = a_{n+1}$，故 (a_{n+1}, b_{n+1}) 是不同于 (a_n, b_n) 的正整数对，并且

$a_{n+1}^2 + b_{n+1}^2 + 1 - 3a_{n+1}b_{n+1} = b_n^2 + (3b_n - a_n)^2 + 1 - 3b_n(3b_n - a_n) = b_n^2 + (9b_n^2 - 6a_n b_n + a_n^2) + 1 - 9b_n^2 + 3a_n b_n = a_n^2 + b_n^2 + 1 - 3a_n b_n = 0$，

即 $a_{n+1}^2 + b_{n+1}^2 + 1 = 3a_{n+1}b_{n+1}$.

所以 (a_{n+1}, b_{n+1}) 也是①的解，这样我们用递推的方法找到了①的无穷多个解，即存在无穷多对互不相同的正整数对 (a, b) 使 $a^2 + b^2 + 1$ 被 ab 整除.

例 15 平面内任给 1000 个点，证明:可用一些圆形纸片盖住这 1000 个点，并且满足:

(1)这些圆形纸片直径之和不超过 1000；

(2)任意两张圆形纸片的距离大于 1(两张圆形纸片的距离 d 定义为:当两圆外离时 d 等于两圆的圆心距减去两圆的半径之和;在其他情形下,$d=0$).

证明 首先证明满足条件(1)的纸片存在,实际上取 1000 张直径都为 1 的纸片,使每张纸片的中心恰好在给出的一个点上,于是这 1000 张纸片盖住了这 1000 个点,且这些纸片直径之和等于 1000.

其次,若这些纸片中有两张有公共点(如图 2-8)中圆 O_1 和圆 O_2),则进行一次调整,如图可用一张较大的圆形纸片(圆 O_3)代替圆 O_1 和圆 O_2,满足 O_3 在直线 $O_1 O_2$ 上且圆 O_1 和圆 O_2 都内

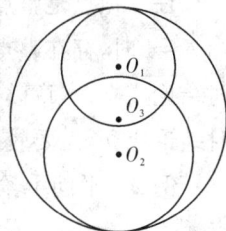

图 2-8

切于圆 O_3,显然圆 O_3 的直径不大于圆 O_1 与圆 O_2 的直径之和,并且圆 O_3 包含的已知点到圆 O_3 周界的距离不小于 $\frac{1}{2}$. 如果还有两张纸片有公共点,可以继续进行这样的调整,于是经过有限次这样的调整,可用有限张直径之和不大于 1000 的圆形纸片盖住已知的 1000 个点并且这些纸片两两无公共内点,每个已知点到盖住它的圆形纸片的边界的距离不小于 $\frac{1}{2}$. 设这些纸片之间的距离的最小值为 d,则 $d>0$.

若 $d>1$,则结论成立,若 $0<d\leqslant1$,则再进行如下调整:将每张纸片用圆心相同,但半径缩小 $\frac{1}{2}-\frac{d}{2}$ 的纸片代替,则这些圆形纸片仍盖住了已知的 1000 个点,它们的直径之和小于 1000 且任意两张纸片的距离至少为 $d+2(\frac{1}{2}-\frac{d}{3})=1+\frac{d}{3}>1$,于是题目结论得证.

§3 典型例题解题思维策略分析

例 1 平面直角坐标系中,如果点 (x,y) 的横、纵坐标都是整数,那么称该点为整点. 证明:在直角坐标平面上不存在正 $n(n\geqslant7)$ 边形,使其各顶点都是整点.

证明 假设存在正 $n(n\geqslant7)$ 边形 $A_1A_2\cdots A_n$,其各顶点都是整点,且其边长最短. 在平面内任取一整点 O,作 $OB_i \underset{=}{\parallel} A_iA_{i+1}(i=1,2,\cdots,n,A_{n+1}=A_1)$,则 $B_1,B_2,\cdots,B_n$ 都为整点,且 $\angle B_iOB_{i+1}=\frac{2\pi}{n}$(因 $\angle B_iOB_{i+1}$ 恰等于 $\angle A_iA_{i+1}A_{i+2}$ 的外角)$(i=1,2,\cdots,n,$ $B_{n+1}=B_1,A_{n+1}=A_1,A_{n+2}=A_2)$,从而 n 边形 $B_1B_2\cdots B_n$ 为正 n 边形,设其边长为 b,则

$$b=2OB_1\sin\frac{\angle B_1OB_2}{2}=2\cdot A_1A_2\cdot\sin\frac{\pi}{n}<2A_1A_2\sin\frac{\pi}{6}=A_1A_2.$$

此与正 n 边形 $A_1A_2\cdots A_n$ 的边形为最短的假设矛盾,故不存在正 $n(n\geqslant7)$ 边形,其顶点都是整点.

注 顶点是整点的多边形称为整点多边形,关于整点正 n 边形,可以证明当且仅当 $n=4$ 时,存在整点正 n 边形. 其中 $n=4$ 时,结论是显然成立的,并且不难证明 $n=3$ 时结论成立(本章模拟实战第 4 题). 例 1 证明了 $n\geqslant7$ 时结论成立,为了证明 $n=5$ 和 6 时结论成立,需要较多的知识,在这里就不介绍了.

例 2 平面上给出 n 个不全共线的点,求证:存在一条直线 l,它恰通过其中两个点.

证明 平面上只有有限点,过每两点作一直线只有有限点直线,每条直线与不在这条直线上的点(由已知条件知这样的点必存在)配成对,则这样的点只有有限个,每

个点线对中都有该点到直线的距离,记这些距离最小的点对为 (P, l),则 l 为所求.

实际上,设 l 上有不少于 3 个给定的已知点,则过 P 作 $PA \perp l$ 于 A(图2-9),则在 l 上 A 的某一侧(包括 A)必有 2 个已知点,设为 M, N(M 可能与 A 重合,连 PN,并 M 作 $MQ \perp PN$ 于 Q,过 A 作 $AR \perp PN$ 于 R,则 $MQ \leqslant AR < AP = d$,这与 $AP = d$ 最小矛盾,于是结论得证.

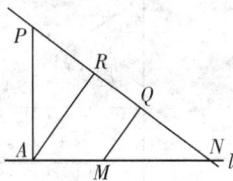

图 2-9

注 本题是英国著名数学家希尔维斯特(J. J. Sylvester)在其逝世前不久提出的一个有趣的问题. 这个貌似简单的问题,当时困扰过不少的数学家,并且这状况持续 350 年之久,直到 1933 年,伽莱(T. Callai)给出了一个非常复杂的证明. 不久以后,凯里(L. M. Kelly)才给出上述很简单的证明,其证法的关键就是利用极端原理.

例 3 (第 6 届"华罗庚金杯"邀请赛试题)8 个学生解答 8 道问题.

(1)每道题至少被 5 人给出了正确解答,请说明可以找到两个学生,每道题至少被这两个学生中的一个给出了正确解答;

(2)如果每道题只有 4 个学生给出了正确解答,请尝试构造一个例子说明(1)的结论可能不成立.

解 (1)设解出 d 道题的学生人数最多,

如果 $d = 8$,那么结论成立.

如果 $d = 7$,并设 A 解出了 7 道题,由于每题都有 5 人解出,故剩下的这道题必有人解出,于是 8 道题中每道题都被 A, B 二人中一人解出.

如果 $d = 6$,并设 A 解出了 6 道题,由于剩下 2 道题各有 5 人解出,而一共只有 8 人,故必有一人(记为 B)同时解出了剩下的 2 道题,于是 8 道题都被 A, B 二人中一人解出.

如果 $d = 5$,并设 A 解出了 5 道题,而其余 3 题各有 5 人(不含 A)解出,设此 3 题为 6,7,8 题,由于解出第 6 题和第 7 题的都有 5 人,但一共至多只有 7 人(A 除外),故必有 3 人同时解出了第 6,7 题,解出第 8 题有 5 人,且 $5 + 3 > 7$,所以必有 1 人(设为 B)同时解出了 6,7、8 题,于是 8 个问题都被 A 和 B 之一解出.

如果 $d \leqslant 4$,那么这 8 人最多共解出 32 题,而每题至少有 5 人解出,即 8 人至少共解出 40 题,两者矛盾,故 $d \leqslant 4$ 不可能.

综上可知结论成立.

(2)如下表表示某个学生解出了某题,这时每题恰有 4 人解出,但不存在 2 人,使得 8 个问题都被这 2 人之一解出,这时(1)的结论不成立.

题号 \ 学生	1	2	3	4	5	6	7	8
一	√	√	√	√				
二	√	√			√	√		
三	√	√					√	√
四	√			√		√		√
五		√	√	√	√			
六					√	√	√	
七			√			√	√	√
八				√	√		√	√

例 4 （2005 年北京市竞赛试题）某学生在黑板上写出了 17 个自然数,每个自然数的个位数码只能是 0,1,2,3,4 这 5 个数字中的一个,求证:从这 17 个数中可以选出 5 个数,它们的和能被 5 整除.

证明 如果 17 个数的个位数字 0,1,2,3,4 都有,那么可选 5 个数,它们的个位数字恰好是 0,1,2,3,4,则这 5 个数之和的个位数字为零,故这 5 个数之和被 5 整除.

如果 17 个数的个位数字最多只有 4 种不同数字,那么由抽屉原理,至少有 $\left[\dfrac{17-1}{4}\right]+1=5$ 个数的个位数字相同,这 5 个数字之和能被 5 整除.

例 5 （1989 年全国联赛试题）设 A_1,A_2,A_3,A_4,A_5,A_6 是平面上 6 个点,其中任意 3 点不共线.

（1）如果这些点之间至少连有 13 条线段,证明:必存在 4 点,它们每两点之间都有线段连接;

（2）如果这些点之间只连有 12 条线段,证明（1）的结论不成立.

证明 （1）**证法一** 从 6 点出发的线段数之和为 $2\times13=26$ 条,由抽屉原理知其中必有一点,从它出发的线段至少有 $\left[\dfrac{26-1}{6}\right]+1=5$ 条,不妨设是 A_1,它与 $A_2,A_3,A_4,$ A_5,A_6 都连有线段,于是 A_2,A_3,A_4,A_5,A_6 之间还连有 $13-5=8$ 条线段,除 A_1 及从 A_1 出发的 5 条线段外,在余下的 5 点之间,从各点出发的线段数的总和为 $2\times8=16$. 再由抽屉原理,其中必有一点,向其余 4 点至少连有 $\left[\dfrac{16-1}{5}\right]+1=4$ 条线段,不妨设 A_2 与 A_3,A_4,A_5,A_6 都连有线段,于是在 A_3,A_4,A_5,A_6 之间还连有 $8-4=4$ 条线段,不

奥赛经典 专题研究系列

妨设 A_3 与 A_4 连有线段,于是 A_1,A_2,A_3,A_4 每两点之间连有线段.

证法二 如果 6 点中每两点连一线段,那么 6 点间共连有 $\frac{1}{2} \times 6 \times 5 = 15$ 条线段,故由已知条件知,6 点中恰有 2 对点之间无线段相连.

若这 2 对点有一个公共顶点,不妨设 A_1 与 A_2,A_2 与 A_3 没有线段相连,则 A_1,A_4,A_5,A_6 这四点中每两点连一线段.

若这 2 对点没有公共顶点,不妨设 A_1 与 A_2,A_3 与 A_4 没有线段相连,则 A_1,A_4,A_5,A_6 这四点中每两点连有线段.

证法三 同上知至少有 2 对点之间没有连线段,不妨设 A_1 与 A_2 没有连线段,因一共连有 13 条线段,而 A_1 与 A_2 至多与其余 4 点 A_3,A_4,A_5,A_6 连有 8 条线段,故 A_3,A_4,A_5,A_6 之间至少连有 $13 - 8 = 5$ 条线段。若 A_3,A_4,A_5,A_6 中每 2 点之间连有线段,则结论成立,否则这四点之间恰有 $\frac{1}{2} \times 4 \times 3 - 5 = 1$ 对点之间没有连线,不妨设 A_5 与 A_6 没有线段相连,于是 A_1 和 A_2 与 A_3,A_4,A_5,A_6 都连有线段,这时 A_1,A_3,A_4,A_5 中每两点都连有线段,结论也成立.

(2)如图 2-10,6 个点之间恰连有 12 条线段,其中不存在 4 点每两点之间都连有线段.

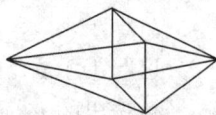

图 2-10

例 6 在圆周上任取 21 个点,证明:以这些点为端点的弧中至少存在 100 条不超过 $120°$ 的弧.

证明 我们称不超过 $120°$ 的弧为好弧.不妨设以 A_1 为端点的好弧最少,并且设它只有 $n-1$ 条,它们是 $\overarc{A_1A_2}$,$\overarc{A_1A_3}$,$\cdots$,$\overarc{A_1A_n}$,从而以 A_2,A_3,$\cdots$,A_{n-1} 为端点的好弧都至少 $n-1$ 条,故以这 n 个点为端点的好弧至少有 $\frac{1}{2} \cdot n(n-1)$ 条,除这 n 个点外,其余 $21-n$ 个点记为 A_{n+1},A_{n+2},$\cdots$,A_{21},从中任取两点 A_i,A_j($n+1 \leqslant i < j \leqslant 21$).因 $\triangle A_1 A_i A_j$ 至少有一个内角不超过 $60°$,故 $\overarc{A_1A_i}$,$\overarc{A_1A_j}$,$\overarc{A_iA_j}$ 中至少有一条弧不超过 $2 \times 60° = 120°$,根据 A_1 的取法,这条弧不能是 $\overarc{A_1A_i}$ 和 $\overarc{A_1A_j}$,而只能是 $\overarc{A_iA_j}$,即 $\overarc{A_iA_j}$ 是好弧.可见以 A_{n+1},A_{n+2},$\cdots$,A_{21} 中任意两点 A_i,A_j($n+1 \leqslant i < j \leqslant 21$)为端点的弧都为好弧.这样的好弧有 $\frac{1}{2} \cdot (21-n)(20-n)$ 条.综上所述知好弧至少有 $y = \frac{1}{2} \cdot n(n-1) + \frac{1}{2} \cdot (21-n)(20-n) = (n - \frac{21}{2})^2 + \frac{399}{4} \geqslant (\frac{1}{2})^2 + \frac{399}{4} = 100$ 条.当 $n = 10$ 或 11 时,y 取到最小值 100,于是结论成立.

例 7 (1990 年全国联赛试题)现有 $2n \times 2n$ 的正方形方格棋盘,在其中任意的 $3n$ 个方格中各放一枚棋子,求证:可以选出 n 行和 n 列,使得 $3n$ 枚棋子都在这 n 行和 n

列中.

证明 设各行棋子数为 $p_1, p_2, \cdots, p_{2n}$，并且不妨设 $p_1 \geqslant p_2 \geqslant \cdots \geqslant p_n \geqslant p_{n+1} \geqslant \cdots \geqslant p_{2n}$. 由题设

$$p_1 + p_2 + \cdots + p_n + p_{n+1} + \cdots + p_{2n} = 3n. \qquad ①$$

取含棋子数为 $p_1, p_2, \cdots, p_n$ 的这 n 行，则

$$p_1 + p_2 + \cdots + p_n \geqslant 2n.$$

否则，有

$$p_1 + p_2 + \cdots + p_n \leqslant 2n - 1. \qquad ②$$

由①及②得

$$p_{n+1} + p_{n+2} + \cdots + p_{2n} \geqslant n+1 \Rightarrow \frac{1}{n}(p_{n+1} + p_{n+2} + \cdots + p_{2n}) \geqslant 1 + \frac{1}{n} > 1.$$

由平均值原理知 $p_{n+1}, p_{n+2}, \cdots, p_{2n}$ 至少有一个不小于 2，从而 $p_1 \geqslant p_2 \geqslant \cdots \geqslant p_n \geqslant 2$，于是

$$p_1 + p_2 + \cdots + p_n + p_{n+1} + \cdots + p_{2n} \geqslant 2n + (n+1) = 3n+1,$$

这与①矛盾.

故选出的 n 行已含有不少于 $2n$ 枚棋子，再选 n 列包含其余的棋子（至多 n 枚），这样选取的 n 行和 n 列包含了全部 $3n$ 枚棋子.

例 8 已知三个正整数倒数之和等于 $\frac{3}{4}$，求这三个数.

解 设三个正整数为 $x, y, z, x \leqslant y \leqslant z$，则 $\frac{1}{x} + \frac{1}{y} + \frac{1}{z} = \frac{3}{4}, \frac{1}{3}(\frac{1}{x} + \frac{1}{y} + \frac{1}{z}) = \frac{1}{4}$，由平均值原理知 $\frac{1}{x}, \frac{1}{y}, \frac{1}{z}$ 中必有一个不小于 $\frac{1}{4}$，所以其中较大者 $\frac{1}{x} \geqslant \frac{1}{4}$. 又 $\frac{1}{x} < \frac{3}{4}$，且 x 是正整数，故 $\frac{1}{x}$ 只可能是 $\frac{1}{2}$ 或 $\frac{1}{3}$ 或 $\frac{1}{4}$，即 $x = 2$ 或 3 或 4.

当 $x = 2$ 时，$\frac{1}{y} + \frac{1}{z} = \frac{1}{4}$ ①，$\frac{1}{2}(\frac{1}{y} + \frac{1}{z}) = \frac{1}{8}$，故 $\frac{1}{y}, \frac{1}{z}$ 中必有一个不小于 $\frac{1}{8}$，所以其中较大的 $\frac{1}{y} \geqslant \frac{1}{8}, 1 < y \leqslant 8, y = 2, 3, 4, 5, 6, 7, 8$，代入①验证知 $y = 2, 3, 4, 7$ 时 z 不为正整数，舍去. 当 $y = 5, 6, 8$ 时，z 分别等于 $20, 12, 8$.

当 $x = 3$ 时，$\frac{1}{y} + \frac{1}{z} = \frac{5}{12}$ ②，故 $\frac{1}{y}, \frac{1}{z}$ 中较大的 $\frac{1}{y}$ 不小于 $\frac{5}{24}$，从而 $y \leqslant \frac{24}{5}$.

又 $y \geqslant x \geqslant 3$，所以 y 只可能为 $3, 4$，分别代入②得 $z = 12, 6$.

当 $x = 4$ 时，$\frac{1}{y} + \frac{1}{z} = \frac{1}{2}$ ③，故 $\frac{1}{y}, \frac{1}{z}$ 中较大的 $\frac{1}{y}$ 不小于 $\frac{1}{4}$，从而 $y \leqslant 4$.

又 $y \geqslant x \geqslant 4$，所以 $y = 4$，代入③得 $z = 4$.

综上所述,得满足题意的三个正整数有下列 6 组:2,5,20;2,6,12;2,8,8;3,3,12;3,4,6;4,4,4.

模拟实战二

1.(第一届"华罗庚杯"邀请赛试题)甲、乙、丙、丁四个人比赛乒乓球,每两人都要赛一场,结果甲胜了丁,并且甲、乙、丙胜的场数相同.问丁胜了几场?

2.(2002 年北京市竞赛试题)能否找到这样的四个正整数,使得它们中任意两个之积与 2002 的和是完全平方数? 若能够,请举出一例;若不能够,请说明理由.

3.(北京市竞赛试题)13 位小运动员,他们身穿运动服的号码分别是 1~13 号,问这 13 名运动员能否站成一个圆圈,使任意相邻两名运动员的号码数之差的绝对值不小于 3 且不大于 5.如果能,试举一例;如果不能,说明理由.

4. 证明:在平面直角坐标系中,不存在以整点为顶点的正三角形.

5. (第 16 届俄罗斯奥林匹克试题)100 名运动员参加赛跑,已知其中任意 12 人中总有 2 人是彼此熟悉的,求证:运动的号码不论如何编排(未必是从 1 到 100),总可以找到两个彼此熟悉的运动员,他们的号码的最高数位的数字相同.

6. (1997 年日本奥林匹克试题)在一次马拉松长跑比赛上,有 100 位选手参加,大会准备了 100 块标有整数 1 到 100 的号码布,分发给每位选手,选手们被要求在比赛结束时,将自己的号码布上的数与到达终点时的名次相加,并将这个和数交上去. 问:这样交上去的 100 个数的末 2 位数字是否可能都不同? 请回答可能或不可能,并清楚地说明理由(**注** 没有同时到达终点的选手).

7.(2007年"数学周报杯"竞赛试题)(1)是否存在正整数 m,n 使 $m(m+2)=n(n+1)$?

(2)设 $k(k\geqslant 3)$ 是给定的正整数,是否存在正整数 m,n 使 $m(m+k)=n(n+1)$?

8.(2001年北京市竞赛试题)在六张纸片的正面分别写上整数 1,2,3,4,5,6,打乱次序后,将纸片翻过来,在它的反面也随意分别写上 $1\sim 6$ 这六个整数,然后计算每张纸片正面与反面所写数之差的绝对值.请你证明:所得的六个数中至少有两个是相同的.

9.(第 15 届江苏省竞赛试题)已知平面内任意四点,其中任意三点不共线.试问:是否一定能从这样的四点中选出三点构成一个三角形,使得这个三角形至少有一个内角不大于 45°? 请证明你的结论.

○初中数学竞赛中的组合问题

10.(第 39 届美国普特南竞赛试题)在 $1,4,7,10,13,\cdots,97,100$ 中任选 20 个不同的数,其中至少有 4 个不同的数 a,b,c,d 使得 $a+b=c+d=104$.

11.(第 2 届香港"华杯赛"试题)一群小朋友购买售价是 3 元和 5 元的两种商品,每人购买的商品最少是 1 件,他们也可以购买相同的商品,但每人购买的总金额不超过 15 元. 若小朋友中至少有三人购买的两种商品的数量完全相同,问这群小朋友最少有多少人?

12.将数字 $1,2,3,4,5,6,7,8$ 任意填在八边形 $A_1A_2A_3\cdots A_8$ 的顶点处,每个顶点上恰填一个数字,记 A_i,A_{i+1},A_{i+2} 上所填 3 个数字之和为 $S_i(i=1,2,\cdots,8,A_9=A_1,A_{10}=A_2)$.

(1)试给出一种填法,使每个 $S_i(i=1,2,\cdots,8)$ 都大于或等于 12;

(2)请证明任何填法都不可能使每个 $S_i(i=1,2,\cdots,8)$ 都大于或等于 13.

13. (第 3 届南京市"兴趣杯"决赛试题)从 $1,2,3,\cdots,30$ 中至少要取出多少个不同的数才保证其中有一个数是 5 的倍数?

14. (第 14 届国际数学奥林匹克试题)证明:10 个互不相同的两位数中,一定可选出两组数,使这两组没有公共的数,而且两组中各数的和相等.

15. 一个书架有五层,从下到上依次为第一层,第二层,$\cdots$,第五层. 今把 15 册图书分放在书架的各层上,有些层可不放. 证明:无论怎样放法,书架每层上的图书册数以及相邻两层上图书册数之和,这些数中至少有两个是相等的.

16.某学生为了准备参加数学竞赛,连续做了 5 周习题,他每天至少做一道习题,每周至多做 10 道习题.证明:他一定在连续若干天内恰做了 19 道习题.

17.(1)证明:在任意连续 13 个正整数中,必存在一个数,它的各位数字之和被 7 整除;

(2)在任意连续 12 个正整数中,是否一定存在一个数,它的各位数字之和被 7 整除? 如果一定存在,请给出证明;如果不一定存在,请举出实例说明.

18.(2007 年浙江省竞赛试题)从正整数 $1,2,3,\cdots,2008$ 中任取 n 个数.

(1)求证:当 $n=1007$ 时,无论怎样选取 n 个数,总存在其中 4 个数的和等于 4017;

(2)当 $n \leqslant 1006$(n 是正整数),上述结论是否成立? 请说明理由.

19.平面内 4 条直线,每两条相交于一点,任意 3 条不通过同一点,从而每条直线上有 3 个交点,这 3 个交点在此直线上截出两条线段,问截出的 8 条线段的长度能否是互不相等的正整数?

20.任给 20 个互不相等的正整数,每一个数都不大于 100.证明:把这 20 个正整数两两相减(大减小)所得的差中至少有三个相等.

21.平面内任给 5 个点,其中任意 3 点不共线.证明:这 5 点中必有 4 点构成一个凸四边形的四个顶点.

22.(1)将从 1 到 2010 的正整数任意分为 10 组 $A_1,A_2,\cdots,A_{10}$,使得每个数恰属于一组.证明:存在两个正整数 $a,b(a>b)$ 属于同一组且 $\dfrac{a}{b}\leqslant 1+\dfrac{1}{200}$;

(2)试将从 1 到 2009 的正整数适当地分成 10 组 $A_1,A_2,\cdots,A_{10}$,使每个数恰属于一组且不存在两个正整数 $a,b(a>b)$ 属于同一组且满足 $\dfrac{a}{b}\leqslant 1+\dfrac{1}{200}$.

23.20 个球队比赛若干场后发现每两个队至多比赛了一场,并且任意 3 个队中必有两个队比赛了一场.证明:这时至少比赛了 90 场,并请安排一种比赛方法使得 20 个队之间恰比赛了 90 场并且每两个队至多比赛一场,而每 3 个队中必有两个队比赛了一场.

第三章　染色问题

§1　什么是染色问题和染色方法

如果一个数学问题是要求我们计算染了某种颜色的图形(如点、线段、三角形、区域等)的个数,或要求我们作出或证明某些染了各种颜色的图形具有给定的性质,那么这样的问题叫做染色问题,而把运用染色手段去分析和解决问题的思维方法叫做染色方法.染色方法实质上就是对研究的对象进行分类,每一类由一种颜色来表示,使得问题更加形象和直观,便于发现和找到解决问题的途径.

为了叙述方便,我们把一些点和连接这些点的一些线段叫做图,这些点叫做图的顶点(图 3-1 中,点 A、B、C、D、E、F 是图的顶点),连接顶点的线段叫做图的边(图 3-1 中,线段 AB、BC、CD、DE、EF、EA、FB、FD 是图的边).图中包含 K 个顶点和 K 条边的闭折线叫做 K 边形(图 3-1 中,由顶点 A、B、C、D、E 及线段 AB、BC、CD、DE、EA 组成的闭折线是五边形),特别三边形又叫做三角形.如果一个图有 n 个顶点,每两个顶点都连有一条边,那么这个图叫做 n 点完全图,记为 K_n(图 3-2 中给出了完全图 K_5 的形状).

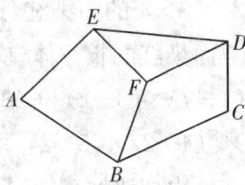

图 3-1

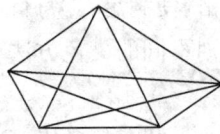

图 3-2

如果图中有 n 个顶点 $A_1,A_2,\cdots,A_n$ 和 e 条边,并且从 A_i 出发恰有 d_i 条边(d_i 又叫做顶点 A_i 的度,$i=1,2,\cdots,n$),那么 $d_1+d_2+\cdots+d_n=2e$.

因为在计算 $d_1+d_2+\cdots+d_n$ 时,每条边都计算了二次,故上式右端应等于边数的 2 倍.

§2　解染色问题的基本方法

1. 计数方法

对于染色问题中的计数问题,我们可以直接利用第一章中介绍的各种计数方法去解决.此外,还有一些较复杂的染色问题,表面上看不是计数问题,也可以用计数方法去解决,通常的做法是用两种不同的方法去计算图中同色边、同色角(两边同色的角)、异色角(两边不同色的角)、同色三角形、非同色三角形、同色区域等的个数,列出方程(或不等式),再通过解方程(或不等式)便可给出问题的解答.有时也可与反证法结合起来,通过计数导致矛盾,从而完成问题的证明.

例1 (第4届"华罗庚金杯"赛试题)有6个棱长分别是3,4,5cm的相同的长方体,把它们的某些面染成红色,使得有的长方体恰有一个面是红色的,有的长方体恰有两个面是红色的,有的长方体恰有三个面是红色的,有的长方体恰有四个面是红色的,有的长方体恰有五个面是红色的,还有一个长方体六个面都是红色的.染色后把所有长方体分割为棱长为1cm的小正方体,分割完毕后,恰有一面是红色的小正方体最多有几个?

解 一面染红的长方体显然应将4×5的面染红,可得$4\times5=20$个一面染红的小正方体;两面染红的长方体,应将两个4×5的面染红,可得$2\times4\times5=40$个一面红的小正方体;三面染红的长方体,应将两个4×5的面及1个3×4的面染红,这时得到$4\times(5+5+3-4)=36$个一面红的小正方体;四面染红的长方体应将两个4×5的面及2个3×4的面染红,这时共得$4\times(5+5+3+3-2\times4)=32$个一面染红的小正方体;五面染红的长方体,应留下一个3×5的面不染色,这时共得$2\times[(4-1)\times(5-2)+(4-1)\times(3-2)]+(3-2)\times(5-2)=27$个一面红的小正方体;六面染红的长方体可得$2\times[(4-2)\times(5-2)+(3-2)\times(5-2)+(3-2)\times(4-2)]=22$个一面红的小正方体.

由加法原理知,最多可得$20+40+36+32+27+22=177$个一面红的小正方体.

例2 (2005年全国联赛(D卷)试题)用红、黄、蓝三种颜色染3×3表格的每一方格,使满足:①每行3色都有;②每列3色都有;③邻格(有公共边的两个方格)不同色,则不同的染色方法有( )种.

    A.12   B.18   C.24   D.27

解 将各格依次编号$1,2,\cdots,9$(图3-3),于是染1号格有3种方法.由于邻格不同色,2号格只能染与1号格不同色的其他2种颜色,有2种方法.又因每行3色都有,故染第3号格只有1种方法.又4号格与1号格不同色,染4号格有2种方法,当1、2、3、4号格内的颜色染定后,为了满足题目条件,其他5、6、7、8、9号格内的颜色都唯一确定,由乘法原理知,共有$3\times2\times1\times2=12$种染法,故选A.

1	2	3
4	5	6
7	8	9

图3-3

例3 (2006年"我爱数学"夏令营竞赛试题)在一个m行、n列($m\geqslant n$)的方格表中有mn个边长为1的小方格,每个小方格用红、黄、蓝三种颜色中的一种染色,已知方格表中每行有6个红色小方格,每列有8个黄色小方格,整个方格表共有15个蓝色小方格.如果n是两位的质数,那么$m=$_____,$n=$_____.

解 表中共有 mn 个小方格,其中红色小方格有 $6m$ 个,黄色小方格有 $8n$ 个,蓝色小方格有 15 个,所以 $mn=6m+8n+15$,即 $(m-8)(n-6)=63=63\times1=21\times3=9\times7$.

又 n 是两位的质数,且 $m\geqslant n$,故 $m-8=9,n-6=7$,即 $m=17,n=13$.

例4 (1)证明:6 个人中总存在 2 组人,使得每组中恰有 3 人(两组可以有公共成员,但不能 3 人都相同)且同一组的 3 人要么互相都认识,要么互相都不认识;

(2)证明:2 色完全图 K_6 中必存在 2 个三边同色的三角形.

证明 用平面内的 6 个点代表 6 个人,如果两人互相认识,那么对应两点连红线,如果两人互相不认识,那么对应两点连蓝线,于是(1)转化为(2),故只须证明(2).

设 6 个顶点是 $A_1,A_2,\cdots,A_6$,从 A_i 出发有 x_i 条红线,于是从 A_i 出发有 $5-x_i$ 条蓝线,以 A_i 为顶点的异色角(两边不同色的角)有 $x_i(5-x_i)$ 个 $(i=1,2,\cdots,6)$,从而图中共有 $x_1(5-x_1)+x_2(5-x_2)+x_3(5-x_3)+x_4(5-x_4)+x_5(5-x_5)+x_6(5-x_6)$ 个异色角.另一方面,图中共有 $C_6^3=\dfrac{6\times5\times4}{1\times2\times3}=20$ 个三角形(参看第一章 §3 例 5(2)),假设其中三边同色的三角形有 f_6 个,三边不全同色的三角形有 g_6 个,于是 $f_6+g_6=20$. 因每一个三边同色的三角形内无异色角,每一个三边不全同色的三角形内恰有 2 个异色角,故图中异色角共有 $2g_6$ 个.于是我们得到

$$2g_6=x_1(5-x_1)+x_2(5-x_2)+\cdots+x_6(5-x_6).$$

因为 $x_i(5-x_i)\leqslant\left[\dfrac{x_i+(5-x_i)}{2}\right]^2=\dfrac{25}{4}=6\dfrac{1}{4}$,并且 $x_i(5-x_i)$ 为整数,所以 $x_i(5-x_i)\leqslant6(i=1,2,\cdots,6)$,故有

$$2g_6\leqslant6\times6=36,g_6\leqslant18,$$

所以 $f_6=20-g_6\geqslant2$,即至少存在 2 个三边同色的三角形.

2. 组合分析方法

通过对染色图的结构和性质进行分析讨论,从而达到解决问题的目的,这就是组合分析方法.在分析讨论中除了注意有关图的概念和性质外,还要用到前面几章介绍的解决组合问题的各种方法(例如:分类讨论、利用抽屉原理和极端原理、进行奇偶性分析、反证法等等).

例5 (匈牙利奥林匹克试题)(1)证明:任意 6 个人中必有 3 个人,他们或者互相认识,或者互相不认识;

(2)证明:2 色完全图 K_6 中必存在同色三角形.

分析 虽然两个命题的形式不同,但它们实质上是完全一样的.在(1)中用点表示人,如果两人互相认识,则对应两点连红线,若两人互相不认识,则对应两点连蓝线,于是(1)转化为(2),故只须证明(2)成立即可.显然由例 4 知例 5 结论成立.下面给出例 5 的另一个证明.

证明 设平面内 6 个点为 A_1,A_2,A_3,A_4,A_5,A_6,由抽屉原理知,5 条线段 $A_1A_2,A_1A_3,\cdots,A_1A_5$ 中至少有 $\left[\dfrac{5-1}{2}\right]+1=3$ 条同色.不妨设 A_1A_2,A_1A_3,A_1A_4 都为红色(图 3-4 中实数表红色,虚线表蓝色).考察 $\triangle A_2A_3A_4$ 的 3 条边,如果其中有一条边,例如 A_2A_3 为红色,那么 $\triangle A_1A_2A_3$ 的三边均为红色,结论成立,否则 $\triangle A_2A_3A_4$ 的三边均为蓝色,结论也成立.

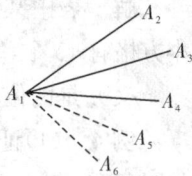

图 3-4

例5(2)的结论是图论和组合数学中一个重要的结果,它就是下列著名的拉姆塞(Ramsey)定理 I.

拉姆塞(Ramsey)定理 I 2 色完全图 K_6 中必存在同色三角形.

在解决有关线段染色的问题时,拉姆塞定理 I 是一个非常有用的工具(参看下面例 7).并且由例 4 知这个定理的结论可加强为:2 色完全图 K_6 中必存在 2 个同色三角形.

例6 2 色(红、蓝)完全图 K_5 中,如果不存在同色三角形,那么这个 2 色完全图 K_5 可完全分解一个红色五边形和一个蓝色五边形.

证明 如果从 A_1 出发有 3 条边 A_1A_2,A_1A_3,A_1A_4 同色,不妨设为红色.在 $\triangle A_2A_3A_4$ 中,若有一边(比如说 A_3A_4)为红色,则 $\triangle A_1A_3A_4$ 为红色三角形,矛盾,故 $\triangle A_2A_3A_4$ 为蓝色三角形,也矛盾.可见从每一顶点出发的 4 条边只可能 2 红 2 蓝,整个图中恰有 5 条红边和 5 条蓝边.

只考察由 5 条红边构成的图,因为从每点出发恰有 2 条红边,故每点都在一个红色多边形的顶点上.又图中无红色三角形,如果图中有红色四边形,不妨设红色四边形的四个顶点是 A_1,A_2,A_3,A_4,则分别从 A_1,A_2,A_3,A_4 出发都已有 2 条红边,于是从 A_5 出发不可能再有红边,矛盾.故图中 5 条红边也组成一个红色五边形.同理图中 5 条蓝边也组成一个蓝色五边形.

例7 (第 6 届国际数学奥林匹克试题)17 位科学家中每一个人都和其他所有人通信,在他们的通信中只讨论三个题目,并且任何两位科学家之间只讨论一个题目.证明:至少有 3 位科学家,他们互相讨论的是同一个题目.

证明 用平面内无 3 点共线的 17 个点 $A_1,A_2,\cdots,A_{17}$ 表示 17 位科学家,设讨论的三个题目是 a,b,c,并且两位科学家讨论的题目是 a 时,对应两点连红线,讨论题目是 b 时,对应两点连蓝线,讨论的题目是 c 时,对应两点连黄线.于是只面证明 3 色完全图 K_{17} 中必存在同色三角形.

由抽屉原理,16 条线段 $A_1A_2,A_1A_3,\cdots,A_1A_{16}$ 中至少有 $\left[\dfrac{16-1}{3}\right]+1=6$ 条同色,不妨设 $A_1A_2,A_1A_3,\cdots,A_1A_7$ 同为红色.现考察连接 6 点 $A_2,A_3,\cdots,A_7$ 的 15 条线段,如果其中至少有一条为红色,例如 A_2A_3 为红色,那么 $\triangle A_1A_2A_3$ 为红色三角形,结论

已成立.否则连接 6 点 $A_2, A_3, \cdots, A_7$ 的 15 条线段都被染成蓝色或黄色,得到一个 2 色完全图 K_6,由拉姆塞定理 Ⅰ 知其中必存在一个同色三角形,于是问题得证.

由例 7 我们得到下列结论:

拉姆塞定理Ⅱ 3 色完全图 K_{17} 中必存在同色三角形.

注 1 如图 3-5,存在 2 色完全图 K_5(图中实线表红色,虚线表蓝色),其中不存在同色三角形,也可以作一个 3 色完全图 K_{16},其中不存在同色三角形(因作法很复杂,这里省略).一般地,使 m 色完全图 K_n 中存在同色三角形的最小正整数 n 叫做拉姆塞数,记为 R_m.寻求拉姆塞数 R_m 是一个非常困难的问题,目前世界上仅找出了为数不多的几个拉姆塞数,$R_2 = 6, R_3 = 17, R_4 = 65, \cdots$,详细情形可参看有关组合数学和图论的书籍.

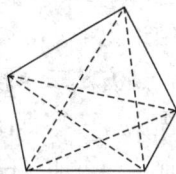

图 3-5

注 2 除了应用抽屉原理外,还用到解决数学问题的一个重要方法——构造模型方法.这个方法的基本思想是:当所给的问题不易解或证明时,经常构造一个相应的模型,只要这个模型是熟知的或便于解答或便于证明的,那么返回去就找到了原问题的解答或证明,这就是构造模型方法.它的一般过程如下:

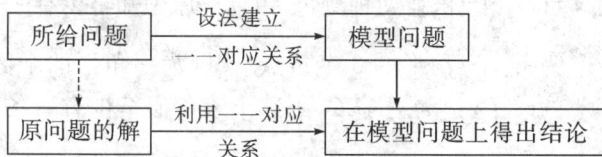

$$\boxed{\text{所给问题}} \xrightarrow[\text{——一对应关系}]{\text{设法建立}} \boxed{\text{模型问题}}$$

$$\boxed{\text{原问题的解}} \xleftarrow[\text{关系}]{\text{利用——一对应}} \boxed{\text{在模型问题上得出结论}}$$

在这两个例题中,染色恰恰是建立所给问题与模型问题之间——一对应关系的一种非常有用的手段.

此外,在例 7 的证明过程中,我们还用到一个思考问题的重要方法——化归法.例 5 将讨论 17 点染 3 色问题归结为 6 点染 2 色的问题,这就是逐步缩小所讨论的对象的范围,把复杂问题归结为简单问题进行讨论的方法,我们称它为化归法.

例 8 (第 7 届美国奥林匹克试题)9 位科学家在一次国际会议上相遇,其中任何 3 人中至少有 2 人会说同一种语言,并且每位科学家最多只会讲 3 种语言.证明:至少有 3 位科学家能用同一种语言交谈.

证明 用平面内的点 $A_1, A_2, \cdots, A_9$ 表示 9 名科学家,如果两名科学家都能讲第 i 种语言,则对应两点的连线染第 i 种颜色($i = 1, 2, \cdots$).如果两名科学家没有共同语言,则对应两点连线不染色,于是从每点出发的线段至多有 3 条染了色,并且任何三角形中至少有一边染了色.此外,由题目条件知,如果一个三角形有 2 边染了同一种颜色,则第三边也同色,于是我们只须证明图中存在同色三角形.

方法一 假设 A_1A_2 没有染色,则 $A_3, A_4, \cdots, A_9$ 中每点至少与 A_1 或 A_2 的连线染

了色. 由抽屉原理知, 7 点 $A_3, A_4, \cdots, A_9$ 中至少有 $\left[\dfrac{7-1}{2}\right]+1=4$ 个点与 A_1 和 A_2 中同一点的连线都染了色. 不妨设 $A_1A_3, A_1A_4, A_1A_5, A_1A_6$ 都染了色, 但 $A_1A_3, A_1A_4,$ A_1A_5, A_1A_6 至多只能染 3 种颜色. 由抽屉原理知其中必有 2 条线段染的是同一种颜色. 不妨设 A_1A_3 与 A_1A_4 同色, 于是 A_3A_4 也同色, 即 $\triangle A_1A_3A_4$ 为同色三角形, 从而结论得证.

方法二　假设不存在同色三角形, 由已知条件不妨设 5 条线段 $A_1A_5, A_1A_6, A_1A_7,$ A_1A_8, A_1A_9 都没有染色. 于是 $A_5A_6, A_5A_7, A_5A_8, A_5A_9$ 中至少有一条没有染色(否则同证法一可证存在一个同色三角形, 这与假设矛盾), 不妨设 A_5A_9 没有染色, 于是 $\triangle A_1A_5A_9$ 中 3 条边都没有染色, 这与已知条件矛盾, 故必存在同色三角形, 从而结论得证.

例 9　(第 20 届加拿大奥林匹克试题)设 S 是平面内的一个有限点集(点数 $\geqslant 5$), 其中若干点染红色, 其余点染蓝色, 设任何 3 个及 3 个以上同色的点不共线. 求证:存在一个三角形, 使得

(1)它的 3 个顶点同色;

(2)这个三角形至少有一条边上不包含另一种颜色的点.

证明　对任意 5 点, 染上红、蓝两种颜色, 由抽屉原理知至少有 $\left[\dfrac{5-1}{2}\right]+1=3$ 点同色, 且这 3 点不共线, 为一个三角形的 3 个顶点. 又因为三角形的个数有限, 所以可取顶点同色且面积最小的一个, 记为 $\triangle ABC$, 则这个三角形至少有一条边上不包含有另一种颜色的点.

事实上, 若每边上都有另一种颜色的点, 记为 A_1, B_1, C_1, 则 $\triangle A_1B_1C_1$ 的 3 顶点同色且 $S_{\triangle A_1B_1C_1} < S_{\triangle ABC}$, 这与 $\triangle ABC$ 的面积最小的假设矛盾, 所以结论成立.

3. 构造方法

为了证明具有某种性质的染色方法是存在的, 我们只须将这个方法构造出来, 并证明它确具有所要求的性质, 有时为了证明符合一定条件的染色方法不一定具有某种性质, 我们也只须构造出一个反例(即构造一个满足一定条件而不具有某种性质的染色方法)即可.

例 10　(2005 年武汉市明心奥数挑战赛试题)阿里巴巴到一个 4×4 共 16 间房的迷宫去寻宝, 每间房宝藏的价值见图 3-6 中所标数字, 阿里巴巴从标有"1"的房间出发, 每次只能走到有一条公共边的相邻房间中去, 每到一个房间他都可以获得该房间内的全部宝藏, 每个房间只能经过一次, 最后走到标有"2"的房间中去. 那么请你为阿里巴巴设计一条寻宝路线, 使得他获得的宝藏值最大, 阿里巴巴最多能获得总值为多少的宝藏?

8	16	13	12
3	14	2	4
6	9	15	11
1	7	5	10

图 3-6

解　将图中小正方形黑白相间染色(图 3-7). 因为行进路线中

穿过的房间都是黑白相间的,而从黑格"1"开始到黑格"2"结束,穿过的路线中黑格要比白格多一个,所以不能走遍所有房间,至少要空一个白格房间没有经过.

白色房间中宝藏价值最少的是"4"号房间,若不经过"4"号房间,则"12"号房间也不能经过,这时寻得的宝藏的价值不可能最多.除"4"号外,白色房间内宝藏价值最少的是"6"号房间,故要使获得的宝藏价值最大,不经过的白色房间只可能是"6"号房间,如图 3-7 给出了不经过"6"号房间的寻宝路线,这时获得的宝藏的总值为最大,这个最大值为 $(1+2+3+\cdots+16)-6=\dfrac{1}{2}\times16\times17-6=130$.

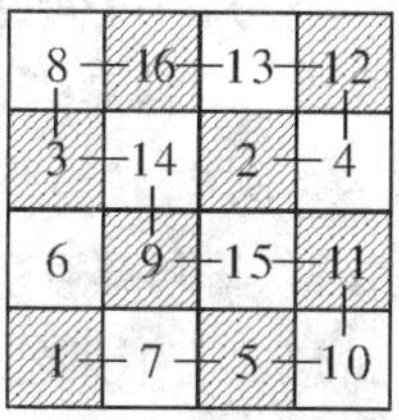

图 3-7

例 11 (2003 年南京市智力数学冬令营竞赛试题)现有 11 种不同颜色,将分别标有 $0,1,2,\cdots,11,12$ 的 13 张数字卡片各染一种颜色,有的颜色可以不用,有的颜色可以用多次,染色的要求是:如果两个不同数 a,b 的卡片所染颜色相同,那么 $(a+b)$ 或 $(a+b-13)$ 中不超过 12 的那张卡片也染上这种颜色. 问:这 13 个数字是否一定染上同一种颜色? 说出你的理由.

解 不一定,这 13 个数不一定是同一种颜色. 例如我们构造一个染色法如下:将 $0,6,7$ 染上同一种颜色,其余 10 个分别染余下的 10 种颜色,恰好用了 11 种颜色而且满足题目要求. 实际上,只要是满足 $0+a+b=13$ 的 3 张分别有数字 $0,a,b$ 的卡片染同一种颜色即可.

§3 典型例题解题思维策略分析

从 §2 的例题可以看出,按照要解决问题的结论的要求,染色问题大致有以下三类:第一类是计算满足给定条件的染色方法的个数或者求染色方法个数的最大(小)值;第二类是证明满足给定条件的染色图具有某种性质,或者证明满足给定条件的染色图是存在的;第三类是用染色将一个待解决的问题转化为一个染色问题来求解. 并且我们还介绍了解决各类问题的一些基本方法.

如果按照染色对象的不同,染色问题又可分为小方格染色问题、线段染色问题和点染色问题. 下面我们通过一些典型例题来介绍这几类问题的解法.

1. 小方格染色问题

例 1 (第 4 届中国趣味数学竞赛试题)如图 3-8,一个 3×3 的表格中两个方格已经被染成黑色. 用红、黄、蓝、绿四种颜色对其余 7 个方格中染色,使得每行、每列及两条对角线上各个方格所染颜色各不相同,共有_____种不同的染色方式.

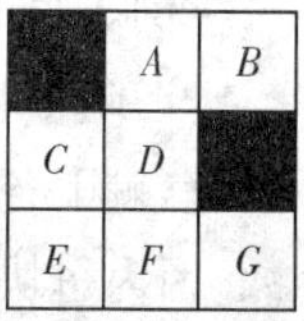

解 如图,先染 D,有 4 种染法,再染 G,有 3 种染法(不能与 D 同

图 3-8

色),接着染 F,有 2 种染法(不能与 D、G 同色),这时 E 的染法唯一确定(只能染不同于 D、F、G 的第四种颜色),从而 B 也唯一确定,即与 F 同色(不能与 D、E、G 同色).又 A 不与 B、D 同色,C 不与 D、E 同色,各有 2 种染法,由乘法原理知,共有 $4 \times 3 \times 2 \times 2 \times 2 = 96$ 种染法.

例 2 (2005 年南京市智力数学冬令营竞赛试题)如图 3-9,在 9×9 的方格表中,每行、每列都有小方格被染上黑色,且只有 29 个小方格被染上了黑色.如果 a 表示至少包含 5 个黑色小方格的行的数目,b 表示至少包含 5 个黑色小方格的列的数目,则 $a + b$ 的最大值是_____,并在下表中画出此最大值下的染色方法(只要求给出一种画法).

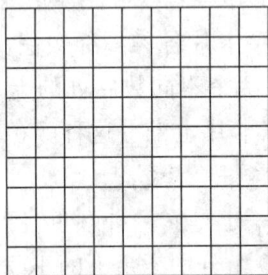

图 3-9

解 假设 $a + b \geqslant 11$,且不妨设 $a \geqslant b$,则 $2a \geqslant 11$,$a \geqslant 6$.依题意,这 a 行中至少包含 $6 \times 5 = 30$ 个黑色小方格,这与题设只有 29 个黑色小方格矛盾.所以 $a + b \leqslant 10$,$a + b = 10$ 的一种染色方法如图 3-10,故 $a + b$ 的最大值等于 10.

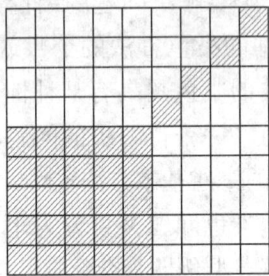

图 3-10

例 3 证明:只用 2×2 及 3×3 的瓷砖,不能恰好铺盖 23×23 的正方形地面.

证明 将 23×23 正方形地面中第 1,4,7,10,13,16,19,22 列中的小方格全部染黑色,剩下各列的小方格全染成白色,于是白色小方格的个数为 15×23,这是一个奇数.因为每块 2×2 的瓷砖总是盖住两个黑格和两个白格或者盖住四个白格,每块 3×3 的瓷砖是盖住三个黑格和六个白格,故无论多少块 2×2 及 3×3 的瓷砖盖住的白格数总是一个偶数，不可能盖住 15×23 个白格，所以只用 2×2 及 3×3 的瓷砖不可能盖住 23×23 的地面.

例 4 （第 2 届全国部分省市通讯赛试题）证明：用 15 块 4×1 的矩形瓷砖和一块 2×2 的正方形瓷砖，不能恰好铺盖 8×8 的正方形地面.

证法一 如图 3－11，用间隔为两格，且与副对角线（从左下角到右上角的对角线）平行的小格同色的染色方式，以黑白两种颜色将整个地面染色. 显然，地面上黑格与白格各有 32 个.

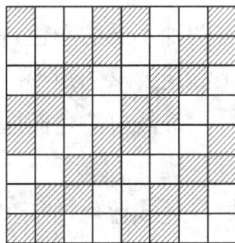

图 3－11

每一块 4×1 的瓷砖不论是横盖还是竖盖，也不论盖在何处，总是盖住二黑二白. 又因为与副对角线平行的格子总是同色，而与主对线相邻两格总是异色，所以不论怎样放置，一块 2×2 的瓷砖总是盖住三黑一白或三白一黑，于是 15 块 4×1 的瓷砖铺盖后还剩下二个白格和二个黑格，不可能同一块 2×2 的瓷砖盖住，从而问题得证.

证法二 用 1，2，3，4 种颜色如图 3－12 那样染色，使与主对角线平行的斜线上的格子总是保持同色. 于是不论如何放置一块 4×1 的瓷砖，总是盖住四种颜色的瓷砖各一格，而一块 2×2 的瓷砖盖住的四个格子中与主对角线平行的斜线上的两格总是同色，即一块 2×2 的瓷砖不论如何放置总不能同时盖住四种不同颜色的格子，而 15 块 4×1 的瓷砖铺盖后，剩下 1，2，3，4 色的格子各一个，它不可能用一块 2×2 的瓷砖盖住，于是问题得证.

1	2	3	4	1	2	3	4
4	1	2	3	4	1	2	3
3	4	1	2	3	4	1	2
2	3	4	1	2	3	4	1
1	2	3	4	1	2	3	4
4	1	2	3	4	1	2	3
3	4	1	2	3	4	1	2
2	3	4	1	2	3	4	1

图 3－12

注 例 3 和例 4 表明，用染色方法来解有关小方格的问题的关键是确定要用几颜色给方格染色，以及用何种方式给方格染色. 显然用两种颜色染色并采用间格交替染色或间行（列）交替染色的方法是常用的，但我们不能将自己"禁锢"在这种染色方式之中，要根据题意设计多种染色方式进行试验，从中找出正确解决问题的途径.

例 5 （1992 年圣彼得堡市奥林匹克（初中）试题）7×7 方格表中每个小方格被染成红、蓝两种颜色之一，证明：至少可找到 21 个矩形，它们的顶点是同一种颜色的小方格的中心，并且它们的边平行于方格线.

证明 考察其中任意一列，估计其中同色"方格对"的个数. 设该列中红色方格有 k 个，蓝色方格有 $7-k$ 个，那么该列中共有 $\frac{1}{2}k(k-1)+\frac{1}{2}(7-k)(6-k)=k^2-7k+21=(k-\frac{7}{2})^2+\frac{35}{4}\geqslant(\frac{1}{2})^2+\frac{35}{4}=9$ 个同色"方格对"（因 k 为整数，$(k-\frac{7}{2})^2\geqslant(\frac{1}{2})^2$），当且仅当 $k=3$ 或 4 时达到最小值 9，所以 7 列中有不少于 63 个同色"方格对".

注意到每一个这样的同色"方格对"位于一个"行对"中(例如某列的一个同色"方格对"是该列中从上到下的第 2、4 个方格,则这个同色"方格对"对应的"行对"为(2,4)).如果在另一列中还有一个与之颜色相同的"方格对"位于相同的"行对"中,那么,它们构成一个满足条件的矩形.我们知道方格表中一共有 $\dfrac{7\times 6}{2}$ 个不同的"行对",由于有两种不同的颜色,所以一共有 42 种不同情况的"行对",因此至少可以找到 $63-42=21$ 个满足要求的矩形.

2. 线段染色问题

例 6 (第 8 届加拿大奥林匹克试题)将连接圆周上 9 个不同点的 36 条直线段染成红色或蓝色,假定 9 点中每 3 点所确定的三角形都至少含有一条红色边,证明:存在 4 点,其中每两点的连线都是红色.

证明 如果从染点 A_1 出发的 8 条线段中至少有 4 条蓝色边,不妨设为 A_1A_2,A_1A_3,A_1A_4,A_1A_5,因为任何三角形中至少有一条红色边,故 A_2,A_3,A_4,A_5 之间的连线都是红色边,结论成立.

如果每点出发的 8 条线段中至多有 3 条蓝色边,即至少有 5 条红色边,因为 $\dfrac{9\times 5}{2}$ 不是整数,所以不可能从每点出发都恰有 5 条红色边,故至少有一点,不妨设为 A_1,从它出发至少有 6 条红色边,不妨设 A_1A_2,A_1A_3,$\cdots$,A_1A_7 为红色边,由拉姆塞定理 I 知以 A_2,A_3,$\cdots$,A_7 为顶点的 2 色完全图 K_6 中必有一个同色三角形,而由已知条件知不存在蓝色三角形,故必有一个红色三角形,不妨设是 $\triangle A_2A_3A_4$,于是四点 A_1,A_2,A_3,A_4 中任意两点连有红色边,结论也成立.

注 本题结论若用图的语言表示,则可简述为:(红、蓝)2 色完全图 K_9 中,或者存在一个蓝色三角形,或者存在一个红色 4 点完全图 K_4.

例 7 求最小正整数 n,使得 n 人中或者有 3 人互相不认识,或者有 4 人互相认识.

解 用平面内 n 个点表示 n 个人,若两人互相认识,则对应两点连红线,若两人互相不认识,则对应两点连蓝线,于是问题转化为求最小正整数 n,使 2 色完全图 K_n 中或者存在蓝色三角形或者存在红色 4 点完全图 K_4.由例 5 知 2 色完全图 K_9 中或者存在蓝色三角形,或者存在红色 4 点完全图 K_4,故所求最小正整数 $n\leqslant 9$.

其次,如图 3-13,2 色完全图 K_8 中既不存在蓝色(粗实线表示蓝色线)三角形,也不存在红色(细虚线表示红色线)4 点完全图 K_4.如果 $n<8$,则可从图 3-13 中去掉 $8-n$ 个点以及从这些点出发的所有线,则剩下的 2 色完全图 K_n 中既无蓝色三角形,也无红色 4 点完全图 K_4.

综上所述,所求正整数 n 的最小值等于 9.

例 8 (第 24 届全苏奥林匹克试题)已知某议会共有 30 位议员,其中每两人或者

是朋友或者是政敌,每位议员恰有 6 个政敌,每 3 位议员组成一个 3 人委员会,如果一个委员会里 3 个人两两是朋友或者两两是政敌,则称之为"好委员会",求所有"好委员会"的个数.

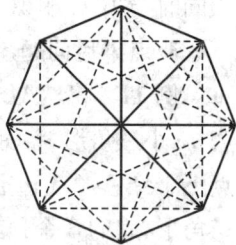

图 3-13

解 用 30 个点代表 30 个议员,如果两位议员是朋友,则对应两点连一条红线,如果两位议员是敌对的,则对应两点连一条蓝线. 显然,好委员会的个数就是同色三角形的个数,每个非同色三角形内有 2 个异色角,每个同色三角形内无异色角,从每点出发有 6 条蓝线,23 条红线,构成 $6 \times 23 = 138$ 个异色角,故图中共有 $30 \times 138 = 4140$ 个异色角,从而图中有 $\frac{1}{2} \times 4140 = 2070$ 个非同色三角形,故同色三角形有 $C_{30}^3 - 2070 = 4060 - 2070 = 1990$ 个,即好委员会有 1990 个.

例 9 一次大型会议上有 500 名代表参加,如果每名代表认识的人数为 400 名(约定:甲认识乙时,则乙也认识甲),是否一定能选出 6 名代表,他们中每 2 名都互相认识?

解 答案是否定的. 构造反例如下:用点表示人,若 2 人互相认识,则对应两点连一条红线;若 2 人互相不认识,则对应两点连一条蓝线. 我们作 5 个蓝色完全图 K_{100},并且任意两个不同蓝色 K_{100} 的点之间都连红线,于是从每点出发都恰有 400 条红线(即每人恰认识其他 400 人),但任意 6 点中必有 2 点属于同一个 K_{100},它们之间连有蓝线(即任意 6 人中必有 2 人互相不认识).

例 10 (第 14 届美国奥林匹克试题)晚会上有 n 人,试证其中存在 2 个人,使得其余 $n-2$ 人中至少有 $[\frac{n}{2}]-1$ 个人,每个人或者与这 2 个人都相识,或者与这 2 个人都不相识,假定认识是相互的.

证明 用点表示人,如果两个人相识,那么对应两点连红线,否则连蓝线. 如果从 A 出发有 k 条红线,那么从 A 出发有 $n-1-k$ 条蓝线,以 A 为顶点的异色角数目为

$$k(n-1-k) = -(k-\frac{n-1}{2})^2 + \frac{(n-1)^2}{4} \leqslant \frac{(n-1)^2}{4},$$ 图中异色角总数 $\leqslant \frac{n(n-1)^2}{4}$.

每个异色角,除顶点外,每边上各有一个点,这两个点组成一个点对,n 个点一共可形成 $\frac{n(n-1)}{2}$ 个点对,每一个点对可以以另一个点为顶点组成角,这样的角可能是同色的,也可能是异色角,平均每个点对可以组成的异色角 $\leqslant \frac{n(n-1)^2}{4} \div \frac{n(n-1)}{2} = \frac{n-1}{2}$.

由平均值原理知必有一个点对 $(B、C)$,使边分别过 $B、C$ 的异值角的个数 $\leqslant [\frac{n-1}{2}]$,从而两边分别过 $B、C$ 的同色角的个数 $\geqslant n-2-[\frac{n-1}{2}] = [\frac{n}{2}]-1$,即有 $[\frac{n}{2}]-1$ 个人,每

人同时与 B、C 相识(角为红色角)或同时与 B、C 不相识(角为蓝色角).

3. 点染色问题

例 11 将 $\triangle ABC$ 每边 n 等分,过每个分点作其他两边的平行线,将 $\triangle ABC$ 剖分为 n^2 小三角形,将每个小三角形为顶点染成红、蓝、黄 3 种颜色之一,并且 BC 边上的点不染红色,CA 边上的点不染蓝色,AB 边上的点不染黄色.证明:其中必存在一个小三角形,它的 3 个顶点被染成了 3 种不同颜色.

证明 依题意,易知 A、B、C 分别被染成了红、蓝、黄色.如果小三角形的一边的两端异色,则称此边为异色边,而称两端同色的边为同色边.设第 k 个小三角形有 t_k 条异色边($k=1,2,\cdots,n^2$).考虑 $S=t_1+t_2+\cdots+t_{n^2}$.

一方面,如果小三角形的一边不在 AB、BC、CA 中任何一条边上,那么它是两个小三角形的公共边.当它是异色边时,在 S 中计算了 2 次;当它是同色边时,在 S 中计算了 0 次.又 B 与 C 异色,且 BC 边上的点只有蓝、黄两种颜色,因此 BC 上应有奇数条异色边.同理,在 CA、AB 每一边上都有奇数条异色边,因此 S 应是奇数.

另一方面,如果不存在 3 点互相异色的小三角形,那么每个三角形中有 2 个或 3 个顶点同色,从而每个三角形中的 2 条或 0 条异色边,故每个 t_k 均为偶数,从而 S 为偶数,矛盾.因此,必存在一个小三角形,它的三个顶点互不同色.

例 12 如图 3-14,在大圆周上有 16 个小圆圈,小明将其中一些不相邻的小圆圈染成红色,这时无论再将哪个小圆圈涂成红色,都会使圆周上出现两个相邻的红色小圆圈.问:小明最少涂红了几个小圆圈?说明理由.

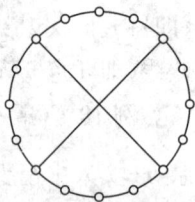

解 把一个红圈和它两旁的两个圆圈组成一组,则 16 个圆圈可分成 5 组,另外多出一个圆圈,把这个小圆圈也涂红,共有 6 个小圆圈涂红,此时若再将一个白圈涂红,就会使两个红圈相邻.

而如果只涂红了 5 个小圆圈,则此 5 个红圈共有 5 个间隔,其余 11 个圆圈分布在这 5 个间隔内.由抽屉原理知,必在某个间隔内至少有 $\left[\dfrac{11-1}{5}\right]+1=3$ 个没有涂红的小圆圈,将它们中位于中间位置的小圆圈涂红后不与其他任何红圈相邻,这就说明了涂红色的圆圈少于或等于 5 时,一定可以找到一个未涂红的圆圈,它不与任何红圈相邻.所以,小明最少要将 6 个小圆圈涂红.

例 13 用任意方式将平面内的每一点染成红色或蓝色,求证:一定存在一个边长为 1 或 $\sqrt{3}$ 的正三角形,它的三个顶点是同色的.

证明 分两种情形:

(1)平面内长度等于 2 的线段的两端都同色,则全平面只涂一种颜色,从而结论显

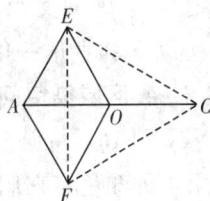

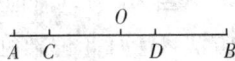

然成立.

事实上,平面内任取一点 A,不妨设 A 为红色,对平面内另外任意一点 B,①若 $AB=2$,则 B 为红色;②若 $AB<2$,则作等腰 $\triangle ABC$ 使 $AC=CB=2$,于是 C 与 A 同为红色,B 与 C 也同为红色;③若 $AB>2$,则在 AB 取点 $A_1,A_2,\cdots,A_K$ 使 $AA_1=A_1A_2=\cdots=A_{K-1}A_K=2$,且 $A_KB\leqslant 2$,于是 $A_1,A_2,\cdots,A_K$ 与 A 同为红色,且由①、②知 B 也为红色.由 B 的任意性知全平面内所有点全为红色,从而结论成立.

(2)平面内存在一条长为 2 的线段 AC,它的两端点异色,不妨设 A 为红色,C 为蓝色,于是 AC 的中点 O 必与 A、C 之一同色,不妨设 O 为红色.以 AO 为边作两个正三角形:$\triangle AOE$ 和 $\triangle AOF$(图 3 - 15).若 E、F 中有一点为红色,不妨设 E 为红色,则正三角形 AOE 的边长等于 1,并且它的 3 个顶点同为红色,否则 E、F 都为蓝色,于是正三角形 CEF 的边长等于 $\sqrt{3}$,它的 3 个顶点都为蓝色.

图 3 - 15

例 14 在线段 AB 上关于它的中点 O 对称地放着 $2n$ 个点,任意将这 $2n$ 个点中的 n 个点染成红色,其余 n 个点染成蓝色,证明:所有红点到 A 的距离之和等于所有蓝点到 B 的距离之和.

证明 设所有红(蓝)点到 $A(B)$ 的距离之和记为 $S_红(S_蓝)$,如果 n 个蓝点都在 O 的左边,n 个红点都在 O 的右边,这时所有蓝点与所有红点关于 O 对称,于是 $S_红 = S_蓝$.

在一般情形下,即 n 个蓝点与 n 个红点不是对称分布的,则 O 的左边至少有一个红点,右边至少有一个蓝点,将左边的任意红点 C 改为蓝点,右边的任意蓝点 D 改为红点,其余各点的颜色不变,则所有红点到 A 的距离之和为 $S_红' = S_红 + CD$,所有蓝点到 B 的距离之和为 $S_蓝' = S_蓝 + CD$(图 3 - 16),于是 $S_红' - S_蓝' = S_红 - S_蓝$(不变量!),

图 3 - 16

于是经过有限次这样的调整,可使 n 个蓝点都在 O 的左边,而 n 个红点都在 O 的右边,这时 $S_红'' - S_蓝'' = 0$,故 $S_红 - S_蓝 = S_红' - S_蓝' = \cdots = S_红'' - S_蓝'' = 0$,即 $S_红 = S_蓝$,结论成立.

例 15 (1996 年圣彼得堡市奥林匹克(初中)试题)平面直角坐标系中,每个整点都被染成为三种颜色之一,并且每种颜色的点都有.证明:可以找到一个直角三角形(其直角边不一定与坐标轴平行或重合),它的三个顶点被分别染成三种不同的颜色.

证明 用反证法,假设不存在三个顶点被染为三种不同颜色的直角三角形.

不难看出,可以找到一条水平方向或竖直方向的直线 l,它上面至少有 2 种颜色的整点,为了确定起见,设其为水平方向.

如果 l 上只有两种颜色的点,比方说蓝色和红色,那么平面上任取一个绿色的整

点 A，过 A 的竖直方向直线与 l 的交点为 B，于是 B 是整点且 B 或为红色或为蓝色，不妨设 B 为蓝色. 在 l 上任取一个红色整点 C，即可得到三个顶点的颜色各异的直角 $\triangle ABC$，此与假设矛盾. 所以 l 上有三种颜色的整点.

在 l 上任取一个蓝点 B、一个红点 C、一个绿点 D，那么过 B 的竖直直线 l_1 上的整点都为蓝色，否则可找到三个顶点颜色各异的直角三角形，这与假设矛盾. 同理，过 D 的竖直直线 l_2 上的点都为绿色，过 C 作与水平方向交成角 $45°$ 和 $135°$ 的直线 l_3 和 l_4，则 l_3 与 l_2 的交点 E 是整点，且为绿色，l_4 与 l_1 的交点 F 也是整点且为蓝色，于是 $\triangle CEF$ 为直角三角形且它的三个顶点被染成了三种不同颜色，这与假设矛盾.

4. 区域染色问题

例 16 将圆分成 6 个小扇形区域 $A_1,A_2,\cdots,A_6$（图 3-17）. 今用 4 种颜色将它们染色，每个小扇形区域恰染 1 种颜色并且有公共边的两个扇形区域不同色，问有多少种不同的染色方法？

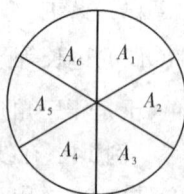

图 3-17

解法一 分三种情形：

（1）当 A_1，A_3，A_5 同色时，从 4 色中取 1 色染 A_1，A_3，A_5 有 4 种方法，A_2，A_4，A_6 中每个区域都可以从不同地 $A_1(A_3,A_5)$ 的 3 种颜色中取 1 种染色，每个区域都有 3 种染色方法，这时共有 $4\times3\times3\times3=108$ 种染色方法.

（2）当 A_1，A_3，A_5 染 2 色时，又分 3 种情形：

当 A_1 与 A_3 同色，而与 A_5 不同色，这时 A_1 与 A_3 有 4 种染色方法，A_5 有 3 种染色方法，A_2 有 3 种染色方法，而 A_4，A_6 分别都只有 2 种染色方法，这时共有 $4\times3\times3\times2\times2=144$ 种染色方法. 同理，当 A_3 与 A_5 同色在而 A_1 不同色，或当 A_5 与 A_1 同色而 A_3 不同色，都分别有 144 种染色方法，这时共 $3\times144=432$ 种染色方法.

（3）当 A_1，A_3，A_5 染 3 种颜色时，A_1，A_3，A_5 依次有 4,3,2 种染色方法，而 A_2，A_4，A_6 中每一个只有 2 种染色方法，这时共有 $4\times3\times2\times2\times2\times2=192$ 种染色方法.

综上所述，共有 $108+432+192=732$ 种染色方法.

解法二 我们考虑圆被分成 $n(n\geqslant2)$ 个扇形 $A_1,A_2,\cdots,A_n$，而用 4 种颜色染色的问题（图 3-18）. 设使有公共边的两扇形不同色的方法有 a_n 种，显然 $a_2=4\times3=12$.

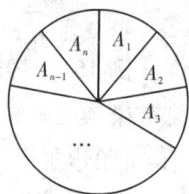

图 3-18

当 $n\geqslant3$ 时，A_1 有 4 种染色方法，要使 A_2 与 A_1 不同色，A_2 有 3 种染色方法，$\cdots$，要使 A_n 与 A_{n-1} 不同色，A_n 有 3 种染色方法，共有 $4\times3^{n-1}$ 种染色方法，但上述各染色方法中只保证 A_i 与 A_{i-1} 的颜色不相同 $(i=2,3,\cdots,n)$，而不保证 A_n 与 A_1 的颜色不同. 当 A_n 与 A_1 不同色时，我们得到了 n 个扇形 $A_1,A_2,\cdots,A_n$ 的满足题目条件的染色方法，有 a_n 种. 当

A_n 与 A_1 同色时,A_{n-1} 与 A_1 不同色,我们将 A_n 与 A_1 合并成一个扇形(仍记为 A_1),这时,我们得到了 $n-1$ 个扇形 $A_1,A_2,\cdots,A_{n-1}$ 的满足条件的染色方法,有 a_{n-1} 种,所以

$$a_n+a_{n-1}=4\times3^{n-1},\ a_n=4\times3^{n-1}-a_{n-1}(n=3,4,\cdots).$$

从 $a_2=12$ 出发,我们依次可算出

$$a_3=4\times3^2-a_2=36-12=24,$$

$$a_4=4\times3^3-a_3=108-24=84,$$

$$a_5=4\times3^4-a_4=324-84=240,$$

$$a_6=4\times3^5-a_5=972-240=732.$$

回到原题,我们得到共有 732 种染色方法.

注 若将圆分成 $n(n\geqslant2)$ 个扇形,且用 m 种颜色染色满足:每个扇形恰染一色,并且有公共边的任何两个扇形不同色,设其不同的染色方法有 a_n 种,则我们可类似地得到下列递推关系:

$$a_2=m(m-1),a_n+a_{n-1}=m(m-1)^{n-1}(n=3,4,\cdots).$$

由上式逐步递推,可算出

$$a_n=m(m-1)^{n-1}-a_{n-1}=m(m-1)^{n-1}-m(m-1)^{n-2}+a_{n-2}=\cdots=m(m-1)^{n-1}-m(m-1)^{n-2}+\cdots+(-1)^{n-1}m(m-1)^2+(-1)^nm(m-1),\qquad\qquad ①$$

①$\times(m-1)$ 得

$$(m-1)a_n=m(m-1)^n-m(m-1)^{n-1}+\cdots+(-1)^{n-1}m(m-1)^3+(-1)^nm(m-1)^2,\qquad\qquad ②$$

[①+②]$\div m$ 得

$$a_n=(m-1)^n+(-1)^n(m-1).\qquad\qquad ③$$

例 17 如图 3-19,一幅地图上有 A、B、C、D、E、F 6 个国家,今用 5 种颜色给它们染色,满足:每个国家恰染一种颜色,且任何有公共边界的两个国家不同色.问:共有多少种不同的染色方法?

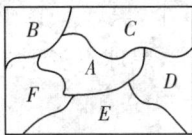

图 3-19

解法一 从 5 色中取 1 色染 A,有 5 种方法,其余 4 色染 B、C、D、E、F 五个国家,分 2 种情形:

(1)若 B、D、E 用了三种不同颜色,则用 4 色依次染 B、D、E 的方法分别有 4,3,2 种,此时染 C、F 各有 2 种方法,共有 $4\times3\times2\times2\times2=96$ 种方法.

(2)若 B、D、E 只用了两种不同颜色,则 B 与 D 同色或 B 与 E 同色.当 B 与 D 同色时,依次染 B、D、E 的方法分别有 4,1,3 种,这时染 C 有 3 种方法,染 F 有 2 种方法,共有 $4\times1\times3\times3\times2=72$ 种方法.当 B、E 同色时,同理有 72 种方法,故当 B、D、E 只用了两种不同颜色时,共有 $72+72=144$ 种方法.

综上所述,共有 $5\times[96+144]=1200$ 种染色方法.

解法二　先染 A，有 5 种方法，余下 4 色染 B、C、D、E、F，这等价于例 16 中用 4 色染 5 个扇形的问题，按例 16 解法二可算出其染色方法数为 $a_5=240$（或将 $n=5,m=4$ 代入公式③得 $a_5=(4-1)^5+(-1)^5(4-1)=243-3=240$），所以共有 $5a_5=1200$ 种染色方法.

模拟实战三

1.（2005 年第 17 届"五羊杯"竞赛（初三）试题）把正方体的六个面染成 3 面红，2 面蓝，1 面黄，正方体可以旋转，旋转后相同的两种染色方法看成是同一种染色方法，那么一共有（　　）种不同的染色方法.

A. 2　　　　　　　B. 3　　　　　　　C. 4　　　　　　　D. 至少 5 种

2.（2006 年太原市竞赛试题）将红、白、黄三种小球装入红、白、黄三个盒子中，每个盒子中装有相同颜色的小球. 已知：

(1)黄盒中的小球比黄球多；

(2)红盒中的小球与白球不一样多；

(3)白球比白盒中的球少.

则红、白、黄三个盒子中装有小球的颜色依次是＿＿＿＿＿＿.

3.（2007 年北京市竞赛（初二）试题）在一个 3×3 的方格表中填有数字 1,2,3,4,5,6,7,8,9 九个数，每格只填一个数. 现将每行中放有最大数的格子染成红色，放有最小数的格子染成绿色. 设 M 是红格中的最小数，m 是绿格中的最大数，则 $M-m$ 可以取到＿＿＿＿个不同的值.

4.（2007 年度"数学周报杯"全国竞赛试题）口袋中有 20 个球，其中白球 9 个，红球 5 个，黑球 6 个. 现从中任取 10 个球，使得白球不少于 2 但不多于 8 个，红球不少于 2 个，黑球不多于 3 个，那么上述取法的种数是（　　）.

A. 14　　　　　　　B. 16　　　　　　　C. 18　　　　　　　D. 20

5.（2001 年"我爱数学"夏令营竞赛试题）将 6×6 方格纸的若干方格涂成红色，其他方格不涂色，方格纸上每个以网格线为边的 3×3 的正方形的 4 个角上共 4 个小方格，要使这 4 个小方格中都恰只有一个红格，那么方格纸上最多要涂＿＿＿＿红格.

6.（第 21 届江苏省竞赛试题）如图所示，用红、蓝、黄三色将图中区域 A、B、C、D 着色，要求有公共边界的相邻区域不能涂相同的颜色，满足恰好 A 涂蓝色的概率为＿＿＿＿＿.

7.（2009 年第 20 届"希望杯"全国邀请赛（初一）试题）如图 4×4 正方形中每一小方格分别染成红、蓝、黄、绿四种颜色之一，每种颜色代表一个数字，不同颜色代表不同数字，正方形外数字表示该行（列）的数字之和，则 $x=$＿＿＿＿，$y=$＿＿＿＿.

8.(第 18 届"五羊杯"竞赛试题)正方形 $ABCD$ 的对角线交于点 O,把 A,B,C,D 这 4 点每一点涂上红色、黄色、蓝色或绿色,点 O 则涂上红色或黄色,每一点涂一种颜色,而且线段 OA,OB,OC,OD,AB,BC,CD,DA 中每一条的两个端点的颜色不能相同,那么一共有_____种不同的涂色方法.

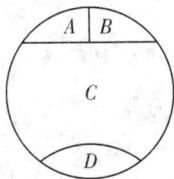

28	x		
红	蓝	黄	蓝	y
蓝	红	黄	绿	30
黄	蓝	绿	黄	
蓝	蓝	绿	红	25

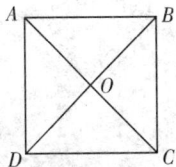

第 6 题   第 7 题   第 8 题

9.(第 9 届"祖冲之杯"邀请赛试题)圆周上有 12 个点,其中 1 个点涂了红色,还有 1 个点涂了蓝色,其余 10 个点没有涂色. 以这些点为顶点的凸多边形中,其顶点包含了红色及蓝色的多边形称为双色多边形,只包含红点(蓝点)的多边形称为红色(蓝色)多边形,不包含红点及蓝点的多边形称为无色多边形. 问:是双色多边形个数多,还是无色多边形的个数多? 两者相差多少个?

10.证明:2 色完全图 K_7 中至少有 4 个同色三角形.

11.(匈牙利奥林匹克试题)某工厂生产由 6 种不同颜色的纱织成的双色布,在双色布中,每种颜色至少与 3 种其他颜色搭配.证明:可以挑出 3 种颜色的双色布,它们含有 6 种颜色.

12.(2007 年"新知杯"上海市竞赛试题)在一个盒子里有红、黄、黑三种颜色的小球共 88 个,已知从中任取 24 个,就可保证至少有 10 个小球是同色的.问在满足上述条件下,无论各种颜色的小球如何分配,至少要从盒子中任意取出多少个小球,才能保证至少有 20 个小球是同色的?

13.(第 2 届加拿大竞赛试题)已知一组球,每个球染上红色或蓝色,每色至少一个球,每个球重 1 磅或 2 磅,每种重量至少有一个球.证明:有两个球具有不同的重量和不同的颜色.

14. 将平面内所有的点染成红、蓝两色之一，a 为任意正实数.

(1)证明:存在一个直角三角形，它的三个顶点同色，并且它的三边长分别是 a，$\sqrt{3}a$，$2a$；

(2)证明:对任意正实数 k，存在两个相似比为 k 的三角形，并且每个三角形的三个顶点都同色.

15. 用颜色染一个五边形的 5 条边和它的 5 条对角线(每条线段染一种颜色)，问至少要用几种颜色才能使以五边形的顶点为顶点的任一三角形的三条边的颜色都互不相同?

16. 把全体正整数染成黑、白两色之一，已知两个不同色的数的和是染成黑色，并且它们的积是染成白色.找出所有这样的染色方法，并确定两个白色的乘积是染成何种颜色?

17. 将正方形 $ABCD$ 分割成 $n \times n$ 个相等的小方格,把相对顶点 A、C 染成红色,把 B、D 染成蓝色,其他小正方形的顶点任意染成红、蓝两色之一. 求证:恰有 3 个顶点同色的小方格的数目必为偶数.

18. 由 8 个 1×3 和 1 个 1×1 的砖块铺满一个 5×5 的地面,证明:1×1 的砖块必在中心位置上.

19. 将全平面内的点任意染成红、蓝两色之一,并在平面内任作一个 $\triangle ABC$. 证明:平面内存在一个与 $\triangle ABC$ 相似的三角形,它的 3 个顶点同色.

20. 如图,要用 6 种颜色将一个四棱柱 $ABCD$-$A'B'C'D'$ 的 6 个面染色,满足有公共边的任意两个面不同色,问共有多少种不同的染色方法?

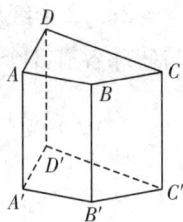

第 20 题

21. 平面内有 6 个点,任何 3 个点都是一个非等边三角形的三个顶点. 证明:以这 6 点为顶点的所有三角形中有一个三角形的最长边是另一个三角形的最短边.

22. 在 5×5 的棋盘第 1 行第 1 列处有一只小虫,小虫横着走每步走两格,竖着走每步走 1 格. 问小虫走到第 5 行第 5 格处时,是否一定经过奇数步或一定经过偶数步?

23.12 个红球与 12 个蓝球排成一行,证明:必有相邻的 6 个球,使这 6 个球中红球与蓝球各有 3 个.

24.平面内有 12 个点,任意 3 点不共线,它们中 6 个是红点,6 个是蓝点.证明:平面内存在 6 条两两无公共点的线段,使每条线段的两端恰是一个红点和一个蓝点.

25.将正整数从 1 开始由小到大按如下规则染色:凡是能写成两合数之和的正整数都染红色,不合上述要求的正整数染蓝色(例如 29 可写成 4+25 且 4 与 25 都是合数,故 29 染成红色,而 1 不能写成两个合数之和,故 1 染成蓝色).问被染成红色的数由小到大排列下去,第 2010 个数是多少?说明理由.

26.大厅中会聚了 100 个客人,他们中每人至少认识 67 人.证明:这些客人中一定可找到 4 人,他们之中任何两人都彼此认识.

27.有一个由红点与蓝点组成的 16×16 的正方形点阵,如果相邻两点同色,则用与该两点同色的线段连接,如果相邻两点异色,则用黄色线段连接.已知点阵中共有 133 个红点,其中 32 个红点在方阵的边界上,2 个红点在方阵的角上.若共有 196 条黄色线段,问有多少条蓝色线段?

28.能否给 8×8 方格棋盘中某些小方格染色,使得每个 3×3 的正方形内都恰有 5 格被染色,而每个 2×4 的矩形(水平的或竖直的)中都恰有 4 格被染色?

第四章 组合最值问题

§1 什么是组合最值问题

组合最值问题是一类典型而有趣的组合问题,它是各类数学竞赛中的热门话题之一.

若一个变量随着一类组合结构的安排方式不同而变化,并且适当安排这类组合对象,可使变量相应的值取到最大或最小,则我们将求解这类最大值或最小值的问题为组合最值的问题.

在组合最值问题中,自变量是一些离散的组合结构(例如整数、集合、点、线、三角形、图等等),对应的函数关系常常不能用一个解析式表示,这就决定了求解组合最值问题与求解代数函数(例如一次函数、二次函数)的最值问题有许多不同的特点.

根据组合最值问题的特点,其解答通常包含两个部分:

(1)估计和论证:即对变量的值作出估计,推算出变量的精确上界(不能再变小的上界)或精确下界(不能再变大的下界).

(2)构造:即构造一种具体的安排方式,以证明第一步估计的精确上界或精确下界能够取到.

§2 求解组合最值问题的基本方法

下面介绍的求解组合最值的方法,主要指的是探索最值的方法,求解某些组合最值问题,常常是结合"论证"(或"构造")去进行探索最值的,一旦最值探索出来,"论证"(或"构造")也就完成了,剩下的任务只要进行"构造"(或"论证")了. 如何进行"论证"与"构造",读者还可参看第二章§2介绍的各种方法.

1. 估值法

由于组合最值问题中的函数关系常常不能用一个数学解析式表示出来,从而难以用代数中的理论和方法去解决. 在这类问题中,对最值的估计往往是解决问题的关键之一. 估计最值的常用方法有以下几种:构造实例估计,特殊情形估计,整体综合估计,极端情形估计,反面情形估计等等.

(1)构造实例估计

根据问题的条件,把满足条件的对象尽可能构造出来,进而判断其最大(小)值,并

给出证明.

例 1 (2009 年第 20 届"希望杯"全国邀请赛(初二第 2 试)试题)将 n 个棋子放于 10 个盒子内,可以找到一种放法,使每个盒子内都有棋子,且这 10 个盒子内的棋子数都不同.若将 $(n+1)$ 个棋子放入 11 个盒子内,都找不到一种放法,能使每个盒子内都有棋子,并且这 11 个盒子内的棋子数都不相同,则 n 的最大值等于_____,最小值等于_____.

解 要使 10 个盒子内每个都有棋子且各盒子内棋子数互不相同,则需要最少棋子的放法是这 10 个盒子内分别放了 $1,2,3,\cdots,10$ 个棋子,所放棋子总数为 $1+2+\cdots+10=\dfrac{1}{2}\times10\times11=55$.同理,要使 11 个盒子内每个都有棋子且各盒子内棋子数互不相同,则需要最少棋子的放法是这 11 个盒子内分别放了 $1,2,3,\cdots,11$ 个棋子,一共放了 $1+2+\cdots+10+11=55+11=66$,所以只有当 $\begin{cases} n\geqslant55 \\ n+1\leqslant65 \end{cases}$,即 $55\leqslant n\leqslant64$ 时,n 才满足题目的条件,其中 n 的最大值为 64,最小值为 55.故填最大值等于 64,最小值等于 55.

例 2 从 $1,2,3,\cdots,2010$ 这 2010 个正整数中,最多能取出多少个数,使得对于任意取出的一个数 x,都有 $15x$ 不在取出的数中?

解 因为对任意正整数 x,要使 $15x$ 不在取出的数中,只要 $15x>2010$,即 $x>134$,故 $135,136,137,\cdots,2010$ 都可以在取出的数中,并且要使 $15x<135$,只要 $x<9$,故 $1,2,\cdots,8$ 也可在选取的数中,于是当我们选取的数为 $1,2,\cdots,8$ 和 $135,136,\cdots,2010$ 时,对上述任何一个数 x,$15x$ 都不在其中,满足题目的要求,这时一共取出了 $2010-134+8=1884$ 个数.

另一方面,对 $9,10,\cdots,134$ 中任意一个数 x,x 与 $15x$ 中至少有一个数不能取出,即至少有 $134-8=126$ 个数不能取出,即取出的数至多为 $2010-126=1884$ 个.

综上所述,最多能取出 1884 个数.

(2)特殊情形估计

考察满足条件的一些特殊情形,从而估计(或猜出)出所求的最大(小)值,再给予证明.

例 3 将 9 个 1,9 个 2,9 个 3,$\cdots$,9 个 10 共 90 个数填入一个 9 行、10 列的表格(每格填 1 个数),使同一列中任何两数之差的绝对值不超过 3,这个表格中每列中各数之和(共有 10 个列和)的最小值为 M,试求 M 的最大值.

解 我们根据 9 个 1 分布的列数的不同情形分别来求列和的最小值.

若 9 个 1 分布在同 1 列中,则 $M=9$.

若 9 个 1 分布在 2 列中,则这两列之和不小于 $2M$,同时由已知条件知这两列中出现的最大数只能为 4,故这两列数之和 $\leqslant 9 \times 1 + 9 \times 4 = 45$,即 $2M \leqslant 45$,所以 $M \leqslant 22$.

若 9 个 1 分布在 3 列中,则同上讨论可得 $3M \leqslant 9 \times 1 + 9 \times 4 + 9 \times 3 = 72$,所以 $M \leqslant 24$.

若 9 个 1 分布在 4 列中,则类似可得 $4M \leqslant 9 \times 1 + 9 \times 4 + 9 \times 3 + 9 \times 2 = 90$,所以 $M \leqslant 22$.

若 9 个 1 分布的列数大于 4(因 1,2,3,4 一共只有 36 个数,不足以填满所有出现 1 的列),则与已知条件中任何一列中任意两数之差的绝对值不大于 3 矛盾,所以这种情形不可能出现.

综上所述知,列和的最小值 $M \leqslant 24$.

另一方面,下列表格说明列和的最小值可达到 24.

$$
\begin{array}{cccccccccc}
1 & 1 & 1 & 2 & 2 & 6 & 7 & 8 & 9 & 10 \\
1 & 1 & 1 & 2 & 2 & 6 & 7 & 8 & 9 & 10 \\
1 & 1 & 1 & 2 & 2 & 6 & 7 & 8 & 9 & 10 \\
3 & 3 & 3 & 2 & 6 & 7 & 8 & 9 & 10 \\
3 & 3 & 3 & 2 & 6 & 7 & 8 & 9 & 10 \\
3 & 3 & 3 & 5 & 6 & 7 & 8 & 9 & 10 \\
4 & 4 & 5 & 5 & 6 & 7 & 8 & 9 & 10 \\
4 & 4 & 5 & 5 & 6 & 7 & 8 & 9 & 10 \\
4 & 4 & 5 & 5 & 6 & 7 & 8 & 9 & 10 \\
\end{array}
$$

所以,所求列和最小值 M 的最大值为 24.

例 4 已知 n 个($n \geqslant 2$)正整数 $x_1, x_2, \cdots, x_n$,把它们从小到大排列为 $x_1 \leqslant x_2 \leqslant \cdots \leqslant x_n$. 若这 n 个正整数的和等于这 n 个正整数的积,求 x_n 的最大值.

解 考察下面的一些特殊情形:

$2 \times 2 = 2 + 2, 1 \times 2 \times 3 = 1 + 2 + 3, 1 \times 1 \times 2 \times 4 = 1 + 1 + 2 + 4, 1 \times 1 \times 1 \times 2 \times 5 = 1 + 1 + 1 + 2 + 5, \cdots$

我们猜出 $x_n = n$,并且我们可构造一个 $x_n = n$ 的实例如下:$x_1 = x_2 = \cdots = x_{n-2} = 1, x_{n-1} = 2, x_n = n$,则

$$x_1 + x_2 + \cdots + x_n = (n-2) + 2 + n = 2n = 1 \cdot 1 \cdot \cdots \cdot 1 \cdot 2 \cdot n = 2n.$$

故所求 x_n 的最大值不小于 n.

另一方面,若 $x_{n-1} = 1$,则 $x_1 = x_2 = \cdots = x_{n-1} = 1, x_1 + x_2 + \cdots + x_n = (n-1) + x_n > x_n = x_1 x_2 \cdots x_n$,矛盾,故 $x_{n-1} \geqslant 2$. 其次,若 $x_n \geqslant n+1$,则由 $x_{n-1} \geqslant 2$ 得

$$1 = \frac{x_1 + x_2 + \cdots + x_n}{x_1 x_2 \cdots x_n} = \frac{1}{x_2 x_3 \cdots x_n} + \frac{1}{x_1 x_3 \cdots x_n} + \cdots + \frac{1}{x_1 x_2 \cdots x_{n-1}} \leqslant \frac{1}{2(n+1)} +$$

$$\frac{1}{2(n+1)} + \cdots + \frac{1}{2(n+1)} + \frac{1}{n+1} + \frac{1}{2} = \frac{n-2}{2(n+1)} + \frac{1}{n+1} + \frac{1}{2} = \frac{2n+1}{2n+2} < 1,$$

导致矛盾,从而 $x_n \leqslant n$.

综上所述知,所求 x_n 的最大值等于 n.

(3)整体综合估计

根据组合结构应满足的条件,从整体上进行综合分析,从而估计出所求的最大(小)值.

例 5 对于 $i=1,2,3,\cdots,n$,有 $|x_i|<1$ 且有 $|x_1|+|x_2|+\cdots+|x_n|=2009+|x_1+x_2+\cdots+x_n|$.求正整数 n 的最小值.

解 作整体估计如下:

$2009=|x_1|+|x_2|+\cdots+|x_n|-|x_1+x_2+\cdots+x_n|\leqslant|x_1|+|x_2|+\cdots+|x_n|<n$,所以 $n\geqslant2010$. 当 $n=2010$ 时,取 $x_1=x_2=\cdots=x_{1005}=\dfrac{2009}{2010}$,$x_{1006}=x_{1007}=\cdots=$

$x_{2010}=-\dfrac{2009}{2010}$,则 $|x_i|<1(i=1,2,\cdots,2010)$ 且 $|x_1|+|x_2|+\cdots+|x_{2010}|=2009+$ $|x_1+x_2+\cdots+x_{2010}|$,满足题目条件,故所求 n 的最小值为 2010.

例 6 13 个不同正整数之和等于 100,其中偶数最多有几个? 最少有几个?

解法一 因为 13 个正整数之和等于 100,且 100 为偶数,故 13 个正整数中有偶数个为奇数,奇数个为偶数. 设其中偶数有 k 个(k 为奇数),则其中奇数有 $(13-k)$ 个,于是,对 13 个数之和作整体估计得

$100\geqslant[2+4+6+\cdots+(2k)]+\{1+3+5+\cdots+[2(13-k)-1]\}$
$=k(k+1)+(13-k)^2=2k^2-25k+169$.

所以 $2k^2-25k+69\leqslant0$.

解得 $\dfrac{25-\sqrt{73}}{4}\leqslant k\leqslant\dfrac{25+\sqrt{73}}{4}$,注意到 $8<\sqrt{73}<9$,所以 $5\leqslant k\leqslant8$. 又 k 为奇数,故 $5\leqslant k\leqslant7$.

当 $k=7$ 时,可取 13 个数为 2,4,6,8,10,12,14,1,3,5,7,9,19,它们的和等于 100.

当 $k=5$ 时,可取 13 个数为 2,4,6,8,10,1,3,5,7,9,11,13,21,它们的和等于 100.

综上所述知,13 个正整数中偶数最多有 7 个,最少有 5 个.

解法二 同解法一知 13 个正整数中奇数的个数为偶数,偶数的个数为奇数. 设其中有 m 个奇数(m 为偶数),n 个偶数(n 为奇数),则 $m+n=13$.

(1)若 $m\geqslant10$,则 m 个不同奇数之和至少为 $1+3+5+\cdots+19=\dfrac{(1+19)\times10}{2}=100$,这时 13 个数的总和大于 100,矛盾,故 $m\leqslant8$,即 $n=13-m\geqslant5$.

(2)若 $n=9,m=4$,则 9 个不同偶数与 4 个不同奇数之和至少为 $(2+4+\cdots+18)+(1+3+5+7)=\dfrac{(2+18)\times9}{2}+16=106>100$,矛盾.

若 $n \geqslant 11$，则 n 个不同偶数之和至少为 $2+4+\cdots+22=\dfrac{(2+22)\times 11}{2}=132>100$，矛盾，所以 $n \leqslant 7$.

综上所述，得 $5 \leqslant n \leqslant 7$，下同解法一.

注 本例中，解法一显然计算难度要大一点(要解一元二次不等式)，但方法具有一般性，特别当数的个数较多，各数之和较大时，没有增加解题的难度. 解法二的关键是究竟要对多少个奇数和(偶数和)进行整体估算，这往往需要作一些尝试性计算(这些尝试性计算在求解过程中不可少，但正式书写解答时则被省略)才能确定. 特别当数的个数较多，各数之和较大时，尝试的计算量会更大，但对一些数值较小的问题，运用尝试法进行整体估算，往往是有效的.

(4)极端情形估计

根据组合结构满足的条件，对其极端情形(最有利(最不利)情形，最大(小)的可能情形，临界情形等等)进行估计，从而得出所求的最大(小)值.

例 7 (2000 年江苏省竞赛试题)已知由小到大的 10 个正整数 $a_1, a_2, \cdots, a_{10}$ 的和是 2000，那么 a_5 的最大值是 _____，这时 a_{10} 的值应是 _____.

解 要使 a_5 最大，必须 a_1, a_2, a_3, a_4 及 $a_6, a_7, a_8, a_9, a_{10}$ 尽量小. 又因为 $a_1 < a_2 < \cdots < a_{10}$，且 a_1, a_2, a_3, a_4 的最小可能值依次为 $1, 2, 3, 4$，于是有 $2000 \geqslant 1+2+3+4+a_5+a_6+\cdots+a_{10}$，即 $a_5+a_6+\cdots+a_{10} \leqslant 1990$.

又 $a_6 \geqslant a_5+1, a_7 \geqslant a_5+2, a_8 \geqslant a_5+3, a_9 \geqslant a_5+4, a_{10} \geqslant a_5+5$，故 $1990 \geqslant 6a_5+15$，$a_5 \leqslant \dfrac{1975}{6}=329\dfrac{1}{6}$. 又 a_5 为正整数，所以 $a_5 \leqslant 329$，于是 $a_6+a_7+\cdots+a_{10}=1990-329=1661$. 又 $a_7 \geqslant a_6+1, a_8 \geqslant a_6+2, a_9 \geqslant a_6+3, a_{10} \geqslant a_6+4$，故 $5a_6+10 \leqslant 1661$，$a_6 \leqslant \dfrac{1651}{5}=330\dfrac{1}{5}$，且 a_6 为正整数，所以 $a_6 \leqslant 330$，而 $a_6 \geqslant a_5+1=330$，所以 $a_6=330$，要 a_7, a_8, a_9 最小得 $a_7=331, a_8=332, a_9=333$，这时 $a_{10}=1661-(a_6+a_7+a_8+a_9)=335$. 但如果取 a_1, a_2, a_3, a_4 依次为 $1, 2, 3, 5$，那么同样可得 $a_5, a_6, \cdots, a_9$ 取上述值，这时 $a_{10}=334$. 故应填 a_5 的最大值是 329，这时 a_{10} 的值应是 335 或 334.

例 8 (2000 年全国联赛试题)设正 $\triangle ABC$ 的边长为 2，M 是 AB 边上的中点，P 是 BC 边上任意一点，$PA+PM$ 的最大值和最小值分别记为 s 和 t，则 $s^2-t^2=$ _____.

解 因为 $PA \leqslant CA, PM \leqslant CM$，故当 P 处于 BC 边顶点 C 这一极端位置时，$PM+PA$ 取最大值，最大值为 $s=CM+CA=\sqrt{3}+2$.

如图 4-1，作正 $\triangle A'BC$，设 M' 为 $A'B$ 的中点，则由 $\triangle PBM \cong \triangle PBM'$ 得 $PM'=$

PM,于是 $PA+PM=PA+PM' \geqslant AM'$.

连 CM',则 $\angle ACM'=\angle ACB+\angle BCM'=60°+30°=90°$,所以 $AM'=\sqrt{AC^2+CM'^2}=\sqrt{2^2+(\sqrt{3})^2}=\sqrt{7}$,故 $PA+AM \geqslant PM'=\sqrt{7}$,并且当 A、P、M' 共线时等号成立,即 $PA+AM$ 的最小值为 $t=\sqrt{7}$,因此,$s^2-t^2=(\sqrt{3}+2)^2-(\sqrt{7})^2=4\sqrt{3}$.故应填 $4\sqrt{3}$.

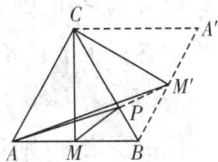

图 4-1

(5)反面情形估计

按照以上各种方法从正面入手感到困难时,要考虑从反面入手进行估计,从而得出所求的最大(小)值.

例 9 (2008 年度"数学周报杯"全国竞赛试题)从 $1,2,\cdots,9$ 中任取 n 个数,其中一定能找到若干个数(至少一个,也可以是全部),它们的和能够被 10 整除.求 n 的最小值.

解 当 $n \leqslant 4$ 时,从 $1,3,5,8$ 中取 n 个数,其中没有若干数之和能够被 10 整除,故所求最小正整数 $n \geqslant 5$.

当 $n=5$ 时,设 a_1,a_2,a_3,a_4,a_5 是 $1,2,\cdots,9$ 中任意 5 个不同的数,若其中任意多个数之和不被 10 整除,则 a_1,a_2,a_3,a_4,a_5 中不可能同时出现 1 和 9,2 和 8,3 和 7,4 和 6,于是 a_1,a_2,a_3,a_4,a_5 中必有一个等于 5.

若 $a_1,a_2,\cdots,a_5$ 中含 1,则不含 9;于是不含 4(因 $1+5+4=10$),故含 6;于是不含 3(因 $1+3+6=10$),故含 7;于是不含 2(因 $1+2+7=10$),故含 8.但是 $5+7+8=20$ 是 10 的倍数,矛盾,可见 $a_1,a_2,\cdots,a_9$ 中含 9 而不含 1,于是不含 6(因 $9+6+5=20$),故含 4;于是不含 7(因 $4+7+9=20$),故含 3;于是不含 8(因 $3+8+9=20$),故含 2.但是 $2+3+5=10$ 是 10 的倍数,也导致矛盾.

综上所述,n 的最小值是 5.

例 10 (2007 年北京市竞赛(初二)试题)若任意 n 个连续正整数中,总存在一个数的各位数字之和是 8 的倍数,试确定 n 的最小值,并说明理由.

解 注意到从 9999993 到 10000006,这 14 个连续正整数的各位数字之和除以 8 的余数依次是 $1,2,3,4,5,6,7,1,2,3,4,5,6,7$,故当 $n \leqslant 14$ 时,从上述 14 个数中任取连续 n 个数,其中没有一个数的各位数字之和是 8 的倍数,故所求最小正整数 $n \geqslant 15$.

当 $n=15$ 时,设 $a_1,a_2,\cdots,a_{15}$ 是任意 15 个连续正整数,则这 15 个正整数中个位数字为 0 的至少有 1 个,最多有 2 个.

(1)$a_1,a_2,\cdots,a_{15}$ 中个位数为 0 的数恰有 2 个时,设 $a_i<a_j$,且 a_i,a_j 的个位数字之和为 0,则 $j=i+10$,且 $a_i,a_{i+1},\cdots,a_{i+9}$ 为连续 10 个无进位的正整数,用 n_i 表示 a_i 的各位数字之和,则这 10 个数的各位数字之和依次为 $n_i,n_i+1,\cdots,n_i+9$,其中必有一个是 8 的倍数.

(2)当 $a_1,a_2,\cdots,a_{15}$ 中只有一个数的个位数字为 0 时,记为 a_i,它的个位数字为 0.

(i)若 $1 \leqslant i \leqslant 8$ 时,$a_i,a_{i+1},\cdots,a_{i+7}$ 是 8 个连续无进位的正整数,用 n_i 表示 a_i 的

个位数字之和,则 $a_i,a_{i+1},a_{i+2},\cdots,a_{i+7}$ 的个位数字之和依次是 $n_i,n_i+1,\cdots,n_i+7$,它们中必有 1 个是 8 的倍数.

(ⅱ)若 $i\geqslant 9$ 时,则 $a_{i-8},a_{i-7},\cdots,a_{i-1}$ 是 8 个连续无进位的正整数,用 n_{i-8} 表 a_{i-8} 的各位数字之和,则 $a_{i-8},a_{i-7},\cdots,a_{i-1}$ 的个位数字之和依次为 $n_{i-8},n_{i-8}+1,\cdots,n_{i-8}+7$,其中必有一个是 8 的倍数.

因此,我们已证任意 15 个正整数上必有一个数,它的各位数字之和被 8 整除.故所求 n 的最小值为 15

2. 组合分析法

设所研究的组合对象的个数 m 的最大(小)值为 m_0,通过组合分析确定 m_0 最多(少)应为多少时,才能保证题中的结论成立.

例 11 (第 16 届全俄奥林匹克试题)某学校足球冠军赛中,要求每一队都必须同其余的各队进行一场比赛,每场比赛的赢队得 2 分,平局各得 1 分,输队得 0 分.已知有一队得分最多,但它赢的场次比任何一队少,问至少有多少队参赛?

解 我们称积分最多的队 A 为优胜队,设 A 胜 n 场平 m 场,则 A 队的总分为 $2n+m$.由已知条件,其他每个队至少胜 $n+1$ 场,即得分不少于 $2(n+1)$ 分,于是 $2n+m>2(n+1)$,由此得 $m\geqslant 3$.

于是,可找到一个队,它和优胜队 A 打成平局,这个队的得分不少于 $2(n+1)+1$ 分,故有 $2n+m>2(n+1)+1,m\geqslant 4$.

设共有 x 队参赛,则优胜者至少要胜一场,否则,它的得分至多为 $x-1$ 分,这时任何其他一队的得分严格小于 $x-1$ 分,但 x 个队之间共比赛 $\dfrac{x(x-1)}{2}$ 场,各队得分之和应为 $2\cdot\dfrac{x(x-1)}{2}=x(x-1)$ 分,矛盾.于是 $n\geqslant 1,m\geqslant 4$,即优胜队至少要进行 5 场比赛,因此有不少于 6 队参加比赛.

下面的积分表中共有 6 个队(A,B,C,D,E,F)参加比赛,其中优胜队 A 的得分最多,胜的场次最少.

	A	B	C	D	E	F	得分
A		1	1	1	1	2	6
B	1		2	0	0	2	5
C	1	0		0	2	2	5
D	1	2	2		0	0	5
E	1	2	0	2		0	5
F	0	0	0	2	2		4

综上所述得,最少有 6 个队参加比赛.

例 12 某市的一些中学生参加一次数学邀请赛,且这次邀请赛共 6 道试题,已知每道试题恰有 500 名学生答对,但任意两名学生中,至少有一道试题使得两个学生都没有答对. 问:该市至少有多少名中学生参加了这次数学邀请赛?

解 由已知条件知对任意一位学生来讲,不可能答对 6 题.若有一位学生 A 答对 5 题,那么对任意其他学生 B,必有一道试题,A 和 B 都没有答对,这道题只能是第 6 题. 由 B 的任意性知每一个学生未答对第 6 题,这与已知条件(每道题都有 500 人答对)矛盾,因此,每个至多答对 4 道题.

若有一位学生 A 答对了 4 道题,不妨设 A 答对了 1,2,3,4 题,则没有一位学生同时答对 5,6. 事实上,若有 B 同时答对了 5,6 题,则对 A,B 不存在一个问题使 A,B 都未答对,这与已知矛盾,所以答对第 5 题和第 6 题的各有 500 人. 这样参加比赛的学生至少有 $500+500+1=1001$ 人.

若每位学生至多答对了 3 道题,由于全部学生答对题目数的总和为 $500 \times 6 = 3000$,所以学生人数至少为 $3000 \div 3 = 1000$ 人.

下面构造实例说明 1000 人是可能的:答对下面问题的人数都为 100 人:(1,2,3),(1,3,4),(1,4,5),(1,5,6),(1,2,6),(2,4,6),(2,3,5),(2,4,5),(3,4,6),(3,5,6),则每道题都恰有 500 人答对,并且对任意 2 人,总有一个问题使这 2 人都未答对.

综上所述,最少有 1000 人参加了这次竞赛.

3. 计数方法

根据问题的条件和结论,利用第一章介绍的计数方法,建立方程(组)或不等式(组),通过对方程(组)或不等式(组)的讨论,从而确定要求的最大(小)值.

例 13 整数 $x_0, x_1, \cdots, x_{2010}$ 满足条件:$x_0 = 0$,$|x_1| = |x_0 + 1|$,$|x_2| = |x_1 + 1|$,$\cdots$,$|x_{2010}| = |x_{2009} + 1|$,求 $|x_1 + x_2 + \cdots + x_{2010}|$ 的最小值.

解 由已知条件可得:$x_1^2 = x_0^2 + 2x_0 + 1$,$x_2^2 = x_1^2 + 2x_1 + 1$,$\cdots$,$x_{2010}^2 = x_{2009}^2 + 2x_{2009} + 1$,各式相加整理后得 $x_{2010}^2 = x_0^2 + 2(x_0 + x_1 + \cdots + x_{2009}) + 2010$.

又 $x_0 = 0$,故有 $|x_1 + x_2 + \cdots + x_{2010}| = \frac{1}{2}|x_{2010}^2 + 2x_{2010} - 2010| = \frac{1}{2}|(x_{2010} + 1)^2 - 2011|$.

因 $x_1 + x_2 + \cdots + x_{2010}$ 为整数,故 $(x_{2010} + 1)^2$ 为奇数,又 $43^2 < 2010 < 45^2$ 且 $|43^2 - 2011| = 162 > 14 = |45^2 - 2011|$,

所以 $|x_1 + x_2 + \cdots + x_{2010}| \geq \frac{1}{2}|45^2 - 2011| = 7$.

当 $x_0 = x_2 = x_4 = \cdots = x_{1966} = 0$,$x_1 = x_3 = \cdots = x_{1965} = -1$,$x_{1967} = 1$,$x_{1968} = 2$,$x_{1969} = 3$,$x_{1970} = 4$,$\cdots$,$x_{2009} = 43$,$x_{2010} = 44$ 时等号成立.

所以，$|x_1+x_2+\cdots+x_{2010}|$ 的最小值为 7．

例 14 从 $1,2,3,\cdots,50$ 这 50 个正整数中任取 n 个数，在这 n 个数中总能找到 3 个数，它们两两互质．求 n 的最小值．

解 记 $S=\{1,2,3,\cdots,50\}$，A_i 是 S 中能被 i 整除的正整数组成的集合（$i=1,2,3$），$|A_2|$，$|A_3|$ 分别 A_2，A_3 中数的个数，由容斥原理有 $|A_2\bigcup A_3|=|A_2|+|A_3|-|A_2\bigcap A_3|=\left[\dfrac{50}{2}\right]+\left[\dfrac{50}{3}\right]-\left[\dfrac{50}{2\times 3}\right]=25+16-8=33$．

从 $A_2\bigcup A_3$ 中任取 3 个数，其中至少有 2 个数属于 A_2 或 A_3 中同一个集合，它们不互质．

故所求 n 的最小值 $\geqslant 34$．

其次，设 $B_1=\{1,2,3,5,7,11,13,17,19,23,29,31,37,41,43,47\}$，$B_2=\{2^2,3^2,5^2,7^2\}$，$B_3=\{2\times 23,3\times 17,5\times 9\}$，则 B_1，B_2，B_3 中共有 $16+4+3=23$ 个数，于是从 S 内任取 34 个数，其中至少有 $34-(50-23)=7$ 个数属于 $B_1\bigcup B_2\bigcup B_3$．由抽屉原理知，这 7 个数中至少有 $\left[\dfrac{7-1}{3}\right]+1=3$ 个数属于 B_1，B_2，B_3 中同一个子集，它们两两互质．

综上所述，所求 n 的最小值等于 34．

例 15 有一个 8×9 的矩形方格纸，要将它沿方格线剪成若干个矩形（包括正方形），使得组成每个矩形的小正方形都是完整的．分别将每个小矩形中的所有小正方形涂上蓝色或白色，使其中两种颜色的小正方形个数正好相等，设这些矩形中蓝色的小正方形数分别是 $a_1,a_2,\cdots,a_p$ 且 $0<a_1<a_2<\cdots<a_p$，试求 p 的最大值，并在图中画出 p 为最大值的一种剪法．

解 因为每个小矩形中两种颜色的小正方形的个数相等，所以

$$a_1+a_2+\cdots+a_p=\frac{1}{2}\times 9\times 8=36.$$

又 $a_1\geqslant 1,a_2\geqslant 2,\cdots,a_p\geqslant p$，于是有 $36=a_1+a_2+\cdots+a_p\geqslant 1+2+\cdots+p$，所以 $p\leqslant 8$．

如图 4-2，可得 $p=8$ 的一种剪法，所以 p 的最大值是 8．

图 4-2

4. 调整法

用调整法求解组合最值问题的一般步骤是：首先根据题目条件确定取最大（小）值的组合结构是存在的．其次，通过观察和分析探索取最大（小）值时，组合对象应满足的性质，并用调整法来证明它的确具有所述性质．证明方法是：若它不具有该性质，则对组合对象的结构作适当的改变（即调整），使其仍满足题目的条件，但对应的值更大（小），从而导致矛盾．最后，根据取最大（小）值时，组合对象应满足的条件来求出这个最大（小）值．

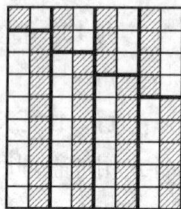

例16 (2005年全国竞赛试题)已知 $x_1,x_2,\cdots,x_{40}$ 都是正整数,且 $x_1+x_2+\cdots+x_{40}=58$. 若 $x_1^2+x_2^2+\cdots+x_{40}^2$ 的最大值为 A,最小值为 B,则 $A+B=$_____.

解 因为把58写成40个正整数的和的方法只有有限种,因而一定存在一种写法使得这40个数的平方和达到最大值,也存在一种写法使得这40个数的和达到最小值.

(1)设 $x_1+x_2+\cdots+x_{40}=58$($x_1,x_2,\cdots,x_{40}$ 都为正整数),且使得 $x_1^2+x_2^2+\cdots+x_{40}^2$ 取得最大值 A,不妨设 $x_1\leqslant x_2\leqslant\cdots\leqslant x_{40}$.

若 $x_1>1$,则因 $(x_1-1)+(x_2+1)=x_1+x_2$,且 $(x_1-1)^2+(x_2+1)^2=x_1^2+x_2^2+2(x_2-x_1)+2>x_1^2+x_2^2$,所以,用 $x_1-1,x_2+1,x_3,\cdots,x_{40}$ 代替 $x_1,x_2,\cdots,x_{40}$,它们的和仍为58,但它们的平方和却增加了,这与 $x_1,x_2,\cdots,x_{40}$ 已使 $x_1^2+x_2^2+\cdots+x_{40}^2$ 取最大值矛盾,故 $x_1=1$. 同理 $x_2=x_3=\cdots=x_{39}=1$,于是 $x_{40}=58-39=19$,故 $x_1^2+x_2^2+\cdots+x_{40}^2$ 的最大值为 $A=1^2+1^2+\cdots+1^2+19^2=400$.

(2)设 $x_1+x_2+\cdots+x_{40}=58$($x_1,x_2,\cdots,x_{40}$ 都为正整数),且使 $x_1^2+x_2^2+\cdots+x_{40}^2$ 取最小值 B,不妨设 $x_1\leqslant x_2\leqslant\cdots\leqslant x_{40}$. 我们证明:对任意 $1\leqslant i<j\leqslant 40$,有 $0\leqslant x_j-x_i\leqslant 1$,用反证法. 假设存在 $x_i,x_j(1\leqslant i<j\leqslant 40)$,使 $x_j-x_i\geqslant 2$,因为 $(x_i+1)+(x_j-1)=x_i+x_j$,且由 $x_j-x_i-1\geqslant 1$,得 $(x_i+1)^2+(x_j-1)^2=x_i^2+x_j^2-2(x_j-x_i-1)<x_i^2+x_j^2$,

所以,用 x_i+1 和 x_j-1 分别代替 x_i 和 x_j,其他的数不变,它们的和仍为58,但它们的平方和却减少了,这与 $x_1^2+x_2^2+\cdots+x_{40}^2$ 已取得最小值矛盾.

于是,当 $x_1^2+x_2^2+\cdots+x_{40}^2$ 取最小值时,$x_1,x_2,\cdots,x_{40}$ 中任何两数之差的绝对值不超过1,即 $x_1,x_2,\cdots,x_{40}$ 至多取两种不同数值. 设 $x_1,x_2,\cdots,x_{40}$ 中有 k 个等于 $a+1$,其余 $40-k$ 个等于 a,于是 $k(a+1)+(40-k)a=58(a\leqslant k\leqslant 39)$,$40a+k=58(0\leqslant k\leqslant 39)$,

故 a,k 分别是58除以40所得的商和余数,即 $a=1,k=18$,所以 $x_1=x_2=\cdots=x_{22}=1,x_{23}=x_{24}=\cdots=x_{40}=2$ 时,$x_1^2+x_2^2+\cdots+x_{40}^2$ 取最小值 $B=1^2+1^2+\cdots+1^2+2^2+2^2+\cdots+2^2=22+18\times 2^2=94$.

综上所述,得 $A+B=400+94=494$. 故应填494.

例17 将201写成4个不同的正整数 x_1,x_2,x_3,x_4 之和,记 $s=x_1x_2+x_1x_3+x_1x_4+x_2x_3+x_2x_4+x_3x_4$,试求 s 的最大值.

解 因为201写成4个不同的正整数之和的方法只有有限种,故一定存在一种写法使得 s 达到最大值.

设 $x_1<x_2<x_3<x_4$ 是满足 $x_1+x_2+x_3+x_4=201$ 且使 s 达到最大值的正整数,则 x_1,x_2,x_3,x_4 具有下列性质:

(1) $x_{i+1}-x_i\leqslant 2(i=1,2,3)$,否则,必有某个 i 使得 $x_{i+1}-x_i\geqslant 3$. 不妨设 $i=1$,将 s 改写为 $s=x_1x_2+(x_1+x_2)(x_3+x_4)+x_3x_4$. 令 $x_1'=x_1+1,x_2'=x_2-1',x_i'=x_i(i=3,4)$,$s'=x_1'x_2'+(x_1'+x_2')(x_3'+x_4')+x_3'x_4'$,则 $x_1'<x_2'<x_3'<x_4'$,$x_1'+x_2'+$

$x_3'+x_4'=201$,且 $s'-s=x_1'x_2'-x_1x_2+[(x_1'+x_2')-(x_1+x_2)](x_3+x_4)=(x_1+1)\cdot(x_2-1)-x_1x_2=x_2-x_1-1>0$,

即 $s'>s$,这与假设 s 最大矛盾.

(2)使 $x_{i+1}-x_i=2$ 的值不多于 1 个,事实上,若有 i 和 j,$1\leqslant i<j\leqslant 4$ 使 $x_{i+1}-x_i=2$,$x_{j+1}-x_j=2$.令 $x_i'=x_i+1$,$x_{i+1}'=x_{i+1}-1$,当用 x_i',x_j' 代替 x_i,x_j,其他的数不变,则同上可证 s 将变大,矛盾.

(3)如果 x_1,x_2,x_3,x_4 中任何相两数之差都等于 1,那么可设它们为 $k,k+1,k+2,k+3$,于是 $k+(k+1)+(k+2)+(k+3)=201$,$4k=195$,而 4 不整除 195,矛盾,故结合(2)知 x_1,x_2,x_3,x_4 中相邻两个数之差恰有一个等于 2,其余都是 1.注意到 $195+1=196$ 可被 4 整除,故只要设 4 个数为 $k-1,k+1,k+2,k+3$,则

$(k-1)+(k+1)+(k+2)+(k+3)=201$,$4k=196$,$k=49$,$x_1=48$,$x_2=50$,$x_3=51$,$x_4=52$,所求 s 的最大值为

$$s_{最大}=48\times 50+(48+50)(51+52)+51\times 52=15146.$$

§3 典型例题解题思维策略分析

例 1 (2005 年全国竞赛试题)从 $1,2,\cdots,205$ 共 205 个正整数中,最多能取出多少个数,使得对于取出来的数中的任意三个数 $a,b,c(a<b<c)$ 都有 $ab\neq c$.

解 若取出的数为 $1,x,x+1,x+2,\cdots,205$,则只要 $x(x+1)>205$,即 $x\geqslant 14$,就可使取出的数具有题设的性质.当 $x=14$ 时,取出的数为 $1,14,15,\cdots,205$,它们一共有 $205-13+1=193$ 个,并且对其中任意 3 个数 $a,b,c(a<b<c)$.若 $a=1$,则 $ab=b<c$;若 $a>1$,则 $ab\geqslant 14\times 15=210>c$,故取出的数满足题目条件.

另一方面,考虑下列 12 个三数组:$\{13,14,13\times 14\}$,$\{12,15,12\times 15\}$,$\{11,16,11\times 16\}$,$\cdots$,$\{3,24,3\times 24\}$,$\{2,25,2\times 25\}$,它们是互不相等的 39 个数,最小的是 2,最大的是 $13\times 14=182<205$,所以每组中至少有一个数不能取出,即至少有 12 个数不能取出,故至多只能取出 $205-12=193$ 个数.

综上所述,在 $1,2,3,\cdots,205$ 中,最多能取出 193 个数,满足题设条件.

例 2 (2008 年度全国联赛试题(江西卷))一本书共有 61 页,顺次编号为 $1,2,\cdots$,61,某人将这些数相加时,有两个两位数的页码都错把个位数和十位数弄反了(形如 $\overline{ab}$ 的两位数被当成了两位数 $\overline{ba}$),结果得到总和是 2008,那么书上这两个两位数页码之和的最大值是_____.

解 注意到 $1+2+3+\cdots+61=\dfrac{61\times 62}{2}=1891$,$2008-1891=117$.因为形如 $\overline{ab}$ 的页码被当成 $\overline{ba}$ 后,加得的和将相差 $|(10b+a)-(10a+b)|=9|b-a|$,并且 a,b 只能在

$1,2,\cdots,9$ 中取值，$|b-a|\leqslant 8,9|b-a|\leqslant 72$. 设弄错的两数是 $\overline{ab}$ 和 $\overline{cd}$，则 $9|b-a|+$ $9|d-c|=117$，而将 117 写成两个正整数之和，其中每个数既要不大于 72，又要是 9 的倍数，只有下列两种可能：$117=72+45=63+54$.

当 $9|b-a|=72,9|d-c|=45$ 时，$|b-a|=8,|d-c|=5$，则只有 $\overline{ab}=19$，而 $\overline{cd}$ 可取 16，27，38，49，此时 $\overline{ab}+\overline{cd}$ 的最大值是 $19+49=68$.

当 $9|b-a|=63,9|d-c|=54$，即 $|b-a|=7,|d-c|=6$，此时 $\overline{ab}$ 可取 18，29，$\overline{cd}$ 可取 17，28，39，则 $\overline{ab}+\overline{cd}$ 的最大值是 $29+39=68$.

综上所述，$\overline{ab}+\overline{cd}$ 的最大值是 68，故应填 68.

例 3 （2007 年度山东省竞赛试题）若 $a_1,a_2,\cdots,a_n$ 均为正整数且 $a_1<a_2<\cdots<a_n\leqslant 2007$，为保证这些整数中总存在四个互不相同的数 a_i,a_j,a_k,a_l，使得 $a_i+a_j=a_k+a_l=a_n$，那么 n 的最小值是多少？说明理由.

解法一 考虑 $a_1<a_2<\cdots<a_n$ 及 $a_n-a_1>a_n-a_2>\cdots>a_n-a_{n-1}$，共 $2n-1$ 个数，它们都是不大于 2007 的正整数，其中使 $a_n-a_{i_0}=a_{i_0}$，即 $a_n=2a_{i_0}$ 的 a_{i_0} 至多只有一个，如果有这样的数，那么将它去掉，至少还余下 $2n-2$ 个数，它们至多取 2007 种不同数值. 于是当 $2n-2\geqslant 2008$ 时，由抽屉原理知其中必有 2 个数相等，并且只可能某个 a_n-a_i 等于某个 a_j，且由前面说明知必有 $i\neq j$，于是存在互不相同的 i,j 使 $a_n=a_i+a_j$. 从前述 $2n-2$ 个数中去掉 a_n-a_i 及 a_j，还剩 $2n-4$ 个数，于是当 $2n-4\geqslant 2008$，即 $n\geqslant 1006$ 时，余下的数中又存在两个数相等，且只可能是某个 a_n-a_k 等于某个 $a_l(k\neq 1)$，即 $a_k+a_l=a_n$. 因此，当 $n\geqslant 1006$ 时，必定存在 4 个两两不同的数 a_i,a_j,a_k,a_l 使得 $a_i+a_j=a_k+a_l=a_n$.

另一方面，若取 $a_1=1,a_2=3,\cdots,a_{1003}=2005,a_{1004}=2006,a_{1005}=2007$，则一共取了 1005 个数，其中除了 $a_1+a_{1064}=a_{1005}$ 外，不再存在其他的 a_k,a_l 使 $a_k+a_l=a_{1005}$.

综上所述，所求 n 的最小值为 1006.

解法二 同解法一构造 $a_1,a_2,\cdots,a_{1005}$，知所求 n 的最小值不小于 1006.

另一方面，当 $n\geqslant 1006$ 时，若 $a_n=2m+1(m\in\mathbf{N}_+$ 且 $m\leqslant 1003)$，将 $1,2,\cdots,2m$ 配成 m 对，每对内 2 数之和都等于 $2m+1$：$\{1,2m\},\{2,2m-1\},\cdots,\{m,m+1\}$，而 $a_1,a_2,\cdots,a_{n-1}$ 至少有 1005 个数，而 $m\leqslant 1003$，故它们中至少包含了这 m 对数中 2 对内的全部四个数，此即题设要求的四个数. 若 $a_n=2m(m\in\mathbf{N}_+,m\leqslant 1003)$，将 $1,2,\cdots,2m-1$ 中除 m 外的 $2m-2$ 个数配成 $m-1$ 对，每对内 2 数之和等于 $2m$：$\{1,2m-1\},\{2,2m-2\},\cdots,\{m-1,m+1\}$，而 $a_1,a_2,\cdots,a_{n-1}$ 中除了有一个可能等于 m 外，至少还有 $n-2\geqslant 1004$ 个数，而 $m-1\leqslant 1002$，故它们中至少包含这 $m-1$ 对数中 2 对内的四个数，此即题设要求的四个数.

综上所述，所求 n 的最小值为 1006.

例4 (2009年第20届"希望杯"邀请赛(初一)试题)如果两个整数 x,y 的和、差、积、商的和等于100,那么这样的整数有几对?并求 x 与 y 的和的最小值,及 x 与 y 的积的最大值.

解 依题意 $(x+y)+(x-y)+xy+\dfrac{x}{y}=100(y\neq0)$,   ①

即 $\dfrac{x}{y}(y+1)^2=1^2\times2^2\times5^2$.

因为 x,y 是整数,所以 $x+y,x-y,xy$ 为整数,由①知 $\dfrac{x}{y}$ 也为整数.

(1)当 $\dfrac{x}{y}=25,(y+1)^2=2^2$ 时,$y+1=\pm2$,

所以 $\begin{cases}x=25\\y=1\end{cases}$ 或 $\begin{cases}x=-75\\y=-3\end{cases}$;

(2)当 $\dfrac{x}{y}=4,(y+1)^2=5^2$ 时,$y+1=\pm5$,

所以 $\begin{cases}x=16\\y=4\end{cases}$ 或 $\begin{cases}x=-64\\y=-6\end{cases}$;

(3)当 $\dfrac{x}{y}=1,(y+1)^2=10^2$ 时,$y+1=\pm10$,

所以 $\begin{cases}x=9\\y=9\end{cases}$ 或 $\begin{cases}x=-11\\y=-11\end{cases}$;

(4)当 $\dfrac{x}{y}=100,(y+1)^2=1^2$ 时,$y+1=\pm1$,

所以 $\begin{cases}x=0\\y=0\end{cases}$(舍去)或 $\begin{cases}x=-200\\y=-2\end{cases}$.

由上可知,满足题意的整数 x,y 共7对,其中 $(x+y)_{\min}=(-200)+(-2)=-202,(xy)_{\max}=(-200)\times(-2)=400$.

例5 (2008年度四川省联赛决赛(初二)试题)把正整数 $1,2,3,\cdots,10$ 分成两组,其中 A组:$a_1,a_2,\cdots,a_m$;B组:$b_1,b_2,\cdots,b_n$. 现从 A、B 两组中各取出一个数,把取出的数相乘,则所有不同的两个数乘积的和的最大值为_____.

解 设所有不同的两个数乘积的和为 S,并记 $x=a_1+a_2+\cdots+a_m$,则 $b_1+b_2+\cdots+b_n=1+2+\cdots+10-x=\dfrac{10\times11}{2}-x=55-x$,依题意得

$$S=(a_1+a_2+\cdots+a_m)(b_1+b_2+\cdots+b_n)=x(55-x)=-(x-\dfrac{55}{2})^2+(\dfrac{55}{2})^2.$$

因为 x 为整数,$|x-\dfrac{55}{2}|\geq\dfrac{1}{2}$,所以 $S\leq-(\dfrac{1}{2})^2+(\dfrac{55}{2})^2=756$.

当 $a_1=1,a_2=2,a_3=3,a_4=4,a_5=7,a_6=10,b_1=5,b_2=6,b_3=8,b_4=9$,即 $x=a_1+a_2+a_3+a_4+a_5=27$ 时,等号成立,S 取到最大值 756,故应填 756.

注 本题中 S 取到最大值的情况不唯一.例如 $a_i=i(i=1,2,\cdots,7)$,$b_1=8,b_2=9$,$b_3=10$,即 $x=28$ 时,S 也取最大值.

例6 (第 30 届 IMO 预选题)平面上 7 个点,它们之间可以连一些线段,使 7 个点中任意三点必存在两点有线段相连.问最少要连几条线段?证明你的结论.

解法一 设最少要连 n 条线段,如图 4-3 中 7 个点之间共连有 9 条线段,其中任意三点间必有两点连有线段,故 $n\leqslant 9$.

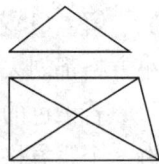

图 4-3

另一方面,我们证明 $n\geqslant 9$,下面分 4 种情形讨论:

(1)若 7 点中存在一点 A_1 不与其他 6 点 $A_2,A_3,\cdots,A_7$ 连线,则依题意 $A_1,A_i,A_j(2\leqslant i<j\leqslant 7)$ 中必有 2 点连线,于是只可能 A_i 与 A_j 连有线,即 $A_2,A_3,\cdots,A_7$ 这 6 点中任意两点连有线,图中一共连了 $\dfrac{6\times 5}{2}=15$ 条线.

(2)若 7 点中存在一点 A_1 只连出一条线段,设 A_1 仅与 A_2 连有线而与其余 5 点 A_3,A_4,A_5,A_6,A_7 没有连线,则同(1)可知 A_3,A_4,A_5,A_6,A_7 这 5 点中任意两点连有线,至少连有 $\dfrac{5\times 4}{2}=10$ 条线.

(3)若每点出发至少连出 2 条线,且有一点恰连出 2 条线.设该点为 A_1,它连出的两条线为 A_1A_2,A_1A_3,则不与 A_1 相连的 4 个点每两点连有线,要连 $\dfrac{4\times 3}{2}=6$ 条线,而 A_2 连出的线段至少 2 条,除 A_2A_1 外,至少还有一条,所以此时至少要连 $6+2+1=9$ 条线.

(4)若每点至少连出 3 条线,则至少要连 $\dfrac{7\times 3}{2}>10$ 条线.

综上所述,最少要连 9 条线段.

解法二 设 7 点中从 A_1 出发所连的线段最少,只有 k 条,设它们是 $A_1A_2,A_1A_3,\cdots,A_1A_{k+1}$,其余 $6-k$ 个点 $B_1,B_2,\cdots,B_{6-k}$ 都与 A_1 没有连线,于是对任意 2 点 B_i,$B_j(1\leqslant i<j\leqslant 6-k)$,由已知条件知 A_1,B_i,B_j 中必有 2 点连有线,而 A_1 与 B_i,A_1 与 B_j 没有连线,故只可能 B_i 与 B_j 连有线,即 $B_1,\cdots,B_{6-k}$ 中每点与其余 $5-k$ 点连有线,于是从各点连出的线段数的总和不少于 $(k+1)k+(6-k)(5-k)=2k^2-10k+30$.

但上述计数中每条线段计算了 2 次,故图中所连线段至少为 $\dfrac{1}{2}(2k^2-10k+30)=$ $(k-\dfrac{5}{2})^2+15-(\dfrac{5}{2})^2\geqslant(\dfrac{1}{2})^2+15-(\dfrac{5}{2})^2=15-6=9$,即至少要连 9 条线段.

另一方面,如图 4-3 中,7 点中连有 9 条线段时满足题设条件.

综上所述,最少要连 9 条线段.

例 7 (2000 年上海市竞赛试题)(1)在 4×4 的方格纸中,把部分小方格染成红色,然后划去两行与两列,若无论怎样划,都至少有一个红色小方格没有被划去,则最少要染多少个小方格?

(2)如果把(1)中的"4×4"方格纸改为"$n\times n$"($n\geq5$)的方格纸,其他条件不变,那么最少要染多少个方格?

解 (1)若染色的小方格数小于或等于 4,则可适当地划去两行与两列,把染色的小方格都划去.

若染色的小方格数等于 5,则必有一行至少有 2 格染了色,划去这一行后,至多还有 3 个小方格染了色,再划去一行与两列,便可将所有染了色的小方格都划去.

若染色的小方格数等于 6,则必有一行至少有 3 个小方格染了色或有两行每行各有 2 个小方格染了色,故划去 2 行至少能划去 4 个染色小方格,至多剩下 2 个染色小方格,再划去两列就可以把他们全部划去.

所以,染色的小方格数大于或等于 7.

另一方面,按图 4-4 方式给 7 个小方格染色,则划去任意两行与两列都不能把染色的小方格全部划去.

所以最少要染 7 个小方格.

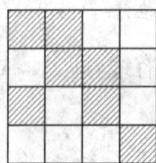

图 4-4

(2)若染色的小方格数小于或等于 4,则划去两行两列必可将它们全部划去.

另一方面,按图 4-5 给 5 个小方格染色,则任意划去两行两列都不能把染色的小方格全部划去.

所以,最少要染 5 个小方格.

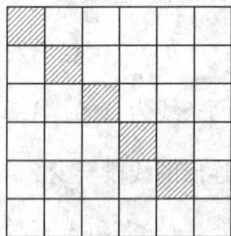

图 4-5

例 8 (2001 年全国奥林匹克试题)设 $a,b,c,a+b-c,a+c-b,b+c-a,a+b+c$ 是七个两两不同的质数,且 a,b,c 中两数之和是 800.设 d 是这七个实数中最大数与最小数的差,求 d 的最大可能值.

解 不妨设 $a<b<c$,于是七个数中 $a+b-c$,最小,$a+b+c$ 最大,从而有 $d=(a+b+c)-(a+b-c)=2c$.问题转化为求 c 的最大值.因 $a+b-c>0$,所以 $c<a+b$,$a+c<b+c$.

又因为 $a+b,a+c,b+c$ 中有一个数为 800,所以 $c<800$.

由于 $799=17\times47$ 和 798 都不是质数,而 797 为质数,故有 $c\leq797,d=2c\leq1594$.

另一方面,当 $c=797$ 时,若 $b+c=800$,则 $b=3$.又 $a<b$,所以 $a=2$,此时 $a+b+c=802$ 为合数,不符合题意.

88

若 $a+c=800$，则 $a=3$，由于 $a+b-c>0,b>c-a=794$.

又 $b<c=797$，而 $795,796$ 皆为合数，故此时也不符合题意.

所以 $a+b=800$，注意到 $b<c=797,a>800-b>3$，并且 $a=5,b=795$；$a=7,b=793=13\times61,a=11,b=789=3\times263$ 都不全是质数，从而不能满足题目要求.

而 $a=13,b=787$ 都是质数，$c=797$ 是质数，$a+b-c=3$ 是质数，$a+c-b=23$ 也是质数，容易验证 $b+c-a=1571$ 和 $a+b+c=1597$ 也都是质数.

综上所述知，d 的最大可能值为 1594.

例 9 （1992 年全国联赛试题）设 $x_1,x_2,\cdots,x_9$ 均为正整数，且 $x_1<x_2<\cdots<x_9$，$x_1+x_2+\cdots+x_9=220$，则当 $x_1+x_2+\cdots+x_5$ 的值最大时，x_9-x_1 的最小值是_____.

解 先证明 $x_1+x_2+\cdots+x_5\leq110$.

用反证法，若 $x_1+x_2+x_3+x_4+x_5>110$，

又 $x_1+4\leq x_2+3\leq x_3+2\leq x_4+1\leq x_5$，则

$$x_5\geq\frac{(x_1+4)+(x_2+3)+(x_3+2)+(x_4+1)+x_5}{5}>\frac{110+1+2+3+4}{5}=24,$$

即 $x_5\geq25$，于是 $x_6\geq26,x_7\geq27,x_8\geq28,x_9\geq29,x_1+x_2+\cdots+x_9>110+26+27+28+29=220$，矛盾.

由 $110\geq x_1+x_2+x_3+x_4+x_5\geq x_1+(x_1+1)+(x_1+2)+(x_1+3)+(x_1+4)$，即 $5x_1\leq100,x_1\leq20$，于是当 $x_1=20,x_2=21,x_3=22,x_4=23,x_5=24,x_1+x_2+x_3+x_4+x_5$ 取最大值 110，而 x_1 取最大值 20.

由 $x_6+x_7+x_8+x_9=220-(x_1+x_2+x_3+x_4+x_5)\geq220-110=110$，得 $110\leq(x_9-3)+(x_9-2)+(x_9-1)+x_9=4x_9-6,x_9\geq29$，且当 $x_1=20,x_2=21,x_3=22,x_4=23,x_5=24,x_6=26,x_7=27,x_8=28,x_9=29$ 时，$x_1+x_2+x_3+x_4+x_5$ 取最大值 110，而 x_9 取最小值 29，x_1 取最大值 20.

因此 x_9-x_1 的最小值是 $29-20=9$.

例 10 （2006 年全国竞赛试题）2006 个都不等于 119 的正整数 $a_1,a_2,\cdots,a_{2006}$ 排列成一行数，其中任意连续若干项的和都不等于 119，求 $a_1+a_2+\cdots+a_{2006}$ 的最小值.

解 首先我们证明 119 个正整数 $b_1,b_2,\cdots,b_{119}$ 中必有连续若干项（至少一项，至多 119 项）之和是 119 的倍数. 事实上考察下列 119 个和：

$$S_1=b_1,S_2=b_1+b_2,S_3=b_1+b_2+b_3,\cdots,S_{119}=b_1+b_2+\cdots+b_{119}.$$

其中若有一个数是 119 的倍数，则结论成立，否则它们除以 119 的余数只能是 $1,2,3,\cdots,118$，这 118 个数之一. 由抽屉原理知 $S_1,S_2,\cdots,S_{119}$ 中必有 $\left[\frac{119-1}{118}\right]+1=2$ 个数除以 119 的余数相同，设这两个数是 S_i 和 $S_j(1\leq i<j\leq119)$，于是 $S_j-S_i=b_{i+1}+b_{i+2}+\cdots+b_j$ 是 119 的倍数.

对于 $a_1,a_2,\cdots,a_{2006}$ 中任意连续 119 个数,由上述结论可知,其中一定有若干连续项之和是 119 的倍数. 又由题设知它不等于 119,所以它大于或等于 2×119. 又 $2006=119\times16+102$,所以 $a_1+a_2+\cdots+a_{2006}\geqslant16\times2\times119+102=3910$.   ①

取 $a_{119}=a_{238}=\cdots=a_{1904}=120$,其他数都等于 1,①中等号成立,所以 $a_1+a_2+\cdots+a_{2006}$ 的最小值为 3910.

注 ①中等号成立的条件不唯一,例如取 $a_1=a_2=a_3=\cdots=a_{1904}=2$,$a_{1905}=a_{1906}=\cdots=a_{2006}=1$,也使①中等号成立.

例 11 由 9 位裁判给参加健美比赛的 12 名运动员评分,每位裁判对他认为的第 1 名运动员给 1 分,第 2 名运动员给 2 分,…,第 12 名运动员给 12 分,最后评估显示:每名运动员所得的 9 个分数中高、低分之差都不大于 3. 设各位运动员得分的总和分别为 $c_1,c_2,\cdots,c_{12}$,且 $c_1\leqslant c_2\leqslant\cdots\leqslant c_{12}$,求 c_1 的最大值.

解 首先 9 名裁判不可能给某 5 名或 5 名以上运动员评 1 分,这是因为每位裁判对这 5 名或 5 名以上的运动员的评分中,至少有一名运动员的得分不小于 5,而另一名裁判给他的评分为 1,那么该运动员得分中高、低分之差不小于 4,这与题设条件矛盾.

下面分四种情形讨论:

(1)如果所有裁判都给某一运动员评 1 分,那么,$c_1=9$.

(2)如果 9 位裁判评出的 1 分集中在两名运动员的名下,那么其中必有 1 名运动员至少被 5 名裁判评分 1 分,其余裁判给该运动员的得分不大于 4,于是 $c_1\leqslant5\times1+4\times4=21$.

(3)如果 9 位裁判评出的 1 分集中在三名运动员的名下,那么这 3 名运动员各自得分之和不大于 $9\times1+9\times3+9\times4=72$,于是 $3c_1\leqslant c_1+c_2+c_3\leqslant72$,$c_1\leqslant24$.

(4)如果 9 个 1 分为四名运动员所拥有,那么这四名运动员所得分的总和等于 $9\times1+9\times2+9\times3+9\times4=90$,从而 $4c_1\leqslant c_1+c_2+c_3+c_4\leqslant90$,$c_1\leqslant24$.

如下表,$c_1=24$ 是可以实现的.

	A_1	A_2	A_3	A_4	A_5	A_6	A_7	A_8	A_9	A_{10}	A_{11}	A_{12}
B_1	1	4	3	2	5	6	7	9	10	8	11	12
B_2	1	4	3	2	5	6	7	9	10	8	11	12
B_3	1	4	3	2	5	6	7	9	10	8	11	12
B_4	4	3	1	5	2	7	9	6	8	11	10	12
B_5	4	3	1	5	2	7	9	6	8	11	10	12
B_6	4	3	1	5	2	7	9	6	8	11	10	12
B_7	3	1	4	2	5	9	6	7	11	10	8	12
B_8	3	1	4	2	5	9	6	7	11	10	8	12
B_9	3	1	4	2	5	9	6	7	11	10	8	12
合计	24	24	24	30	33	66	66	66	87	87	87	108

所以,c_1 的最大值是 24.

例 12 一次数学考试中共有 4 道选择题,每个题有 3 个可能的答案.一批学生参加考试,结果对于其中任何 3 个学生,都有一道题目,每人的答案各不相同.问至多有多少个学生参加考试?

解 如果人数≥10,那么其中至少有 7 人对问题 1 的答案只有 2 种,这 7 人中至少有 5 人对问题 2 的答案只有 2 种,这 5 人中至少有 4 人对问题 3 的答案只有 2 种.设这 4 人为 A,B,C,D,则 A,B,C,D 中必有 2 人(设为 A,B)对问题 4 的答案相同,而 A,B,C 对问题 1~3 的答案都只有 2 种,故对问题 1,2,3 中每个问题,A,B,C 中必有 2 人答案相同.于是对 4 个问题中每个问题,A,B,C 中必有 2 人的答案相同.这与题设条件矛盾.

所以总人数≤9.

下表说明总人数等于 9 可以满足题设条件:

人 问题	1	2	3	4	5	6	7	8	9
1	0	1	2	0	1	2	0	1	2
2	1	2	0	0	1	2	2	0	1
3	0	1	2	1	2	0	2	0	1
4	1	1	1	0	0	0	2	2	2

故最多有 9 名学生参加比赛.

例 13 已知 n 支排球队参加比赛,每支球队与其他任一支球队只比赛一场,一支球队获胜积 1 分,失败记 0 分(排球比赛中没有平局).若任意 4 支球队之间的比赛中,至少有两支球队胜的场次相同,求 n 的最大值.

解 先证明每支球队至多胜了 3 场比赛.

假设球队 A 至少胜了 4 场,不妨设 A 胜了 B,C,D,E 4 支球队.考虑 B,C,D,E 中 3 支球队,比方说 B,C,D,由于 A,B,C,D 之间共有 $\frac{4\times3}{2}=6$ 场比赛,A 已胜 3 场积 3 分,剩下的 3 分只好 B,C,D 各积一分(因为任意 4 支球队之间必有 2 支队胜的场次相同),即在 B,C,D 之间每队各胜一场.同理 B,C,E 三支球队之间每队各胜一场,C,D,E 三支球队之间每队也各胜一场,但这是不可能的,故每支队至多胜 3 场.

其次 n 支球队之间共进行了 $\frac{n(n-1)}{2}$ 场比赛,各队比赛得分的总和为 $\frac{n(n-1)}{2}$,而每支球队的得分不超过 3，得分总和不超过 $3n$，于是 $\frac{n(n-1)}{2} \leqslant 3n$，即 $n \leqslant 7$.

如表构造 A,B,C,D,E,F,G 7 支球队的积分表，若 A 胜 B，则在 A 队所在行，B 队所在列处记 1 分，否则记 0 分. 余类推，直接可验证与任意 4 个队比赛对应的 4×4 正方形中总存在两行各数之和相等，即至少有两队胜的场次相同.

	A	B	C	D	E	F	G
A		1	1	1	0	0	0
B	0		1	0	0	1	1
C	0	0		1	1	1	0
D	0	1	0		1	0	1
E	1	1	0	0		1	0
F	1	0	0	1	0		1
G	1	0	1	0	1	0	

综上所述，所求 n 的最大值等于 7.

例 14 从 $1,2,3,\cdots,2010$ 中最多能挑出多少数，使其中的任何两个数之和不被其差整除？

解 从给定数中挑出 $1,4,7,10,\cdots,2008$ 这些数来，这些数中任意两数的差为 3 的倍数，而任意两数之和除以 3 余 2，故挑出的数中任意两数之和不被其差整除. 设上述挑选出来的数有 n 个，则 $1+(n-1) \times 3 = 2008$，$n = 670$，故挑出的数的个数不小于 670.

我们证明，挑出的数的个数不能多于 670 个. 事实上，挑出的数中任意两个数之差的绝对值不等于 1（1 显然整除两数之和），也不能为 2（否则，当这两数同奇偶时，其和被 2 整除），所以任意两个数之差的绝对值不小于 3，若挑出数的个数大于 670，则其中最大数不小于 $1+(671-1) \times 3 = 2011$，矛盾.

综上所述知，最多挑出 670 个数.

例 15 把 $1,2,3,\cdots,50$ 这 50 个数分成 n 组（每个数只能恰在一个组中出现），使得每个组内任意两个数之和不是完全平方数，试求 n 的最小值.

解 首先，注意到 $6,19,30$ 这三个数满足：$6+19=5^2$，$6+30=6^2$，$19+30=7^2$，故这 3 个数必须分别属于 3 个不同的组，所以 $n \geqslant 3$.

另一方面，因为 $(2k)^2 = 4k^2 (k \in \mathbf{N}_+)$ 被 4 整除，$(2k+1)^2 = 4k(k+1)+1 (k \in \mathbf{N}_+)$

被 4 除余 1,故要使 $m+n(m,n\in\mathbf{N}_+)$ 是完全平方数,只有在①m,n 都是 4 的倍数,或②m,n 都是 4 的倍数余 2 的数,或③m,n 中一个是 4 的倍数,另一个是 4 的倍数余 1 的数.据此,我们可将 $1,2,\cdots,50$ 这 50 个数分成下列 3 组:

$A_1=\{1,5,9,13,17,21,25,29,33,37,41,45,49,6,14,18,26,34,42\}$,

$A_2=\{3,7,11,15,19,23,27,31,35,39,43,47,4,8,16,24,36,44\}$,

$A_3=\{2,10,22,30,38,46,50,12,20,28,30,40,48\}$.

其中 A_1 是由 4 的倍数余 1 的数以及一部分 4 的倍数余 2 的数组成,并且没有 2 个 4 的倍数余 2 的数之和为完全平方数;A_2 由 4 的倍数余 3 的数以及一部分 4 的倍数组成,并且没有 2 个 4 的倍数之和为完全平方数;A_3 由余下的 4 的倍数余 2 的数以及余下的 4 的倍数组成,并且既没有 2 个 4 的倍数余 2 的数之和为完全平方数,也没有 2 个 4 的倍数之和为完全平方数,所以 A_1,A_2,A_3 每一个内没有 2 个数的和是完全平方数.

综上所述知,所求 n 的最小值等于 3.

模拟实战四

1.(2009 年第 20 届"希望杯"全国邀请赛(初一)试题)若 $abc\neq0$,则 $\dfrac{a}{|a|}+\dfrac{b}{|b|}+\dfrac{c}{|c|}+\dfrac{abc}{|abc|}$ 的最大值是_____,最小值是_____.

2.如图,要输出大于 100 的数,则输入的正整数 x 最小是_____.

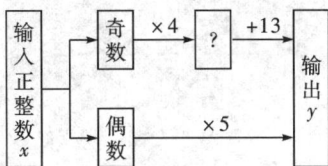

第 2 题

3.(2008 年度"我爱数学"夏令营竞赛试题)若 2008 个数 $a_1,a_2,\cdots,a_{2008}$ 满足:$a_1=2,a_n^2-\left(\dfrac{a_{n-1}}{2008}+\dfrac{1}{a_{n-1}}\right)a_n+\dfrac{1}{2008}=0$,其中,$n=2,3,\cdots,2008$.那么 a_{2008} 可能达到的最大值是_____.

4.(2006 年全国竞赛浙江赛区初赛试题)边长为整数的等腰三角形一腰上的中线将其周长分为 $1:2$ 的两部分,那么所有这些等腰三角形中,面积最小的三角形的面积是_____.

5.(2004 年第 18 届江苏省竞赛试题)将 $1,2,3,4,5,\cdots,n(n$ 为大于 4 的正整数)分

为两组,使得每组中任意两个数之和都不是完全平方数,那么整数 n 可取的最大值是_____.

6.(香港数理教育学会主办,1998年竞赛试题)如图的加法算式中每个□表示一个数字,任意两个数字都不相同,求 A 与 B 乘积的最大值.

第 6 题

7.(2005 年"CASIO 杯"全国竞赛试题)在一个圆形时钟表面,OA 表示秒针,OB 表示分针(O 为两针的旋转中心).若现在的时间恰好是 12 点整,则经过_____秒后,$\triangle AOB$ 的面积第一次达到最大.

8.(1997 年全国竞赛试题)已知定理"若任意 3 个大于 3 的质数 a,b,c 满足关系式 $2a+5b=c$,则 $a+b+c$ 是整数 n 的倍数". 试问:上述定理中的整数 n 的最大可能值是多少? 并证明你的结论.

9. (2001 年全国竞赛试题)某个学生参加军训,进行打靶训练,必须射击 10 次,在第 6、第 7、第 8、第 9 次射击中,分别得了 9.0 环、8.4 环、8.1 环、9.3 环,他的前 9 次射击所得环数的平均值高于前 5 次射击所得的平均环数. 如果他要使 10 次射击的平均环数超过 8.8 环,那么他在第 10 次射击中最少要得多少环?(每次射击所得环数都精确到 0.1 环)

10. (2006 年"CASIO 杯"全国联赛武汉选拔赛试题)学校开设有语文、数学、外语、自然科学四门课外兴趣课供学生自愿报名参加. 某班参加语文、数学、外语、自然科学兴趣课的人数分别为 18,20,21,19. 如果该班学生总人数为 25,问该班至少有多少学生四门兴趣课都报名参加?

11. (2007 年度"我爱数学"夏令营竞赛试题)在 1,2,…,2007 这 2007 个正整数中最多可取出多少个数,使得取出的每一个数都与 2007 互质,并且取出的数中任意 3 个数的和都不是 7 的倍数?

12.(2009年第20届"希望杯"全国邀请赛(初一)试题)某林场安排了7天的植树工作,从第二天起每天都比前一天增加5个植树的人,但从第二天起每人每天都比前一天少植5棵树,且同一天植树的人,植相同数量的树.若7天共植树9947棵,则植树最多的那天共植了多少棵? 植树最少的那天,有多少人在植树?

13.(2009年第20届"希望杯"全国邀请赛(初二)试题)在分母小于15的最简分数中,求不等于$\frac{2}{5}$但与$\frac{2}{5}$最接近的那个分数.

14.(2000年全国竞赛试题)一幢33层的大楼有一部电梯停在第一层,它一次最多能容纳32人,而且只能在第2层至第33层中某一层停一次.对于每个人来说他往下走一层楼梯感到1分不满意,往上走一层楼梯感到3分不满意.现在有32个人在第一层,并且他们分别在第2至第33层的每一层,问:电梯停在哪一层,可以使32人不满意的总分达到最小? 最小值是多少?(有些人可以不坐电梯而直接从楼梯上楼)

15.(1995年湖南省高中理科试验班招生考试试题)下列竖式是 1995减去一个三位数其差仍为一个三位数的算式,每个"○"内盖住一个数字.设被"○"盖住的六个数字之和为 a,六个数字之积为 b,则 $\dfrac{a}{b}$ 的最小值是_____.

$$\begin{array}{r} 1\ 9\ 9\ 5 \\ -\ \bigcirc\bigcirc\bigcirc \\ \hline \bigcirc\bigcirc\bigcirc \end{array}$$

第15题

16.(1997年湖南省高中理科实验班招生考试试题)我们可以证明如下定理:"给定平面上任意5个互异的点,若其中无三点共线,则必定有其中四个点为一凸四边形的四个顶点"(模拟实战二第21题).试利用上述定理解决如下问题:平面上存在 n 个两两不同的圆,它们两两互相外切.求 n 的最大值,并证明你的结论.

17.(1999年湖南省高中理科实验班招生考试试题)从正整数里取出 k 个不同的数,使得这 k 个数中任意两个数之差的绝对值是质数,则 k 的最大值是(　　).

A.3 　　　　　　B.4 　　　　　　C.5 　　　　　　D.6

18.(1999年湖南省高中理科实验班招生考试试题)从1到2001连续的2001个自然数按某种顺序排列,然后每连续三项计算和数,得到1999个和,则这些和数中为奇数的个数最多是_____.

19.(2002年湖南省高中理科实验班招生考试试题)长沙市某中学100名学生向某"希望学校"捐书1000本,其中任意10人捐书总数不超过190本,那么捐书最多的某同学最多能捐书_____本.

20.从 $1,2,3,\cdots,30$ 中最少任取多少个数,可使得其中一定有两个数,大的数是小的数的奇数倍?

21.设正整数 n 有如下性质:$1,2,\cdots,n$ 中任取 99 个不同的数,这 99 个数中必有两个数的差等于 7,求 n 的最大值.

22.从 $1,2,3,\cdots,2000$ 中最多可能取出几个数,使得任意两个取出的数之差的绝对值不是质数?

23.甲、乙两个粮库原各存有整数袋的粮食,如果从甲库调 90 袋到乙库,则乙库存粮是甲的 2 倍;如果从乙库调若干袋到甲库,则甲库存粮是乙库的 6 倍.问甲库原来最少存粮多少袋?

24.10 个学生参加 n 个课外活动小组,每一小组至多 5 个人;每两个学生至少参加一个小组;任意两个课外小组至少可找到两个学生,他们都不在这两个课外活动小组中.试求 n 的最小值.

25.(2006 年国际城市竞赛试题)已知正整数 m,n 满足 $\sqrt{m-174}+\sqrt{m+34}=n$,求 n 的最大值.

26.(2004 年山东省竞赛试题)从 $1,2,\cdots,2004$ 中任选 k 个数,使所选的 k 个数中一定可以找到能构成三角形边长的 3 个数(这里要求三角形三边长互不相等).试问满足条件的 k 的最小值是多少?

27. 某歌舞团在银星剧院演出的票价为 5 元到 10 元多种. 某团体需购票价为 8 元和 10 元的票共 160 张, 其中票价为 10 元的票数不少于票价为 8 元的票数的 2 倍. 问: 这两种票各买多少张所需的钱最少? 最少需要多少钱?

28. (第 19 届全俄奥林匹克试题) 在学校举行的足球比赛中, 每两支队恰好比赛一场, 每场比赛中, 胜者得 2 分, 输者得 0 分, 平则各得 1 分. 已知有一队得分最高, 但它获胜的场次比任何其他队都少. 问至少有多少支队参赛?

29. 一次排球循环赛后发现, 对其中任意两个球队, 总有第 3 支球队打败了这两个球队. 问最少有几个球队参加比赛?

30. (第 26 届俄罗斯奥林匹克试题) 设 M 是由有限个数组成的数组, 若已知 M 内的任何 3 个不同的数中总存在两个数, 它们的和也在 M 中, 试问 M 中最多包含多少个数?

第五章　覆盖与嵌入问题

§1　基础知识

定义1　设 M 和 N 是两个平面图形,如果 M 的每一点都属于 N,那么称平面图形 N 覆盖平面图形 M,记为 $M \subseteq N$ 或 $N \supseteq M$;如果 M 中至少有一点不属于 N,那么称平面图形 N 不覆盖 M.本章涉及的几何图形(圆、三角形等)都是指由边界及其内部组成的图形.

如果 N 经过适当运动到 N'(约定运动不改变图形的形状和大小,即刚性运动)且 $M \subseteq N'$,那么称 N 能覆盖 M 或 M 能被 N 覆盖.如果不论 N 怎样运动,得到的 N' 都不能覆盖 M,我们就说 N 不能覆盖 M 或 M 不能被 N 覆盖.

定义2　假设 $N_1, N_2, \cdots, N_n$ 是 n 个平面图形,如果它们经过适当运动(由于每个图形的运动不一定相同),分别得到图形 $N_1', N_2', \cdots, N_n'$,并且 M 的每一点至少被某个 N_i' 覆盖,那么称 $N_1, N_2, \cdots, N_n$ 能覆盖 M 或 M 能被 $N_1, N_2, \cdots, N_n$ 覆盖.如果无论怎样运动 $N_1, N_2, \cdots, N_n$,至少有 M 中一点不能被运动后得到的任何 N_i' 所覆盖,那么称 $N_1, N_2, \cdots, N_n$ 不能覆盖 M 或 M 不能被 $N_1, N_2, \cdots, N_n$ 覆盖.

定义3　如果平面图形 N 能覆盖平面图形 M,那么称 M 可嵌入 N,于是 M 可嵌入 N 等价于 N 能覆盖 M.

定义4　设 M 是平面闭图形(即包含其边界及内部在内的图形),我们称 M 的任意两点之间的距离的最大值为 M 的直径,记为 $d(M)$.

显然,对于圆来讲,这里定义的直径与初等几何中圆的直径的定义是一致的,但对于优弧(即不小于半圆的弧),其直径等于所在圆的直径;而对于劣弧(小于半圆的弧),其直径等于它所对的弦的长度.并且不难看出,三角形的直径等于它的最长边的长度.

由覆盖的定义知下列性质是显然成立的.

性质1　如果平面图形 N 能覆盖平面图形 M,那么 N 的面积不小于 M 的面积.反之,如果 N 的面积小于 M 的面积,那么 N 不能覆盖 M.

性质2　如果平面图形 N 能覆盖平面图形 M,那么 N 的直径不小于 M 的直径.反之,如果 N 的直径小于 M 的直径,那么 N 不能覆盖 M.

§2 解覆盖与嵌入问题的基本方法

1. 利用几个图形的公共部分进行覆盖

为了找出一个尽可能小的图形 N 去覆盖一个给定的图形，我们先设法找出覆盖 M 的几个图形 $N_1,N_2,\cdots,N_n$，于是 $N_1,N_2,\cdots,N_n$ 的公共部分图形 N 仍覆盖 M（我们记 $N=N_1\cap N_2\cap\cdots\cap N_n$，并称 N 是 $N_1,N_2,\cdots,N_n$ 的交集）. 作为 $N_1,N_2,\cdots,N_n$ 的图形常常可取圆（包括圆周及其内部，下同），以及两条平行线所夹的平面区域（包括两条平行线在内）.

例 1 证明：直径为 1 的图形 F 必能被半径为 $\dfrac{\sqrt{3}}{2}$ 的圆所覆盖.

证明 因 $d(F)=1$，故 F 的边界上存在两点 A,B 使 $|AB|=1$. 对于 F 中任意一点 P，有 $|PA|\leqslant 1,|PB|\leqslant 1$，故 P 必在圆心分别为 A,B，半径都为 1 的两个圆 M_1 和 M_2 上. 设这两个圆的周界交于 C 和 D，并取 CD 的中点 O，以 O 为中心，以 $|OC|=|OD|=\dfrac{\sqrt{3}}{2}$ 为半径作圆 N，于是 M_1 与 M_2 的公共部分 $M_1\cap M_2$ 覆盖 F，而 $M_1\cap M_2\subseteq N$，所以 $F\subseteq N$，即 F 可以被一个半径等于 $\dfrac{\sqrt{3}}{2}$ 的圆覆盖.

例 2 证明：直径为 1 的图形 F 能被边长为 $\sqrt{3}$ 的正三角形所覆盖.

证明 因 $d(F)=1$，故可作三组平行线 $a\parallel a',b\parallel b',c\parallel c'$，使每组平行线间的距离等于 1，且 a 与 b,b 与 c,c 与 a 的夹角都为 $60°$，使 F 在每组平行线之间（图 5-1），这 3 组平行线相交得两个正三角形：$\triangle ABC$ 和 $\triangle A'B'C'$.

我们证明：$\triangle ABC$ 和 $\triangle A'B'C'$ 中至少有一个的边长 $\leqslant\sqrt{3}$. 设 $\triangle ABC$、$\triangle A'B'C'$ 的高分别为 h 和 h'. 设 F 内任意一点 P 到 BC、CA、AD 的距离分别负 x、y、z，并且 P 到 $B'C'$、$C'A'$、$A'B'$ 的距离分别是 x'、y'、z'，于是 $h=x+y+z,h'=x'+y'+z',h+h'=(x+x')+(y+y')+(z+z')=1+1+1=3$，故 h 和 h' 中至少有一个不超过 $\dfrac{3}{2}$. 不妨设 $h\leqslant\dfrac{3}{2}$，于是正三角形 ABC 的边长 $=\dfrac{2}{\sqrt{3}}h\leqslant\sqrt{3}$，必要时，可将 $\triangle ABC$ 的边长放大为 $\sqrt{3}$，于是 F 能被一个边长为 $\sqrt{3}$ 的正三角形覆盖.

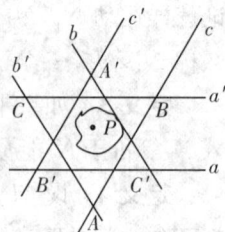

图 5-1

2. 从局部到整体，从特殊到一般

（1）为了找出平面图形 M 的一个覆盖，先确定 M 中的某部分局部图形（点、线、三角形等),再研究其余部分与这个局部图形的关系,从而确定整个图形 M 的变化范围,由此便可找到 M 的一个覆盖满足一定的要求.

(2)为了找出平面图形 M 的一个覆盖,先对图形 M 为特殊形状的情形进行探索,找出 M 的覆盖 N 后,再证明对 M 的一般形状,N 也能覆盖 M.

例3 如果凸多边形 M 不能覆盖一个面积为1的三角形,那么 M 必能被一个面积为4的三角形所覆盖.

证明 凸多边形 M 的内接三角形中必有一个面积为最大的三角形,设为 $\triangle ABC$,则 $S_{\triangle ABC}<1$. 过 A、B、C 分别作 BC、CA、AB 的平行线,相交得 $\triangle A'B'C'$(图5-2),于是 M 上任意一点 P 属于 $\triangle A'B'C'$ 的内部或边界(否则 P 在 $\triangle A'B'C'$ 外,不妨设 P 与 C' 在直线 $A'B'$ 的两侧,则 $S_{\triangle PAB}>S_{\triangle ABC}$,这与假设 $\triangle ABC$ 的面积最大,矛盾),即 M 被 $\triangle A'B'C'$ 覆盖. 而 $S_{\triangle A'B'C'}=4S_{\triangle ABC}<4$,适当将 $\triangle A'B'C'$ 放大为一个面积为4的三角形,于是 M 可被这个面积为4的三角形所覆盖.

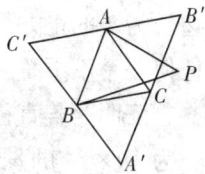

图5-2

例4 桌面上有一个长为 $2l$ 的丝线做成的线圈 L,证明:不管它的形状如何,它可被一个直径为 l 的圆形纸片所覆盖.

分析 证明的关键是确定圆心的位置. 当丝线为 $\square ABCD$($AC\geqslant BD$)时,其对角线交点为 O,则 $OA=\dfrac{1}{2}AC\leqslant\dfrac{1}{2}(AB+BC)=\dfrac{1}{2}(AB+AD)=\dfrac{l}{2}$,故 $\square ABCD$ 可被圆心在 O,直径为 l 的圆形纸片所覆盖.

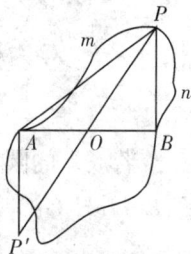

证明 如图5-3,在长为 $2l$ 的线圈 L 上取两点 A、B,将 L 分为两段,每段长都为 l,取 AB 的中点 O,则对线圈上任意一点 P 有 $OP=\dfrac{1}{2}PP'\leqslant\dfrac{1}{2}(P'A+AP)=\dfrac{1}{2}(PB+PA)\leqslant\dfrac{1}{2}(\overset{\frown}{PnB}+\overset{\frown}{PmA})=\dfrac{l}{2}$.

图5-3

因此,以 O 为中点,直径为 l 的圆形纸片完全覆盖线圈 L.

3. 膨胀与收缩(镶边与裁边)

为了证明满足给定条件的覆盖或嵌入存在,常常要将原图形适当膨胀(即沿边界镶上宽度一定的边)或适当"收缩"(即沿边界裁去宽度一定的边),我们称这种解题方法为膨胀与收缩,也叫做镶边与裁边.

例5 在一个半径等于6的圆内任意放入六个半径等于1的小圆. 证明:其中总还有一块空位置,可以完整地放入一个半径为1的小圆.

分析与证明 设半径为6的大圆 O 内任意放入6个半径为1的小圆,则小圆圆心都在以 O 为中心,$6-1=5$ 为半径的圆内. 如果大圆内无论怎样再放入一个半径为1的小圆 $\odot O_7$,都要与6个小圆中某个 $\odot O_i$($1\leqslant i\leqslant 6$)重叠,那么 $O_7O_i\leqslant 1+1\leqslant 2$,即半径

为 5 的圆将被 6 个半径为 2 的圆所覆盖. 由图形重叠原理知 6 个小圆的总面积将不小于半径为 5 的圆的面积. 但实际上 $6\pi \cdot 2^2 = 24\pi < 25\pi = \pi \cdot 5^2$, 得到矛盾, 于是命题得证.

注 本例的证题关键是将外圆缩小, 而将里圆扩大, 这是解决嵌入问题的一种技巧, 即收缩与膨胀技巧或裁边与镶边技巧.

例 6 (第 1 届全俄奥林匹克试题)在边长为 20×25 的长方形内任意放入 120 个边长为 1 的正方形. 证明:长方形内还可放入一个直径为 1 的圆,它与 120 个正方形中任何一个不重叠.

证明 若直径为 1 的圆放入边长为 20×25 的长方形 $ABCD$ 内,则圆心 O 应在边长为 19×24 的长方形 $A'B'C'D'$ 内,这个长方形 $A'B'C'D'$ 是从长方形 $ABCD$ 的角边裁去一个宽为 $\frac{1}{2}$ 的矩形长条后得到的(图 5-4(a)).

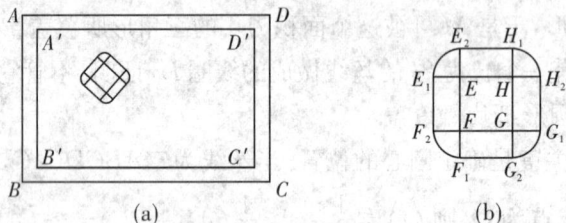

图 5-4

若放入的圆不与某个正方形 $EFGH$ 重叠,则圆心应在 $EFGH$ 的"镶边"正方形 $E_1E_2H_1H_2G_1G_2F_1F_2$ 外,这个"镶边"正方形是在正方形 $EHGF$ 每边的外面镶上宽为 $\frac{1}{2}$ 的边,并在四角装上半径为 $\frac{1}{2}$,圆心角为 $90°$ 的扇形而得到的(图 5-4(b)),它的面积为 $1 + 4 \times \frac{1}{2} \times 1 + 4 \times \frac{1}{4}\pi \times (\frac{1}{2})^2 = \frac{12+\pi}{4}$. 我们将 120 个正方形都按上述办法镶上边,得到 120 个"镶边"正方形.

如果 $ABCD$ 内不能放置一个直径为 1 的圆 O,使它与 120 个正方形中任何一个不重叠,即 $A'B'C'D'$ 内任何一点都不能作为圆心 O,这表明长方形 $A'B'C'D'$ 被 120 个"镶边"正方形所覆盖. 由图形重叠原理得 120 个"镶边"正方形的总面积 $\geqslant$ 长方形 $A'B'C'D'$ 的面积 $= 19 \times 24 = 456$,但是,120 个"镶边"正方形的总面积 $= 120 \times \frac{12+\pi}{4} < \frac{120 \times (12+3.2)}{4} = 456$. 于是得到矛盾,从而命题得证.

4. 染色方法与赋值方法

棋盘覆盖问题中为了证明某种覆盖是不可能的,常常用染色方法或赋值方法. 即

适当将棋盘上各小格按一定的规律染成几种颜色(或赋予不同的数值),在假设可以覆盖的情形下,用两种不同方法对各种颜色的格子的数目(或对赋有不同数值的格子的数值之和)进行统计,如果导致矛盾,那么就证明了所述的覆盖是不可能的.

例 7 8×8 的棋盘能否用 9 块田字形 2×2 的方块田及 7 块形如的"L 形"块覆盖?

解法一 将 8×8 棋盘的奇数列的小方格染成黑色,偶数列的小方格染成白色,于是每块田字形方块可盖住 2 个白色小格和 2 个黑色小格,而每个 L 形块可盖住 3 个白格和 1 个黑格或者 3 个黑格和 1 个白格.假设 7 块 L 形块中有 x 块盖住 3 个白格和 1 个黑格,另 $7-x$ 块盖住 3 个黑格和 1 个白格,因棋盘中共有 32 个白格和 32 个黑格,如果满足题目要求的覆盖存在,那么盖住黑格的总数为 $9 \times 2 + x + 3(7-x) = 32$.推出 $x = \frac{7}{2}$ 不是整数,矛盾,故满足题目要求的覆盖不存在.

解法二 将奇数列的每一个小方格内赋数字 1,偶数列的每一个小方格内赋数字 -1,于是每块田字形块盖住的方格内数字之和为 0,而每块 L 形块盖住的方格内的数字之和为 $3 + (-1) = 2$ 或 $1 + 3 \times (-1) = -2$.设 7 块 L 形块中有 x 块盖住的数字和为 2,$7-x$ 块盖住的数字和为 -2,如果满足题目条件的覆盖存在,那么盖住的各方格内数字总和应为 $9 \times 0 + 2x + (-2) \cdot (7-x) = 4x - 14$.另一方面,$8 \times 8$ 棋盘上各小方格内数字总和应为 $32 \times 1 + 32 \times (-1) = 0$,所以 $4x - 14 = 0$,推出 $x = \frac{7}{2}$,矛盾.故满足题目要求的覆盖不存在.

例 8 (第 22 届全俄奥林匹克试题)由 2×2 的方格纸去掉一个方格余下的图形称为拐形,用这种拐形去覆盖 5×7 的方格板,每个拐形恰覆盖 3 个方格,可以重叠但不能超出方格板的边界.问:能否使方格板上每个方格被覆盖的层数都相同?说明理由.

解 将 5×7 方格板内填写数 -2 和 1,如图 5-5.易知,每个拐形所覆盖的 3 个方格中的 3 个数之和非负.因此,无论用多少个拐形覆盖多少次,盖住的所有数字之和(一个数被盖了几层就计算几次)都是非负的.另一方面,方格板上数字的总和为 $12 \times (-2) + 23 \times 1 = -1$,当每个方格被覆盖 k 层时,盖住的数字之和等于 $-k$,矛盾,这表明不存在满足题中要求的覆盖.

-2	1	-2	1	-2	1	-2
1	1	1	1	1	1	1
-2	1	-2	1	-2	1	-2
1	1	1	1	1	1	1
-2	1	-2	1	-2	1	-2

图 5-5

5. 移动图形

因为由定义知道,考察图形 N 能否覆盖图形 M 时,允许图形 N(或 M)进行必要的平移或旋转.因此,从动态的角度看问题是解有关覆盖问题的一大特征,有时将图形适当的转移就可能找到问题的解答.

例 9 (第 5 届全苏奥林匹克试题)在边长为 1 的正方形内有许多直径等于 0.001 的圆,任意两个圆的圆心距离不小于 0.002.证明:被这些圆覆盖部分的总面积小于 0.34.

分析 设给定圆的全体为 M,覆盖部分的面积为 S,要证 $S<0.34$,只要证 $3S<1.02$,为此,只要证可将 M 沿两个不同的方向分别平移到 M_1 和 M_2,使所有圆互不重叠,并且 M_1,M_2,M 能被一个面积小于 1.02 的正方形所覆盖.

证明 设正方形内直径为 0.001 的圆的全体为 M,M 覆盖部分的面积为 S.设射线 m 平行正方形的一边,射线 n 与 m 的夹角为 $60°$,将 M 沿 m 的方向平移 0.001 后得到的圆的全体记为 M_1,M 沿 n 的方向平移 0.001 后得到的圆的全体记为 M_2,则 M_1 和 M_2 覆盖的面积都为 S.下面证明 M,M_1,M_2 中的圆互不重叠.事实上,若 M 中的圆 $\odot O_1$ 与 M_1 中的圆 $\odot O'_2$ 有重叠的内部,则 $O_1O'_2<0.001$.设 $\odot O'_2$ 是 M 中的圆 $\odot O_2$ 沿 m 平移 0.001 后得到的,即 $O_2O'_2=0.001$,于是 $O_1O_2<O_1O'_2+O_2O'_2<0.001+0.001=0.002$.这与已知条件 M 中任意两圆的圆心距离不小于 0.002 矛盾,故 M 中的圆与 M_1 中的圆不重叠.同理 M 中的圆与 M_2 中的圆不重叠.设射线 l 与 n 的夹角也为 $60°$,且使 n 平分 m 与 l 的夹角(图 5-6),那么 M_2 也可以看成 M_1 沿 l 方向平移 0.001 而得到的,故 M_2 中的圆与 M_1 中的圆也不重叠,而 M,M_1,M_2 都在边长为 1.001 的正方形内,所以 $3S \leqslant (1.001)^2$,$S \leqslant \dfrac{1}{3} \times (1.001)^2 < 0.34$.

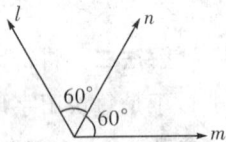

图 5-6

注 如果沿 6 个方向平移 M,其中一个方向平行正方形的一边,并且每两个相邻方向的夹角为 $60°$,那么,结论可改进为 $S \leqslant \dfrac{1}{6} \times (1.002)^2 < 0.17$.

6. 构造方法

为了证明满足一定条件的覆盖(或嵌入)存在,我们可考虑直接将它们构造出来.

例 10 在边长为 12 的正方形内任意分布着 2005 个点.证明:可用一个边长为 11 的正三角形纸边盖住其中至少 502 个点.

分析 因 $2005=4 \times 501+1$,只要我们将边长为 12 的正方形适当的分成 4 等分,则其中至少有"一份"含有不少于 502 个点,我们只要作出一个边长为 11 的正三角形盖住这"一份"即可.

证明 如图 5-7,过正方形 $ABCD$ 的中心 O 作直线交 CD 于 M,交 AB 于 N,且使 $\angle MNA=60°$,再过 O 作 MN 的垂线交 DA 于 P,交 BC 于 Q.这样正方形被 MN、PQ 分成 4 等分,由抽屉原理知其中必有一块(不妨设为 $ANOP$)至少含有 $\left[\dfrac{2005-1}{4}\right]$ $+1=502$ 个点.下面我们证明这一块可被一个边长为 11 的正三角形纸片所覆盖.

将边长为 11 的正三角形纸边的一个顶点与 N 重合,角的两边分别在射线 NM、NA 上,并落在如图 5-7 中正三角形 NKR 的位置上.过 O 作 $OT \perp AB$ 于 T,则 T 为 AB 的中点,$TN=OT \cdot \tan 30°=6 \times \dfrac{\sqrt{3}}{3}=2\sqrt{3}$,$AN=AT+TN=6+2\sqrt{3}<$ 11,故 A 在线段 RN 内.又 $RA=RN-AN=11-(6+2\sqrt{3})=$ $5-2\sqrt{3}$,可求得 $LA=RA \cdot \tan 60°=(5-2\sqrt{3})\sqrt{3}=5\sqrt{3}-6$.

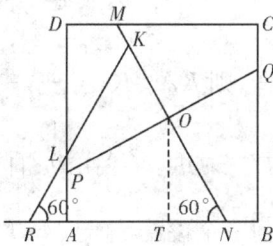

图 5-7

因为 $LA-PA=LA-BN=LA-(AB-AN)=(5\sqrt{3}-6)-$ $[12-(6+2\sqrt{3})]=7\sqrt{3}-12>0$,所以 P 在线段 LA 内,于是正三角形纸片 KRN 盖住了区域 $ANOP$,即边长为 11 的正方形纸片盖住了正方形 $ABCD$ 内至少 502 个点.

例 11 如果边长为 1 的正方形可被 3 个直径都等于 a 的圆形纸片覆盖,求 a 的最小值.

解 设 $ABCD$ 是边长为 1 的正方形,E、F 分别在 AD、BC 上,且 $DE=CF=\dfrac{7}{8}$.又 G,H 分别是 CD,EF 的中点,连接 GH(图 5-8),于是 $DH=CH=\sqrt{(\dfrac{1}{2})^2+(\dfrac{7}{8})^2}=\dfrac{\sqrt{65}}{8}$,$AF=$ $\sqrt{1^2+(\dfrac{1}{8})^2}=\dfrac{\sqrt{65}}{8}$.以 DH、CH、AF 为直径的 3 个圆覆盖了正

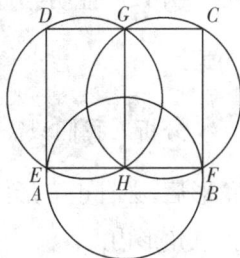

图 5-8

方形 $ABCD$,即正方形 $ABCD$ 可以被 3 个直径都等于 $\dfrac{\sqrt{65}}{8}$ 的圆形纸片所覆盖,故所求 a 的最小值 $\leqslant \dfrac{\sqrt{65}}{8}$.

如果正方形 $ABCD$ 能被 3 个直径都等于 $b(b<\dfrac{\sqrt{65}}{8})$ 的圆形纸片 M_1,M_2,M_3 覆盖,那么由抽屉原理 A、B、C、D 中至少有 2 点被同一圆形纸片所覆盖,而 $AC=BD=\sqrt{2}>$ $\dfrac{\sqrt{65}}{8}$.故被同一圆形纸片覆盖的 2 点不能是 A、C 也不能是 B、D,不妨设 A、B 被 M_1 覆

盖,如图 5-8,因 $EB=\dfrac{\sqrt{65}}{8}>b$,故 E 不能被 M_1 覆盖.不妨设 E 被 M_2 覆盖,因 $GE=$

$\dfrac{\sqrt{65}}{8}>b$,且 $GB>GF=\dfrac{\sqrt{65}}{8}$,故 G 不能被 M_1 或 M_2 覆盖,而只能被 M_3 覆盖.而 $FA=$

$FG=\dfrac{\sqrt{65}}{8}>b$,故 F 不能被 M_1 或 M_3 覆盖而只能被 M_2 覆盖.在 FC 上取 K,使 $FK=$

$\dfrac{1}{8}$,则 $KA>KE=\dfrac{\sqrt{65}}{8}>b$,故 K 不能被 M_1 或 M_2 覆盖而只能被 M_3 覆盖.又因 $DB>$

$DF>DK>\dfrac{\sqrt{65}}{8}>b$,且 B、F、K 分别在 M_1,M_2,M_3 内,故 D 不能被 M_1,M_2,M_3 中任

何一个覆盖,这与 M_1,M_2,M_3 覆盖正方形 $ABCD$ 矛盾.

综上所述知,所求 a 的最小值为 $\dfrac{\sqrt{65}}{8}$.

7. 反证法与组合分析法

为了证明满足给定条件的覆盖(或嵌入)不存在,我们常常使用反证法,也就是先假设满足给定条件的覆盖(或嵌入)是存在的,然后对其结构进行组合分析,最后导致矛盾,故满足给定条件的覆盖(或嵌入)是不存在的.

例 12 证明:边长为 1 的正方形内不可能无重叠地放入两个边长大于 $\sqrt{\dfrac{2}{3}}$ 的正三角形.

分析 我们只需证明:在边长为 1 的正方形内任意放入一个边长大于 $\sqrt{\dfrac{2}{3}}$ 的正三角形后,必有正方形内一定点(由对称性自然会想到这点应是正方形的中心)落到这个正三角形内.

证明 如图 5-9,设边长大于 $\sqrt{\dfrac{2}{3}}$ 的正 $\triangle ABC$ 任意放入一个边长为 1 的正方形 $GDEF$ 内,设 GE 与 DF 的交点为 O,则 A 必在 $\triangle DOE$、$\triangle EOF$、$\triangle FOG$ 及 $\triangle GOD$ 中某一个的内部或边界上.不妨设 A 在 $\triangle DOE$ 的内部或边界上,作 $\triangle ABC$ 的高 AH,则 $AH=\dfrac{\sqrt{3}}{2}BC>$

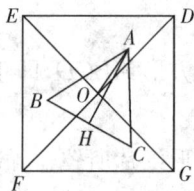

图 5-9

$\dfrac{\sqrt{3}}{2}\times\sqrt{\dfrac{2}{3}}=\dfrac{\sqrt{2}}{2}=OE\geqslant AO$.可见,$A$、$O$ 在 BC 的同一侧.同理可证 O、B 在 AC 的同一侧,O、C 在 AB 的同一侧,这就证明了 O 必在 $\triangle ABC$ 的内部.因此,如

果边长为 1 的正方形 $GDEF$ 内可以无重叠地放置两个边长大于 $\sqrt{\dfrac{2}{3}}$ 的正三角形,则正方形的中心 O 必是这两个正三角形的公共内点,矛盾. 可见,边长为 1 的正方形内不可能无重叠地放置两个边长大于 $\sqrt{\dfrac{2}{3}}$ 的正三角形.

注 从例 11 的后一部分及例 12 可以看出,在证明满足给定条件的覆盖(或嵌入)不存在时,常用反证法. 先假设它存在,然后证明至少有一点没有被盖住(或至少有一点是嵌入图形中两个图形的公共内点),从而导致矛盾. 这种"攻其一点"的方法是解决不能覆盖(或不能无重叠嵌入)问题的一个有效方法.

例 13 证明:一个高为 1 且面积为 1 的等腰梯形不能被一个半径等于 0.7 的圆形纸片覆盖.

证明 设梯形 $ABCD$ 中 $AB /\!\!/ CD$,$BC=AD$. 设 $\odot O_1$ 是覆盖梯形 $ABCD$ 的圆中最小的一个,于是 $ABCD$ 内接于 $\odot O_1$. 作 $\odot O_1$ 及梯形 $ABCD$ 关于线段 BC 中点 K 的中心对称图形 $\odot O_2$ 及梯形 $FCBE$(图 5-10),易知 A、B、E 在一直线上,D、C、F 在一直线上,并且 $CD=BE$,$AB=CF$. 设 AB、BE 的中点分别是 G、H,则由已知条件,有 $\dfrac{1}{2}(AB+CD)\times 1=$

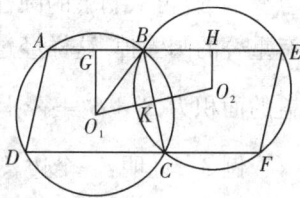

图 5-10

1,$AB+CD=2$,$GH=\dfrac{1}{2}(AB+BE)=\dfrac{1}{2}(AB+CD)=\dfrac{1}{2}\times 2=1$,于是 $O_1O_2>GH=1$,$BC>$ 梯形 $ABCD$ 的高 $=1$,$BK=\dfrac{1}{2}BC>\dfrac{1}{2}$,$O_1K=\dfrac{1}{2}O_1O_2>\dfrac{1}{2}$,所以 $O_1B=$

$\sqrt{O_1K^2+BK^2}>\sqrt{(\dfrac{1}{2})^2+(\dfrac{1}{2})^2}=\dfrac{\sqrt{2}}{2}>0.7$. 即覆盖梯形 $ABCD$ 的圆形纸片的半径必大于 0.7. 故半径为 0.7 的圆形纸片不可能覆盖梯形 $ABCD$.

§3 典型例题解题思维策略分析

例 1 (第 24 届莫斯科市竞赛试题)平面内有 100 个点,其中任何 2 点的距离不超过 1,并且任何 3 点都构成钝角三角形. 证明:能够作出一个半径为 $\dfrac{1}{2}$ 的圆,使所有这些点都在这个圆内或圆周上.

证明 以给定 100 个点为端点的线段只有有限条,其中必有一条线段最长,设为

$AB.$ 依题意 $AB \leqslant 1$，以 AB 的中点 O 为圆心，$\frac{1}{2}$ 为半径作圆，于是 A、B 在这个圆 O 内，对除 A、B 外其他任意一点 P，由已知条件 $\triangle PAB$ 为钝角三角形，且 $\triangle PAB$ 中 AB 最长，故 $\angle APB$ 为钝角，所以 P 也在这个圆 O 内．因此，以 O 为圆心，$\frac{1}{2}$ 为半径的圆覆盖所有 100 个已知点．

例 2 （第 22 届莫斯科市竞赛试题）平面上给定了若干个圆，它们覆盖的面积为 1．证明：从中可选出若干个两两不重叠的圆，使它们覆盖的面积不小于 $\frac{1}{9}$．

证明 从给定圆中选出半径最大的圆 O_1，其半径为 r_1，面积为 S_1，则与圆 O_1 有重叠的圆连同圆 O_1 一起覆盖的面积 $M_1 \leqslant \pi(3r_1)^2 = 9S_1$，即 $S_1 \geqslant \frac{1}{9}M_1$．然后去掉与圆 O_1 重叠的圆，再从剩下的圆（圆 O_1 除外）选出半径最大的圆 O_2，其半径为 r_2．并将与圆 O_2 有重叠的圆去掉．这样经过有限步可得有限个两两不重叠的圆 O_1，O_2，$\cdots$，O_k，它们覆盖的面积为 $S_1 + S_2 + \cdots + S_k \geqslant \frac{1}{9}(M_1 + M_2 + \cdots + M_k) = \frac{1}{9}$．

例 3 证明：一个边长为 5 的正方形可以被 3 个边长为 4 的正方形所覆盖．

证明 设正方形 $ABCD$ 的边长为 5，先放置一个边长为 4 的正方形 $CEFG$，其中 C 为原正方形 $ABCD$ 的一个顶点，E 在边 CD 上，F 在正方形 $ABCD$ 内，G 在边 CB 上．连 AF，再放置第二个边长为 4 的正方形 $AB_1C_1D_1$，其中 A 是原正方形的一个顶点，且使 D 在射线 D_1C_1 上（图 5-11），由勾股定理有：$D_1D = \sqrt{AD^2 - AD_1^2} = \sqrt{5^2 - 4^2} = 3 < D_1C_1$．故 D 在线段 D_1C_1 内，且 $C_1D = D_1C_1 - D_1D = 4 - 3 = 1$．设 B_1C_1 与 CD 交于 H，则 $DE = CD - CE = 5 - 4 = 1 = DC_1 < DH$，故 E 在线段 DH 内，从而 E 被正方形 $AB_1C_1D_1$ 覆盖．

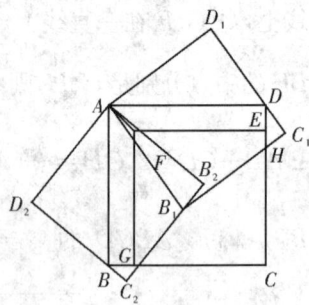

图 5-11

又 $\angle B_1AD > \angle B_1AC_1 = 45° = \angle FAD$，即 AF 在 $\angle B_1AD$ 内，且 $AF = \sqrt{2}DE = \sqrt{2} < 4 = AB_1$，故 F 也被正方形 $AB_1C_1D_1$ 覆盖，这就证明了梯形 $AFCD$ 可以被一个边长为 4 的正方形 $AB_1C_1D_1$ 所覆盖．同理，梯形 $AFGB$ 也可以被一个边长为 4 的正方形 $AB_2C_2D_2$ 所覆盖，于是正方形 $ABCD$ 可被 3 个边长为 4 的正方形所覆盖．

例 4 （1994 年全国联赛试题）把两个半径为 5 及一个半径为 8 的圆形纸片放在桌面上，使它们两两外切．若要用一个大圆形纸片把这三个圆形纸片完全盖住，则这个大圆形纸片的最小半径等于_____．

解 如图 5-12，设 $\odot O_1$ 的半径为 8，$\odot O_2$、$\odot O_3$ 的半径为 5，切点为 A．由对称性，

能盖住这 3 个圆的最小圆形纸片的中心 O 在对称轴 O_1A 上,且与已知三个圆内切.若设这个圆形纸片的半径为 r,则在 $Rt\triangle O_1O_2A$ 中 $O_1A=\sqrt{O_1O_2^2-O_2A^2}=\sqrt{(8+5)^2-5^2}=12$,在 $Rt\triangle OO_2A$ 中,$OO_2=r-5$,$OA=O_1A-OO_1=12-(r-8)$,$O_2A=5$,于是,由 $OO_2^2=O_2A^2+OA^2$ 得 $(r-5)^2=5^2+(12-r+8)^2$,由此解出 $r=\dfrac{40}{3}=$

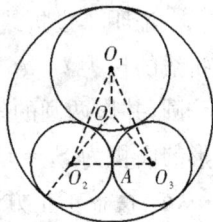

图 5-12

$13\dfrac{1}{3}$,即所求圆形纸片的最小半径等于 $13\dfrac{1}{3}$.

例 5 (1998 年湖南省理科实验班招生试题)将 4 张圆形纸片放在桌面上,使得其中任何 3 张圆形纸片都有公共点,那么这 4 张圆形纸片是否一定有公共点?证明你的结论.

证明 设 4 张圆形纸片是 $\odot O_k(k=1,2,3,4)$,其中 $\odot O_1$,$\odot O_2$,$\odot O_3$ 有公共点 A_1,$\odot O_1$,$\odot O_2$,$\odot O_4$ 有公共点 A_2,$\odot O_1$,$\odot O_3$,$\odot O_4$ 有公共点 A_3,$\odot O_2$,$\odot O_3$,$\odot O_4$ 公共点 A_4.

(1)若 A_1,A_2,A_3,A_4 共线(如图 5-13 顺序),因为 A_1,A_3 都是圆形纸片 $\odot O_1$ 与 $\odot O_3$ 的公共点,故线段 A_1A_3 在圆形纸片 $\odot O_1$ 与 $\odot O_3$ 的公共部分内,又 A_2A_4 都是圆形纸片 $\odot O_2$ 与 $\odot O_4$ 的公共点,故线段 A_2A_4 在圆形纸片 $\odot O_2$ 与 $\odot O_4$ 的公共部分内,所以线段 A_2A_3 上任意一点都是这 4 张圆形纸片的公共点.

图 5-13

(2)若 A_1,A_2,A_3,A_4 中有一点在以其余 3 点为顶点的三角形的边界上或内部(图 5-14).因为 A_1,A_2,A_3 都在 $\odot O_1$ 内,故 $\triangle A_1A_2A_3$ 被圆形纸片 $\odot O_1$ 所覆盖,从而 A_4 在圆形纸片 $\odot O_1$ 内,而 A_4 是圆形纸片 $\odot O_2$,$\odot O_3$,$\odot O_4$ 的公共点,所以 A_4 是这 4 张圆形纸片的公共点.

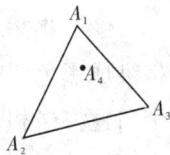

(3)若 A_1,A_2,A_3,A_4 是一个凸四边形的 4 个顶点(图 5-15),同上可知线段 A_1A_3 在圆形纸片 $\odot O_1$ 与 $\odot O_3$ 的公共部分内,线段 A_2A_4 在圆形纸片 $\odot O_2$ 与 $\odot O_4$ 的公共部分内,所以 A_1A_3 与 A_2A_4 的交点是这 4 张圆形纸片的公共点.

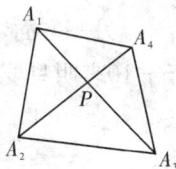

图 5-14

总之,这 4 张圆形纸片一定有公共点.

注 例 5 是下列著名的海莱定理的特殊情形.

海莱定理 设 M_1,M_2,$\cdots$,$M_m(n\geqslant4)$ 是平面内 n 个凸图形,如果它们中任何 3 个都有公共点,那么这 n 个凸图形必有公共点.

图 5-15

当 $n=4$ 时海莱定理的证明与例 5 类似.对于一般情形海莱定理的证明要用到高中数学中的数学归纳法.

例 6 (前捷克斯洛伐克奥林匹克试题)一条折线包含在边长为 50 的正方形内,并且对正方形的任意一点 P 都存在折线上的点 Q,使 $PQ\leqslant1$.证明折线的长度大于 1248.

证明 设折线为 $A_0A_1A_2\cdots A_n$,其中第 i 段长为 $A_{i-1}A_i=a_i(i=1,2,\cdots,n)$,于是折线的长为 $l=a_1+a_2+\cdots+a_n$. 对每一线段 $A_{i-1}A_i$,分别以 A_{i-1},A_i 为中心,1 为半径作圆,并作两圆的外公切线得到一个如图 5-16 所示的图形 $\Phi_i(i=1,2,\cdots,n)$,这个图形的面积为 $S_i=\pi+2a_i$. 依题意,正方形的每一点都在某个 Φ_i 内,故 n 个图形 $\Phi_1,\Phi_2,\cdots,\Phi_n$ 覆盖了正方形. 因此,这 n 个图形覆盖的总面积 S 不小于正方形的面积 50^2. 注意到折线内每一顶点 $A_i(1\leqslant i\leqslant n-1)$ 处的小扇形 I 的面积小于 Φ_i 与 Φ_{i-1} 中矩形重叠部分 II 的面积,故 $S\leqslant 2a_1+2a_2+\cdots+2a_n+\pi$.

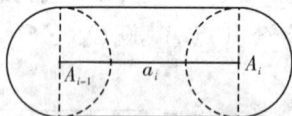

图 5-16

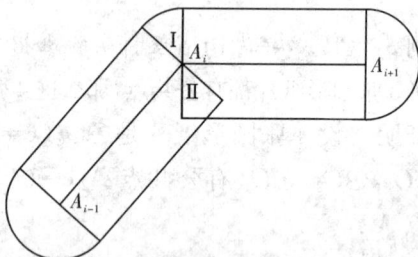

图 5-17

结合 $S\geqslant 2500$,可得折线长为 $a_1+a_2+\cdots+a_n\geqslant\dfrac{2500-\pi}{2}>\dfrac{2496}{2}=1248$. 证毕.

例 7 用 $1\times 1,2\times 2,3\times 3$ 的瓷砖铺满 23×23 的地板(不允许重叠,也不允许留空隙),问最少要用几块 1×1 的瓷砖?

解 将 23×23 的地板(已画成 1×1 的小方格)中第 $1,4,7,\cdots,19,22$ 列中的小方格染成黑色,其余各列染成白色. 如果不用 1×1 的瓷砖,则每块 2×2 的瓷砖或盖住 2 个白色方格和 2 个黑色方格或盖住 4 个白色方格,而每块 3×3 的瓷砖盖住了 3 个黑色方格和 6 个白色方格,故不论用多少 2×2 和 3×3 的瓷砖,盖住的白色方格总数总是一个偶数,但一共有 15×23 个白色方格,且 15×23 是一个奇数,矛盾,故不用 1×1 的瓷砖不可能将 23×23 的地板铺满.

另一方面,如图 5-18 表明用 2×2 及 3×3 的瓷砖可铺满 12×11 的矩形,而图 5-19 表明只要用 1 块 1×1 的瓷砖可将 23×23 的地板铺满.

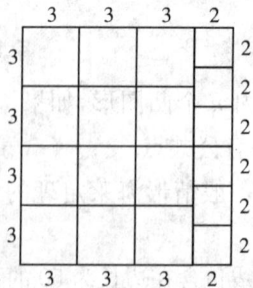

图 5-18

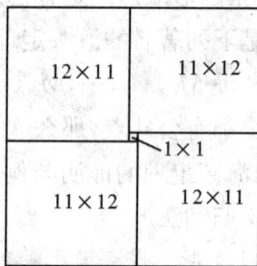

图 5-19

综上可知,最少要用 1 块 1×1 的瓷砖.

例 8　在 6×6 的棋盘上放好一些 1×2 的骨牌,每块骨牌正好盖住了两个方格.若还有 14 个方格没有被盖住,则棋盘上至少还能放入一块骨牌.

证明　将棋盘分为 4 个 3×3 的小棋盘,则其中必有一个小棋盘,它内面的空格数至少为 $\left[\dfrac{14-1}{4}\right]+1=4$,不妨设左上角 3×3 的小棋盘内至少有 4 个空格(图 5-20).

1	2	3	
8	9	4	
7	6	5	

图 5-20

如果 9 是空格,那么 2,4,6,8 不是空格(否则能再放入一块骨牌),但位于 2,8 的每块骨牌都占有左上角小棋盘的 9 个方格中的 2 格,再加上 4,6 处的骨牌,这样左上角 3×3 小棋盘内至多还有 9−6=3 个空格,矛盾.

如果 9 不是空格,那么骨牌还要占一个方格,这样又可分为两种情形.

(1)这块骨牌在 8,9 处(在 2,9 处可得同样结论),1,2,3,4,5,6,7 中至少有 4 个空格,因而 1,3,5,7 为空格(否则有相邻两个空格可放下一块骨牌),但 2 必须是空格(否则在 2 处的骨牌无法占据其他方格),因此 1、2 处可放入 1 块骨牌.

(2)这块骨牌在 6,9 处(在 4,9 处可得同样结论),这时 7,8,1,2,3,4,5 组成的序列与(1)中 1,2,3,4,5,6,7 相当,故同样可证结论成立.

例 9　平面上有 $n(n\geqslant3)$ 个半径为 1 的圆,且任意 3 个圆中至少有 2 个圆有交点.证明:这些圆覆盖平面的总面积小于 33.3.

证明　不妨记这 n 个圆的圆心为 $A_1,A_2,\cdots,A_n$,且 A_1 与 A_2 的距离最远,现过点 A_1,A_2 分别作 A_1A_2 的垂线 l_1 与 l_2,则点 $A_1,A_2,\cdots,A_n$ 均在 l_1 与 l_2 之间.

设以 A_1 为圆心,2 为半径在 l_1 的(含 l_2 的)一侧作半圆,与 l_1 交于 E、F,该半圆包含了全体与 A_1 的距离不超过 2 的圆心.同样若以 A_1 为圆心,3 为半径作圆,与 l_1 交于点 B、C,再向左作矩形 $MEFN$,使 $ME=1$,最后添上两个分别以 E、F 为圆心的四分之一圆,得一凸形 $BMNCB$,如图 5-21(a).易知,该凸形包含了所有圆心与点 A_1 的距离不大于 2 的圆,且该凸形的面积为

$$S_1=\frac{\pi}{4}\times1^2\times2+\frac{\pi}{2}\times3^2+4\times1=5\pi+4.$$

易知,剩下的所有圆心两两距离必 ≤2(否则若 $A_iA_j>2$,又 $A_1A_i>2$,$A_1A_j>2(3\leqslant i<j\leqslant n)$),则 ⊙$O_1$,⊙$O_i$,⊙$O_j$ 两两相离,与题设矛盾),于是可找到 3 对平行线 $A'F'\parallel C'D'$,$A'B'\parallel D'E'$,$B'C'\parallel E'F'$ 满足凸六边形 $A'B'C'D'E'F'$ 的内角均为 120°,且两对平行线间的距离均为 2,并使剩下的所有圆心均在此六边形内(如图 5-21(b)).今补出菱形 $F'PC'Q$,知六边形 $A'B'C'D'E'F'$ 的周长=正 △$PC'F'$ 的周长=3×

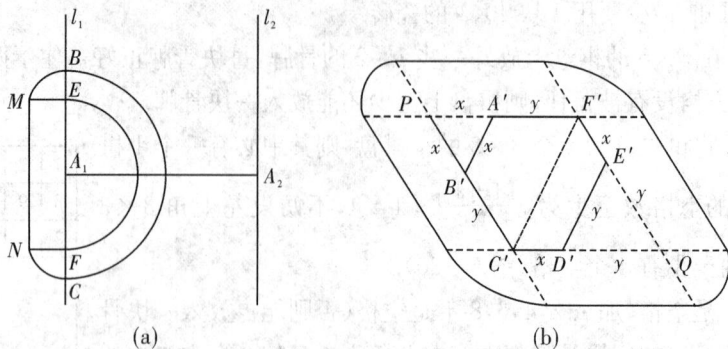

图 5 - 21

$\dfrac{2}{\frac{\sqrt{3}}{2}} = 4\sqrt{3}$. 设 $A'B' = C'D' = E'F' = x$, $D'E' = F'A' = B'C' = y$, 则 $x + y = \dfrac{4\sqrt{3}}{3}$, 故

$$S_{A'B'C'D'E'F'} = S_{PC'QF'} - (S_{\triangle PA'B'} + S_{\triangle QD'E'})$$

$$= 2 \times \frac{\sqrt{3}}{4}\left(\frac{4\sqrt{3}}{3}\right)^2 - \frac{\sqrt{3}}{4}(x^2 + y^2)$$

$$\leqslant \frac{8}{3}\sqrt{3} - \frac{\sqrt{3}}{8}(x + y)^2 = 2\sqrt{3}.$$

让一个半径为 1 的动圆圆心沿六边形 $A'B'C'D'E'F'$ 的周界上跑一圈, 其外端形成的凸形(如图 5 - 21(b))的面积为 S_2, 易知剩下的圆会在此凸边形中, 且

$$S_2 = S_{A'B'C'D'E'F'} + 3(x + y) \times 1 + \pi \cdot 1^2 = 2\sqrt{3} + 4\sqrt{3} + \pi = \pi + 6\sqrt{3}.$$

于是覆盖的总面积 $\leqslant S_1 + S_2 = 6\pi + 4 + 6\sqrt{3} < 33.3$.

例 10 平面内给定一个方向 $\vec{l}$ 和一个凸图形 F, 其面积为 $S(F)$, 内接于 F 且有一边平行于 $\vec{l}$ 的所有三角形中面积最大的记为 $\triangle$, 其面积记 $S(\triangle)$. 求最大正实数 c, 使对平面内任意给定的凸图形 F, 都有 $S(\triangle) \geqslant c \cdot S(F)$.

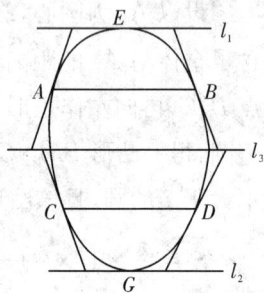

图 5 - 22

解 如图 5 - 22, 作 F 的两条平行支撑直线 l_1 和 l_2(l_1, l_2 分别与 F 的边界至少有一个公共点 E、G, 且 F 夹在 l_1 与 l_2 之间), 再作与 l_1, l_2 等距离的一条平行直线 l_3, 而 AB, CD 是 F 的两条弦, 并且 AB 与 l_1, l_3 平行等距, CD 与 l_2, l_3 平行等距. 过 A、B、C、D 分别作 F 的支撑线与 l_1, l_2, l_3 相交成上、下两个梯形, 令 5 条平行线相邻两条之间的距离为 h, 且不妨设 $CD \geqslant AB$, 于是 $S(F)$ 不大于这两个梯形的面积之和, 即

$$S(F) \leqslant AB \cdot 2h + CD \cdot 2h \leqslant CD \cdot 4h = \frac{8}{3}\left(\frac{1}{2} \cdot CD \cdot 3h\right) = \frac{8}{3} S_{\triangle CDE} \leqslant \frac{8}{3} S(\triangle).$$

所以 $S(\triangle) \geqslant \frac{3}{8} S(F)$.

另一方面,取 F 为平面内正六边形 $ABCDEF$,其边长为 a,且 $AB /\!/ \vec{l}$,$\triangle PQR$ 为 F 的有一边 $PQ /\!/ \vec{l}$ 的所有内接三角形中面积最大的一个,显然 P、Q、R 在正六边形的边界上(图 5 - 23).设 $\frac{BQ}{QC} = \frac{\lambda}{1-\lambda}(0 \leqslant \lambda < 1)$,易算出 $\triangle PQR$ 中边 PQ 上的高为

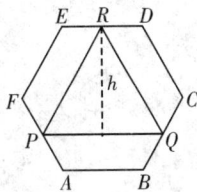

图 5 - 23

$$h = \sqrt{3}a - \frac{\sqrt{3}}{2}\lambda a = \sqrt{3}a\left(1 - \frac{1}{2}\lambda\right) \text{ 及 } PQ = a + \lambda a = (1+\lambda)a,$$

所以 $S(\triangle PQR) = \frac{1}{2} h \cdot PQ$

$$= \frac{1}{2}\sqrt{3}a\left(1 - \frac{\lambda}{2}\right) \cdot (1+\lambda)a$$

$$= \frac{\sqrt{3}}{4}a^2(2 + \lambda - \lambda^2)$$

$$= \frac{\sqrt{3}}{4}a^2\left[\frac{9}{4} - \left(\lambda - \frac{1}{2}\right)^2\right] \leqslant \frac{9\sqrt{3}}{16}a^2.$$

而 $S(F) = \frac{3\sqrt{3}}{2}a^2$,所以 $S(\triangle PQR) \leqslant \frac{3}{8} S(F)$,并且 $\lambda = \frac{1}{2}$ 时等号成立.

综上可得,所求 c 的最大值为 $\frac{3}{8}$.

模拟实战五

1.(上海市竞赛试题)已知 A,B,C,D 为平面上两两距离不超过 1 的任意 4 点,今欲作一圆覆盖这 4 点(即 A,B,C,D 在圆内或圆周上),问圆的半径最小该是多少?试证明之.

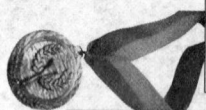

2.（芜湖市竞赛试题）任意凸四边形 $ABCD$ 中总存在一条对角线和一条边,以它们为直径的两个圆可以覆盖这个四边形.

3.（"希望杯"竞赛试题）证明:一个直径等于 1 的圆不可能被 2 个直径小于 1 的圆所覆盖.

4.证明:面积为 S,周长为 p 的凸 n 边形一定可以覆盖一个半径为 $\dfrac{S}{p}$ 的圆.

5. 设甲是边长为 1 的正三角形纸片,乙是边长为 1 的正方形纸片,丙是边长为 1 的正五边形纸片,丁是边长为 1 的正六边形纸片.证明:

(1)不能用甲、乙、丙合起来盖住一个半径为 1 的圆;

(2)能用甲、乙、丙、丁合起来盖住一个半径为 1 的圆.

6.(1)8×8 的棋盘上任意不重叠地放入 10 块形如 的 L 形木块(每块恰盖住 3 个小方格)后,证明:余下部分总能再放入一块 L 形木块;

(2)请设计一种放法,在 8×8 的棋盘上适当地放入 11 块不重叠的 L 形木块,使余下部分不能再放入一块 L 形木块.

7.(中国东北邀请赛试题)将 8×8 的方格纸板的一角剪去一个 2×2 的正方形,问余下的 60 个方格能否剪成 15 个形如 的 L 形小纸片?

8.(第 28 届 IMO 预选题)能否将下列 $m \times n$ 矩形分割成若干个形如 ▭ 的 L 形?

(1)$m \times n = 1985 \times 1987$;

(2)$m \times n = 1987 \times 1989$.

9.用 15 块 4×1 的矩形瓷砖和 1 块 2×2 的矩形瓷砖能否铺满 8×8 的矩形地面(没有重叠,也没有空隙)?

10.(1)如果能用若干块形如 ▭ 的纸片覆盖 1 个 $m \times n$ 的矩形(没有重叠也没有空隙),这里 m,n 都是正整数.证明:mn 是 8 的整数倍.

(2)设 m,n 是大于 1 的正整数且 mn 是 8 的倍数,证明:$m \times n$ 矩形可用若干张形如 ▭ 的纸片覆盖(没有重叠也没有空隙).

第六章 操作(游戏)问题

§1 两类操作(游戏)问题

在国内外各级数学竞赛中,常常遇到一些很有趣味性的操作(游戏)问题. 这类问题分为下列两类:(1)按照一定的规则由一人进行操作,问能否经过有限步达到预定的目标?(2)由两人按照一定的规则轮流进行操作,问谁有最佳策略保证自己一定能获胜? 由于操作规则通常无法表达成为明显的递推公式,使得解决操作问题往往并不需要很多的数学知识,但却需要运用各种数学技巧和逻辑推理能力、构造能力,加之又非常有趣,故这类问题对开拓解题思路、增强数学思维能力、增进学习研究数学的兴趣很有益处,正因为如此,这类问题在国内外各级数学竞赛中颇受青睐.

§2 解单人操作问题的基本方法

1. 不变量方法

虽然操作过程是一个变化过程,但其中有些量却是不变的,若能抓住这些不变量进行分析,常常能使问题迎刃而解,这就是不变量方法. 常见不变量有奇偶性不变量,同余不变量,代数式(和、差、积、平方和等)不变量,图形和表格不变量等.

例1 在黑板上写上三个整数,然后将其中一个擦去,换上其他两个数之和与 1 的差. 将这个过程重复若干次后得到 $(17, 2011, 2027)$. 问一开始黑板上写出的三个数是否可能是 $(2, 2, 2)$ 或 $(3, 3, 3)$?

解 由于三个数在题述过程中的奇偶性变化关系为:

(偶,偶,偶)→(偶,偶,奇)→(偶,偶,奇)(奇偶性不变量),所以 $(2, 2, 2)$ 无法经过若干次操作达到 $(17, 2011, 2027)$.

由于(奇,奇,奇)→(奇,奇,奇),故 $(3, 3, 3)$ 可能是操作过程中的初始状态.

先考虑 $(3, 3, 3)$ 经过若干次操作达到 $(17, a, b)(a < b)$,于是 $b = 17 + a - 1 = a + 16$,显然 $2027 = 2011 + 16$,固定 17,选择尽可能小的 a,使 $(17, a, a + 16)$ 经过若干次操作能达到 $(17, 2011, 2027)$.

对于 $(17, a, a + 16)$,擦去 a,经过操作后得到 $(17, a + 16, a + 2 \times 16)$(不分顺序),再擦去 $a + 16$,操作后得 $(17, a + 2 \times 16, a + 3 \times 16)$,$\cdots$,经过 n 次操作得 $(17, a + 16n, a +$

$16(n+1)$).

由于 $2011=125\times16+11$，故取 $a=11$，于是 $(17,11,27)$ 经过 125 次操作可达到 $(17,2011,2027)$．

又因为有如下的逆推：$(17,11,27)\leftarrow(7,11,17)\leftarrow(5,7,11)\leftarrow(3,5,7)\leftarrow(3,3,5)\leftarrow(3,3,3)$，故 $(17,11,27)$，可由 $(3,3,3)$，经过 5 次操作得到．可见 $(17,2011,2027)$ 可由 $(3,3,3)$，经过 $125+5=130$ 次操作而得到．

例2 如图 6-1，在 4×4 方格内已填有 16 个数字，可以对格中数字进行如下的操作：将一行或一列或一条对角线上的 4 个数同时加上或减去同一个正整数．问能否经过有限次操作后使 16 个数都相等？

1	8	7	6
2	0	1	0
3	2	4	5
5	6	8	9

图 6-1

解 任何一次操作中，4 个数加上或减去同一个正整数，所以这 16 个数之和除以 4 的余数不变（同余不变量）．如果 16 个数相等，那么这 16 个数之和除以 4 的余数等于 0，而一开始 16 个数之和为 67，它除以 4 的余数为 $3\neq0$．因此，无论经过多少次操作，不可能使 16 个数都相等．

例3 已知三个数 $2,\sqrt{2},\dfrac{1}{\sqrt{2}}$，任取其中两个数 $a,b(a>b)$，并用 $\dfrac{a+b}{\sqrt{2}}$ 及 $\dfrac{a-b}{\sqrt{2}}$ 代替 a，b．问能否经过有限步骤三个数变成 $1,\sqrt{2},1+\sqrt{2}$？

解 设三个数为 $a,b,c(a>b)$，操作一次后变为 $\dfrac{a+b}{\sqrt{2}},\dfrac{a-b}{\sqrt{2}},c$，

于是 $(\dfrac{a+b}{\sqrt{2}})^2+(\dfrac{a-b}{\sqrt{2}})^2+c^2=a^2+b^2+c^2$（不变量）．

但 $2^2+(\sqrt{2})^2+(\dfrac{1}{\sqrt{2}})^2=6\dfrac{1}{2}$，$1^2+(\sqrt{2})^2+(1+\sqrt{2})^2=6+2\sqrt{2}\neq6\dfrac{1}{2}$，故不能将三个数 $2,\sqrt{2},\dfrac{1}{\sqrt{2}}$ 变成 $1,\sqrt{2},1+\sqrt{2}$．

例4 在 4×4 的方格表中，每格内任意填入 1 或 -1 中一个数，每次操作是同时将每格中的数用所有与它相邻的格（即有公共边的格）中的数之积代替．问能否经过有限次操作，使所有方格内的数都变成 1？

解 下述三个 4×4 表格中任何一个在题中所述操作下是不变的（表格不变量），其中空格内填的数都是 1，它们都不能经过有限次题设中规定的操作使所有方格内的数都变成 1．

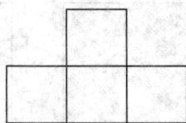

2. 利用合成操作变换的特殊性质

有些单人操作变换问题中,单独使用一次题设中规定的操作,看不出有什么特殊性质而连续使用几次(至少2次)题设中规定的操作,常常会发现这样的合成操作具有某种特殊的性质,而利用这种特殊性质常常可使问题迎刃而解.

例5 在 $n \times n$ 棋盘中($n \geqslant 3$),每个方格染成了黑白两种颜色之一,使任意相邻(有公共边)的两个方格不同色.每次操作允许改变任何一个含4个方格的 T 形(图6-2)内所有方格的颜色.问能否经过有限次操作,使所有方格都变成相反的颜色?

解 首先注意到每个 4×4 的方格由4个 T 形构成(图6-3),故经过4次操作可将1个 4×4 的正方形内所有方格改变颜色,我们将这样4次操作合并组成一个大操作 A.

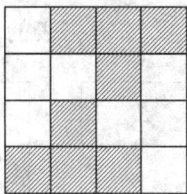

图6-2   图6-3

如图6-4,我们可连续进行题中规定的3次操作使一个 1×2 或 2×1 的矩形内两个方格改变颜色,而不改变其他方格的颜色(注意图6-4可以旋转和翻转).我们将这样三次操作合并组成一个大操作 B.

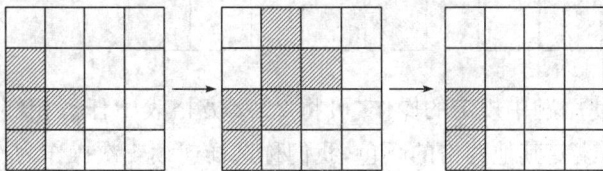

图6-4

(1)当 $n = 4k(k \in \mathbf{N_+})$ 时,$n \times n$ 棋盘可分割成 k^2 个 4×4 的小棋盘,故只要进行 k 次大操作 A,可将 $n \times n$ 棋盘的每个方格改变颜色.

(2)当 $n = 4k+2(k \in \mathbf{N_+})$ 时,先按(1)可用 k 次操作将左上角 $4k \times 4k$ 棋盘内每个

方格改变颜色,余下部分可分成若干个 1×2 或 2×1 的小矩形,对每个 1×2 或 2×1 矩形进行大操作 B,可将其 2 个方格改变颜色而不改变其他方格的颜色.故经过有限步操作使 $n\times n$ 棋盘内每个方格改变颜色.

(3)当 $n=2k+1$ 时,因原棋盘中任意相邻两个方格不同色,黑格数与白格数之差等于 1.不妨设黑格数为 $S_{黑}=2k^2+2k+1$,白格数为 $S_{白}=2k^2+2k$.于是 $S_{黑}-S_{白}=1\equiv1(\bmod4)$.每进行一次题中规定的操作,或者将 3 个白格、1 个黑格改变为 3 个黑格、1 个白格或者将 3 个黑格 1 个白格改变为 3 个白格、1 个黑格,不论哪种情形,黑格数与白格数之差关于模 4 是不变的,故经过任意次操作总有 $S_{黑}-S_{白}\equiv1(\bmod4)$.若棋盘所有格都改变颜色,则 $S_{黑}-S_{白}=(2k^2+2k)-(2k^2+2k+1)\equiv3(\bmod4)$,矛盾.

综上可知,当且仅当 n 为偶数时,可经过有限次操作,使棋盘上所有方格都变成相反的颜色.

例 6 将 2010×2010 方格表中任意多个小方格(至少一个)染成黑色,其余小方格都染成白色,每次操作允许改变任何一个含有三个小方格的 L 形(图 6-5)内所有方格的颜色(黑变白、白变黑).问能否经过有限步操作将 2010×2010 方格表中每一个方格都变成白色?

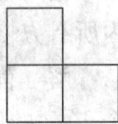

图 6-5

解法一 考虑对 2×2 方格表的下列 5 类操作:

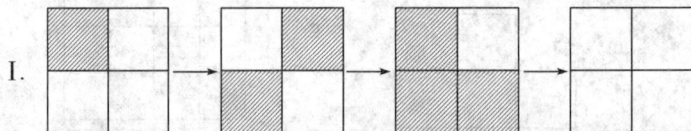

I.

即连续使用 3 次题中规定的操作可将 2×2 方格表中任意一格改变颜色,而不改变其他三格的颜色,我们称这样连续 3 次操作为操作 A.

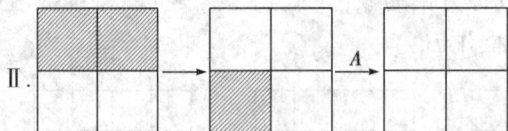

II.

即连续 4 次使用题中规定的操作,可将 2×2 方格表中任意相邻(有公共边)的两格改变颜色,而不改变其他两格的颜色,我们称这样连续 4 次操作为操作 B.

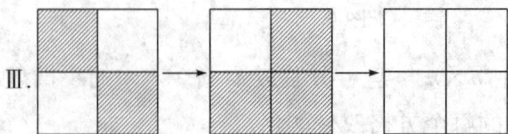

III.

即连续使用 2 次题中规定的操作,可将 2×2 方格表中任意不相邻的两格改变颜色,而不改变其他两格的颜色,我们让这样连续 2 次操作为操作 C.

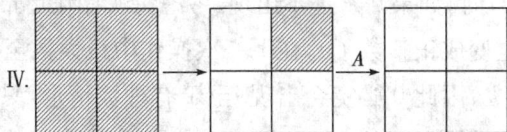

我们将题中规定的操作称为操作 D,则使用 1 次操作 D 可将 2×2 方格表中任意三格改变颜色,而不改变第 4 格的颜色.

即连续 4 次使用操作 D,可在 2×2 方格表中的四格都改变颜色,我们让连续这样 4 次操作 D 为操作 E.

回到原题,我们可将 2010×2010 方格表分成 1005^2 个 2×2 的方格表,对每个 2×2 的方格表,视其中所含黑格的个数和位置,分别进行操作 A,B,C,D,E 或不进行操作,可将每个 2×2 方格表中的所有方格变成白色,从而可使 2010×2010 表格中所有方格变成白色.

解法二 对任意一个黑色方格,可取一个包含此黑色方格的 2×2 方格表,然后执行解法一中的操作 A,可将此格变成白色,而不改变其他方格的颜色. 对 2010×2010 中每个黑格都进行这样的操作,则可使 2010×2010 中所有方格都变成白色.

3. 反证法

例 7 设 $A_1,A_2,\cdots,A_{2010}$ 是圆周上依次排列的 2010 个点,最初 A_1 上标的数是 0,$A_2,A_3,\cdots,A_{2010}$ 上标的数都为 1. 允许进行如下操作:任取一点 A_j,若 A_j 上所标的数为 1,则可同时将 A_{j-1},A_j,A_{j+1} 上所标的数 a,b,c 分别改为 $1-a,1-b,1-c$(约定 $A_0=A_{2010},A_{2011}=A_1$). 问能否经过有限次这样的操作将所有点上所标的数都变为 0?

解 不能. 用反证法证明如下:若可经过有限次(m 次)操作,使所有点上所标的数都变为 0,由于 $(1-a)+(1-b)+(1-c)=3-(a+b+c)$ 与 $a+b+c$ 的奇偶性相反,故每经过一次操作这 2010 个数之和的奇偶性都要改变一次,而最初各数之和为 2009,它是一个奇数,所以 m 是奇数.

其次,设以 A_j 为出发点的操作次数为 x_j 次($1\leq j\leq2010$). 点 A_j 上的数改变的次数为 y_j($1\leq j\leq2010$),则 $m=x_1+x_2+\cdots+x_{2010}$,并且 y_1 为偶数,y_j($2\leq j\leq2010$)为奇数,进一步还有 $y_j=x_{j-1}+x_j+x_{j+1}$($1\leq j\leq2010$,其中 $x_0=x_{2010},x_{2011}=x_1$). 于是 $m=(x_1+x_2+x_3)+(x_4+x_5+x_6)+\cdots+(x_{2008}+x_{2009}+x_{2010})=y_2+y_5+y_8+\cdots+y_{2009}$,而 $y_2,y_5,\cdots,y_{2009}$ 一共是 670 个奇数,它们之和 m 应为偶数,这与 m 为奇数矛盾,故不可能经过有限次操作使所有点上所标的数都变为 0.

例 8 5 个非零有理数 a,b,c,d,e 放在一个圆周上,每次操作将它们改为 $|a-b|$,

$|b-c|,|c-d|,|d-e|,|e-a|$,则经过有限次操作后,其中必出现数字 0.

证明 用反证法.

当 a,b,c,d,e 是非零整数时,如果 0 永远不出现,考虑每次操作后最大的那个数的变化(第一次操作后 5 个数全变成正整数了),在下一次操作中最大数至少要减少 1,但正整数不可能无限次减小下去,因此 0 必定会出现.至于有理数情形,只要乘以各分母的最小公倍数,就转化为整数问题.

4. 逐步逼近法(调整法)

所谓逐步逼近法就是按照题目判定的规则逐步进行调整,以减少与目标的差别,从而保证经过有限步可达到预定目标.许多情况下是按照题目条件,建立一个取非负整数的代数式(目标函数)f,若没有达到目标,则证明经过适当调整后可使 f 严格减少一个正整数,于是由 f 恒取非负整数值知,这种调整过程不可能无限次地继续下去,这就证明了可经过有限次操作达到预定目标.

例 9 对某个正整数 n 进行一次操作:如果 n 为偶数,则将 n 除以 2,得到 $\frac{n}{2}$;若 n 为奇数,则 n 加上 1 再除以 2.求证:对任意正整数 n,经过有限次操作后必变为 1.

证明 对任意正整数 n,令 $f=n$.

如果 $f \neq 1$,经过一次操作后得到的数为 $f_1=\begin{cases}\frac{n}{2} & (n \text{ 为偶数})\\ \frac{n+1}{2} & (n \geq 3, \text{为奇数})\end{cases}$,则 $f-f_1=$

$\begin{cases}\frac{n}{2} & (n \text{ 为偶数})\\ \frac{n-1}{2} & (n \geq 3, \text{为奇数})\end{cases} \geq 1$,故只要 $f \neq 1$,每次操作后,f 至少减小 1,但正整数不可能

无限次减少下去.所以,经过有限步操作后,得到的数必是 1.

例 10 设圆周上放有若干堆小球,每堆中的小球数目都是偶数,但各堆的球数不必相等,按下列规则调整各堆小球的数目,把各堆小球二等分,本堆留一份,其余一份沿顺时针方向放入相邻的另一堆中.如果某堆球数不是偶数,那么可从布袋中取出一球放入,使该堆球数为偶数,然后按上述方法继续调整.证明,能经过有限步调整使各堆的球数相等.

证明 设某次调整前,球数最多的一堆有 $2m$ 个球,球数最少的一堆有 $2n$ 个球(m,n 为正整数且 $m>n$),那么

(1)经过调整后,各堆的球数仍在 $2n$ 与 $2m$ 之间.

事实上,设某堆有 $2l$ 个球,沿顺时针方向与它相邻的前面一堆上有 $2k$ 个球($2n \leq$

$2l \leqslant 2m, 2n \leqslant 2k \leqslant 2m$),于是调整后,该堆的球数为 $k+l$ 满足 $2n \leqslant k+l \leqslant 2m$. 若该堆球数不是偶数,即 $2n < k+l < 2m$,可补充一球成为偶数,其球数仍在 $2n$ 与 $2m$ 之间.

(2)原来球数大于 $2n$ 的堆,调整后球数仍大于 $2n$.

事实上,同(1)知若 $2l > 2n$,又 $2k \geqslant 2n$,则 $l+k > 2n$.

(3)原来球数为 $2n$ 的堆中至少有一堆经调整后其球数大于 $2n$.

事实上,沿顺时针方向,球数为 $2n$ 的堆中至少有一堆,与它相邻的前面一堆中的球数 $2k > 2n$,于是调整后,该堆球数为 $k+n > 2n$.

于是,每一次调整,球数为 $2n$ 的堆至少减少一堆,故经过有限次调整,可使每堆的球数都大于 $2n$,而含球数最多的堆中的球数不会增大,于是含球数最多的堆与含球数最少的堆所含球数之差 f 将严格减小. 故经过有限步调整,这个差数 f 必等于 0,即各堆球数相等.

5. 逆推法

当直接从初始状态进行操作很难判定是否能经过有限步达到目标时,可先假定可经过有限步达到目标,再反推回去看能否回到初始状态. 若能,则结论是肯定的,若发现矛盾,则结论是否定的,这种方法叫做逆推法.

例 11 在一个圆周上任意写上 9 个 1 和 10 个 0,然后进行如下的操作:在两个相同的数之间写上 0,在两个不同的数之间写上 1,并擦掉原有的数字,接着进行同样的操作. 如此继续,问能否经过有限次这种操作,使圆周上的 19 个数字都变成 0?

解 假设进行第 k 步第 1 次得到 19 个数字都是 0,于是第 $k-1$ 步后得到的 19 个数字不能都是 0,也不能既有 0 又有 1,而只能都是 1,从而第 $k-2$ 步后得到的 19 个数字应是 0 与 1 相间的,于是 0 的个数应等于 1 的个数,即一共有偶数个数,这与一共有 19 个数矛盾. 因此,不论操作多少次,都不能使所有的数字都变为 0.

例 12 A、B、C 三个盘子里各放有 6 个苹果,依次作如下 5 次挪动:A 盘不动,把 1 只苹果从一盘移到另一盘;B 盘不动,把 2 只苹果从一盘移到另一盘;C 盘不动,把 3 只苹果从一盘移到另一盘;A 盘不动,把 4 只苹果从一盘移到另一盘;B 盘不动,把 5 只苹果从一盘移到另一盘. 最后,每盘内仍是 6 只苹果. 问这些苹果是怎样挪动的?

解 下表中第 1 行的 1,2,3,4,5 表示 5 次挪动,A、B、C 分别代表 3 个盘子,依题意表 1 中数字分别表示各次挪动从各个盘子移进或移出的苹果数.

由于每次挪动移进与移出的数量相等,故只要在移进数前面添上"+"字,移出数前面添上"−"号,使每次挪动的代数和等于 0. 由于经过 5 次挪动后各盘内的苹果数不变,故各盘内的代数和为 0,从第 5 次挪动开始,添加"+"或"−"号使列和及行和皆为 0,即得表 2 和表 3,它就是本题的 2 组解.

表1

	1	2	3	4	5	代数和
A	0	2	3	0	5	
B	1	0	3	4	0	
C	1	2	0	4	5	
代数和						

表2

	1	2	3	4	5	代数和
A	0	−2	−3	0	+5	0
B	+1	0	+3	−4	0	0
C	−1	+2	0	+4	−5	0
代数和	0	0	0	0	0	

表3

	1	2	3	4	5	代数和
A	0	+2	+3	0	−5	0
B	−1	0	−3	+4	0	0
C	+1	−2	0	−4	+5	0
代数和	0	0	0	0	0	

6. 利用极端原理

有些单人操作问题,不仅要求经过有限次操作可达到预定目标,而且要求对操作付出的代价(操作次数,移动的距离,时间等等)作出估计,这时我们可利用极端原理,从最有利(或最不利)的状态出发,每次采用最佳(或最坏)的方案来进行操作,通过分析和计算,求出所需要的结论.

例13 有 n 张卡片,每张上写有 $1\sim n$ 中一个数字,且每张卡片上写的数字不同,n 张卡片排成一条直线,可进行如下操作:每次将相邻两张卡片交换位置.证明:

(1)无论卡片如何排列,至多经过 $\frac{1}{2}n(n-1)$ 次操作后,卡片按数字从大到小的顺序排列;

(2)存在卡片的一种排列方法,使得至少要经过 $\frac{1}{2}n(n-1)$ 次操作后,才能使卡片数字依次从大到小的顺序排列.

证明 (1)先将 n 号卡片按照操作移向第 1 个位置,显然至多经过 $n-1$ 次操作,n 号卡片将到达第 1 位,而剩下 $n-1$ 张卡片和 $n-1$ 个位置.同理,至多经过 $n-2$ 次操作,$n-1$ 号卡片将到达第 2 位,$\cdots$,第 2 号卡片至多经过 1 次操作到达第 $n-1$ 位,最后,第 1 号卡片必在第 n 位.故至多操作 $(n-1)+(n-2)+\cdots+2+1=\dfrac{1}{2}n(n-1)$ 次后,n 张卡片将按照从大到小的顺序排列.

(2)假设开始时,卡片按数字从小到大排列,记 f 为所有前面卡片数字大于后面卡片数字的"卡片对"的数目,则开始时 $f=0$.我们的目标是 $f=(n-1)+(n-2)+\cdots+2+1=\dfrac{1}{2}n(n-1)$(即卡片按数字从大到小排列),因为每次交换相邻两张卡片,f 只能增加 1 或减少 1,故 f 由 0 变到 $\dfrac{1}{2}n(n-1)$,至少要经过 $\dfrac{1}{2}n(n-1)$ 次操作.

例 14 在一条直线上有依次标号为 $1,2,3,\cdots,20$ 的 20 个点,相邻两点间的距离为 1.一枚棋子从第 1 点开始跳到其他点,跳了 20 次后回到第 1 点,这 20 次跳跃将这 20 个点全部都到达了.问怎样跳才能使这枚棋子跳的路程最远?

解 为了使跳的路程最远,从第 1 点开始,我们让棋子每次跳到距离最远但不重复到达的点,即按 $1\to 2n\to 2\to 2n-1\to 3\to\cdots\to n-1\to n+2\to n\to n+1\to 1$ 的顺序进行跳跃,则所跳的路程为

$(2n-1)+(2n-2)+(2n-1-2)+(2n-1-3)+\cdots+[(n+2)-(n-1)]+[(n+2)-n]+[(n+1)-n]+[(n+1)-1]=(2n-1)+(2n-2)+(2n-3)+\cdots+3+2+1+n=\dfrac{1}{2}[(2n-1)+1](2n-1)+n=n(2n-1)+n=2n^2$.

下面证明 $2n^2$ 为路程的最大值.

事实上,设 $a_1=1$,第 $k-1$ 次跳跃后到达的点为 $a_k(2\leqslant k\leqslant 2n)$,则所有路程为

$S=|a_2-a_1|+|a_3-a_2|+\cdots+|a_{2n}-a_{2n-1}|+|a_1-a_{2n}|$

于是当 S 中去掉绝对值符号后,$a_1,a_2,\cdots,a_{2n}$ 中每个出现 2 次,其中有 $2n$ 个减数和 $2n$ 个被减数,因此,S 为最大值当然在被减数均为 $n+1\sim 2n$,减数均为 $1\sim n$ 时取到,此时

$S=2[(n+1)+(n+2)+\cdots+2n]-2[1+2+3+\cdots+n]$

$=2\times\dfrac{1}{2}\times[(n+1)+2n]\times n-2\times\dfrac{1}{2}\times(n+1)\times n$

$=(3n^2+n)-(n^2+n)=2n^2$.

故 S 的最大值为 $2n^2$,即最远路程为 $2n^2$.

§3 解双人操作问题的基本方法

在双人操作问题中,对局的双方依照规则轮流操作(起步),预先规定了结束状态(终局)以及胜负的判定标准.现假定对策是全信息的(即双方已采取的操作情况完全公开),又是有限的(即不论初始状态(始局)及双方如何操作,总在有限步内结束).根据对策论中的 Von neumann 定理,此类操作问题的结束由初始状态(始局)完全决定,我们要讨论的问题是给出操作规则和初始状态(始局)后,确定是先走的一方(以下称甲方)还是后走的一方(以下称乙方)必胜,并求出取胜方的致胜策略.所谓策略不是固定不变的操作而是面对各种局面所采用的对应方案,而致胜策略则是不管对方如何操作均可保证获胜的策略.

1. 递归方法

数量大小型的两人游戏和操作变换问题来源于民间取火柴的游戏,它的状态(一堆或几堆火柴的根数)可用一个或一组非负整数表示,而且操作是单方向的(各堆中的火柴数只会逐步减少而不会增多),故可从终局状态递归(递推)得出任意初始状态(始局)的胜负性质.我们称一状态为胜局,如果由它起步的一方必胜(假设必胜方取正确的策略);称一状态为败局,如果由它起步的一方必败(不论他采取怎样的策略).记全体胜局状态组成的集合为 W,全体败局状态组成的集合为 L.

解决这类问题的一般步骤如下:

(1)用递归方法(逆推方法)找出胜局状态集合 W 和败局状态集合 L;

(2)证明:从 L 的每个非终局状态出发,不论进行怎样的操作,都只能走到 W 中的状态;

(3)证明:从 W 中的每个状态出发,总可以采取适当的操作(致胜策略)走到 L 中的状态或直接获胜.

于是,当始局属于 L 时,后走的乙方获胜;当始局属于 W 时,先走的甲方必胜.

例 1 一个盒子内装有 200 根火柴,甲、乙两人轮流从盒子内取火柴,每次至少取 1 根火柴,至多取 20 根火柴,且拿到最后一根火柴的人获胜.问是先取火柴的甲还是后取火柴的乙有必胜策略?

分析 递归过程为:$0 \in L \to 1,2,3,\cdots,20 \in W \to 21 \in L \to 22,23,24,\cdots,41 \in W \to 42 \in L \to 43,44,45,\cdots,62 \in W \to 63 \in L \to \cdots$

一般,败局 L 由 21 的正整数倍组成,胜局由不是 21 的倍数的正整数组成.

解 因 $200 = 21 \times 9 + 11$ 不是 21 的倍数,先取的甲必将获胜.其必胜策略是甲第一次取走 11 根火柴,以后若乙取 $k(1 \leqslant k \leqslant 20)$ 根火柴,则甲取 $21-k$ 根火柴,甲每次取完后,盒子内剩下的火柴数总是 21 的倍数.于是,最后轮到乙取时,盒内剩的火柴数必为 21 根,无论乙取多少根,设为 k 根($1 \leqslant k \leqslant 20$),甲总能取 $21-k$ 根,将最后一根火柴取走而获胜.

例 2 (1991 年全俄奥林匹克试题)在 1×100 的方格纸带的最左端的小方格内放一枚棋子,甲、乙两人轮流移动这枚棋子,每移动一次只允许棋子向右移 1 格,10 格或 11 格,谁把棋子移到最右端方格内,则谁赢.问是先走的甲还是后走的乙有必胜策略?

解 将 1×100 的方格从左到右依次编号为 $1,2,\cdots,100$,我们用数字 i 表示棋子在第 i 号方格内的状态,并记 $S=\{1,2,3,\cdots,100\}$. 于是递归过程为:$100 \in L \to 99 \in W \to 98 \in L \to 97 \in W \to 96 \in L \to 95 \in W \to 94 \in L \to 93 \in W \to 92 \in L \to 91 \in W$,又 $100,98,96,94,92 \in L \xrightarrow{\text{(减去 10 或 11)}} 90,89,88,87,86,85,84,83,82,81 \in W,\cdots$. 由此推测败局 L 由 S 内被 20 除余数为 $0,12,14,16,18$ 的正整数组成,胜局 W 由 S 内其余的数组成. 也就是若记 $S=\{1,2,\cdots,100\}$,则 $L=\{k \in S \mid k \equiv 0,12,14,16,18 \pmod{20}\}$,$W=S \backslash L$.

因为 $1 \in W$,故我们证明先走的甲有必胜策略. 事实上,因 L 中任意两种状态之差为偶数且不为 10 的倍数,故从 L 中任意状态出发向左走 1 格、10 格或 11 格,都只能走到 W 中的状态,而 W 中的每一状态可写成 $20k+r$(k 为非负整数,$r=1,2,\cdots,10,11,13,15,17,19$). 当 $r=1,3,5,7,9$ 时,向右走 11 格;当 $r=2,4,6,8,10$ 时,向右走 10 格,当 $r=11,13,15,17,19$ 时,向右走 1 格,则变成 L 中的状态. 因此,由 $1 \in W$ 知先走的甲有必胜策略. 他第 1 步向右走 11 格,以后每步都使到达格子的编号除以 20 的余数为 $0,12,14,16,18$ 之一,而乙无论向右走 1 格、10 格或 11 格,到达的格子的编号除以 20 的余数总是 $11,13,15,17,19,2,4,6,8,10,1,3,5,7,9$,最终甲必走到编号为 100(除以 20 的余数为 0 的格子内而获胜.

注 本题等价于共有 99 根火柴,每次可取 1 根、10 根或 11 根,取最后一根者胜,问是先取者甲还是后取者乙有必胜策略.

2. 配对法

在涉及几何图形的操作问题和涉及数量性质(如整除性、同余等)的操作问题中,操作不具有单向性,不能递归处理. 在这种操作问题中,如果某一步走后未被判输,则称这样的步为活步;如果某一方的策略能保证自己在对方走出活步后仍有步可走,则必不败. 而在有限步操作问题中不败就必胜(假设没有平局).

保证有步可走的一种方法是将所有可走的位置(可取的数)配对,使每对位置(或每对数)a,b 满足:只要对方走到一个位置(或取到一个数),比如 a,自己就能走到另一个位置 b(或取出另一个数 b).

对于涉及图形的操作问题,配对应根据图形的几何特征和走步规则来确定,常用的有对称、相邻等条件,应抢占多余的位置或对称中心. 而对于涉及数量性质的操作问题,配对应根据问题条件中数的特征和走步规则来确定,常用的有整除、同余等条件.

例3 将正 2010 边形的顶点相间染红、蓝两色,甲、乙两人轮流画两端点同色的对角线,但不能与自己前面画的对角线相交,也不能画已经画过的对角线.甲先画,谁不能画了就算谁输.问甲必胜还是乙必胜?

解 乙必胜.

设正 2010 边形为 $A_1A_2\cdots A_{2010}$,乙的必胜策略是:当甲画对角线 A_iA_j($1\leqslant i<j\leqslant 2010$ 且 $j-i$ 是偶数)时,乙画对角线 $A_{i+1005}A_{j+1005}$(约定 $A_{k+2010}=A_k$)即可.当 i,j 都为奇(偶)数时,$i+1005,j+1005$ 都为偶(奇)数,故 A_iA_j 与 $A_{i+1005}A_{j+1005}$ 不重合,并且由对称性知当甲画的对角线不与自己前面画的对角线相交以及不与已画过的对角线重合时,乙画的对角线也不会与自己前面画的对角线相交以及不会与已画的对角线重合,只要甲画出满足要求的对角线,乙总能画出对应的满足条件的对角线,故最终乙获胜.

例4 (第 32 届莫斯科市奥林匹克试题)甲、乙两人进行如下游戏,甲先开始,两人轮流从 $1,2,3,\cdots,100,101$ 中每次任意勾去 9 个数,经过 11 次勾掉后,还剩两个数,这时所余两数之差即为甲得的分数.试证不论乙怎么做,甲可保证自己至少得 55 分.

证明 甲第一次勾掉 $47,48,49,\cdots,55$ 这 9 个数,将剩下的数两两配对:$\{i,55+i\}$,$i=1,2,\cdots,46$,同一对中两数之差等于 55.在乙每次勾掉 9 个数之后,甲的策略是甲勾掉的 9 个数与乙勾掉的 9 个数恰好组成上述 46 对数中的 9 对.这样一来,余下来的两个数必是上述 46 对数中的一对,这两个数之差必为 55.可见甲可保证自己得 55 分.

3. 平衡法

有一类双人操作问题结束时,不规定胜负,而是规定双方的得分,通常只规定一方的得分为 a,认为另一方的得分为 $-a$(或 $n-a$,n 为给定的数).两方得分的总和为 0(或为常数 n),双方分别追求自己的最优值.如果甲方有策略保证自己得分至少为 a,但同时对方有策略保证甲至多得 a 分,则称 a 为甲方的最优值.常见的游戏是平衡的,即双方同时达到各自的最优值.

例5 已知 30 个数 $1,2,3,\cdots,30$.甲、乙两人轮流将"+"号或"-"号放在这些数的前面(放的顺序不限),30 步后计算代数和的绝对值 S.甲要使 S 尽量小.而乙则要使 S 尽量大,乙能保证 S 的最大值是多少?

解 将 30 个数分成 15 对:$(1,2),(3,4),(5,6),\cdots,(29,30)$.乙首先保证 29 与 30 同号,由于受甲的干扰,不能保证其他各对数同号,当甲在某个数的前面添加符号时,乙在同一对的另一个数的前面添加符号.在前 14 组 $(1,2),(3,4),\cdots,(27,28)$ 中,乙与甲异号,最后一组 $(29,30)$ 中,乙与甲同号,这样必可保证 $S\geqslant 30+29-14\times1=45$.

另一方面,甲的策略自然是抵消.设乙第 i 步后乙有 $2i$ 个数的代数和为 S_i,则甲在余下的最大数 a_{i+1} 之前放上与 S_i 相异的符号(如 $S_i=0$,则可任意放符号).假定甲最后一次使代数和变号是在他的第 k 步($1 \leqslant k \leqslant 15$),即 $a_k \geqslant |S_{k-1}|$,此时 $|S_{k-1} \pm a_k| \leqslant a_k \leqslant 31-k$(因 $30=a_1>a_2>\cdots>a_{k-1}>a_k$),所以 $a_k=a_1+(a_2-a_1)+(a_3-a_2)+\cdots+(a_k-a_{k-1}) \leqslant 30-(k-1)=31-k$,而乙第 k 步在其前面放符号的数 $b_k \leqslant a_k-1 \leqslant 30-k$,故 $|S_k|=|S_{k-1} \pm a_k \pm b_k| \leqslant |S_k \pm a_k|+b_k \leqslant 61-2k$,以后每个回合都有 $b_j<a_j<|S_{j-1}|$,故 $|S_j| \leqslant |S_{j-1}|-|a_j-b_j| \leqslant |S_{j-1}|-1$.于是,最后得到
$$S=|S_{15}| \leqslant |S_k|+(|S_{k+1}|-|S_k|)+(|S_{k+2}|-|S_{k+1}|)+\cdots+(|S_{15}|-|S_{14}|)$$
$$\leqslant (61-2k)-(15-k)=46-k \leqslant 45.$$

如果甲每次都不能使代数和变号,则每个回合都有 $|S_j| \leqslant |S_{j-1}|-1$,于是 $S \leqslant a_1+b_1-14=30+29-14=45$.

故乙能保证 S 的最大值是 45.

注 本题中,乙的策略是一开始使 S 尽可能大,然后使 S 下降的值尽可能小(保持一种平衡状态),故此类问题的关键是保证重点,追求平衡.

例 6 (第 35 届 IMO 预选题)甲、乙两人在一个 5×5 的方格纸上玩填数游戏:甲先填且两人轮流在空格中填数,甲每次选择一个空格写上数字 1,乙每次选择一个空格写上数字 0,填完后计算每个 3×3 正方形内 9 个数之和,并将这些和数中的最大数记为 A.甲尽量使 A 增大,乙尽量使 A 减小,问甲可使 A 获得的最大值是多少?

解 首先,如图 6-6,将前 4 行 20 个方格分成 10 个 2×1 的矩形.显然,方格纸上每个 3×3 的正方形都恰好有上述 10 个矩形中的 3 个.可见,乙只有在每个 2×1 的矩形的两个方格之一中填上 0(每个 3×3 的正方形内一共至少有 3 个方格内填的数字是 0),即可使 $A \leqslant 6$.

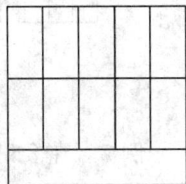

另一方面,甲可使 A 的值不小于 6.甲首先在中心方格内填上 1,然后乙在某格内填 0,这时或者第 3 行的另 4 格为空格,或者第 3 列的另 4 格为空格,不妨设第 3 行的另 4 格为空格.于是,甲可在第 3 行的第 2 格内填 1,乙又在某空格内填 0,这时,第 3 行的第 1,4 两格中至少有一个为空格,不妨设第 3 行的第 4 格为空格,于是甲在该格内填 1,乙又在某个空格内填 0.这样一来,第 3 行有连续 3 格(第 2,3,4 格)内填的数都是 1,于是方格表中第 2,3,4 列中的 1,2,3 行及 3,4,5 行组成的 2 个 3×3 正方形内都有 3 格填的数是 1,而此时方格表中一共只有 3 个 0,故这 2 个 3×3 的正方形中必有一个内至多有一个 0,即至少还有 5 个空格,甲可在其中 3 个空格内再写上 1,加上原来填的 3 个 1,一共有 6 个方格内填的数是 1,从而使 A 的值至少是 6.

图 6-6

综上可知,甲可使 A 的最大值为 6.

§4　典型例题解题思维策略分析

例1　在 8×8 格子纸的每一个方格中放上一个正整数,我们每次可进行如下的操作:在 8×8 格子纸上任取一个 3×3 或 4×4 的子棋盘,并将这个子棋盘内每个数都加上 1,问是否能经过有限次这样的操作,使得这个 8×8 格子纸上的 64 个方格中的数均为 10 的倍数?

解　(不变量方法)如图 6-7(a)将 8×8 格子纸上 20 个小方格染成黑色,则任意一个 3×3 或 4×4 的子棋盘恰会有偶数个黑格(2、4 或 6 个).因此我们可取一个数表,使得这 20 个黑格内的数字之和为奇数,那么,每一次操作不会改变黑格内数字之和的奇偶性.即操作过程中,这 20 个黑格内的数字和永远是奇数,从而不能是 10 的倍数,这表明不是任何数表都能经过有限次操作使表中 64 个数都是 10 的倍数.

注　图 6-7(a)也可用下列图 6-7(b)或 6-7(c)代替只要各黑格内的数之和为奇数即可.

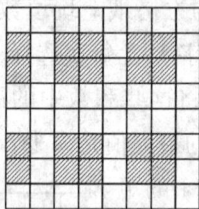

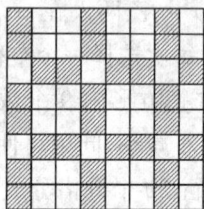

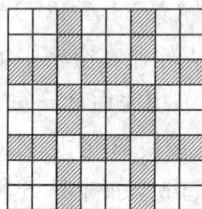

(a)　　　　　　　　(b)　　　　　　　　(c)

图 6-7

例2　在 8×8 或 7×7 的棋盘上的一枚棋子每次只能向上或向右或向左下方走一格.问这枚棋子能否从棋盘左下角的方格出发走遍所有方格恰好一次?

解　(不变量方法)将 8×8 的方格表中的行从下到上依次编号为 $0,1,2,\cdots,7$,列从左到右依次编号为 $0,1,2,\cdots,7$.每一方格内填一个数等于它的行号和列号之和.如果棋子可按规则走遍所有方格,每个方格恰好一次.那么,按棋子走的顺序,将除初始格外,其余 63 个方格中的数依次排列成一个数列 $a_1,a_2,\cdots,a_{63}$,由棋子规定的走法得

$$a_{i+1}=\begin{cases}a_i+1 & (\text{向上或向右走一格时})\\ a_i-2 & (\text{向左下方走一格时})\end{cases}.$$

所以 $a_{i+1}\equiv a_i+1\pmod 3$,$a_{i+2}\equiv a_{i+1}+1\equiv a_i+2\pmod 3$.

可见 a_i,a_{i+1},a_{i+2} 中有且只有一个被 3 整除(同余不变量),从而 $a_1,a_2,\cdots,a_{63}$ 中恰有 21 个是 3 的倍数.但各方格对应的 63 个数(初始格对应的 0 除外)中只有 20 个是 3 的倍数(图 6-8 中画阴影的方格内的数),矛盾.因此,对 8×8 的棋盘棋子不能按规则

走遍所有方格,每个方格恰一次.

对 7×7 的棋盘,如图 6-9 所示.棋子可从棋盘左下角的方格出发按规则走遍所有方格,每个方格恰一次.

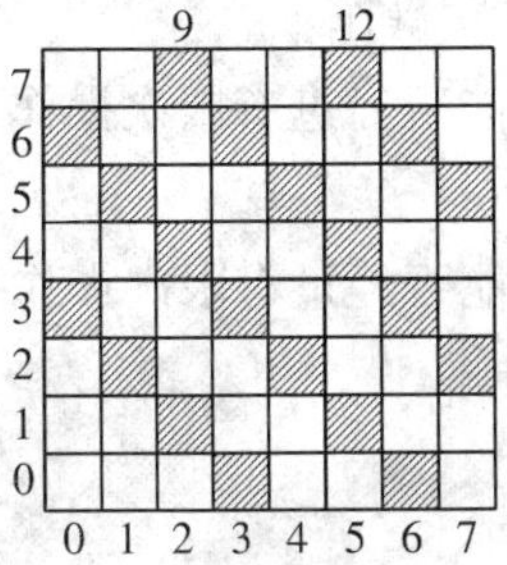

图 6-8 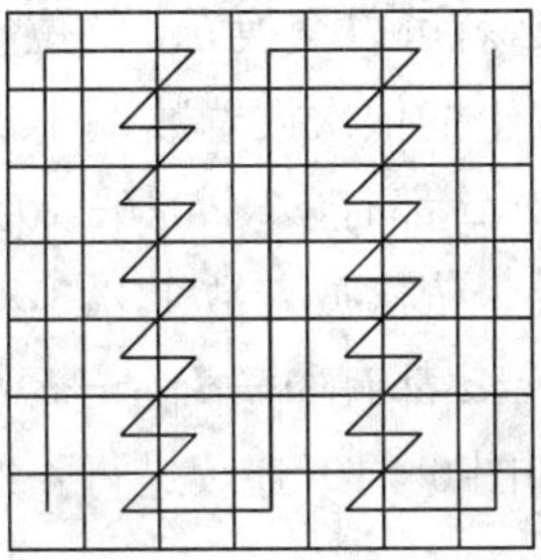   图 6-9

注 对 $n \times n$ 的棋盘,我们可以证明当 $n = 3k$ 或 $3k+1 (k \in \mathbf{N}_+)$ 时,棋子可从棋盘左小角的方格出发,按规则走遍所有方格恰一次;当 $n = 3k+2 (k \in \mathbf{N}_+)$ 时,则不存在满足要求的走法.其证明留给有兴趣和能力的读者去研究.

例 3 3 个非零有理数 a, b, c 放在一个圆周上,依次将其改为 $|a-b|$,$|b-c|$,$|c-a|$ 叫做一次操作,求证:经过有限次操作后,迟早会有一个数等于 0.

证明 (反证法)当 a, b, c 是非零整数时,如果 0 永远不出现,考虑每次操作后最大的那个数,在下一次操作时至少要减去 1,但正整数是不能无限减小的.因此,0 必定会出现.至于有理数情形,只要乘以分母的最小公倍数就转化成整数的情形.

例 4 将 2011 块玻璃片,每块染有红、黄、蓝三色之一,进行下列操作:将不同颜色的两块玻璃片干净,然后涂上第三种颜色.求证:

(1)无论开始时,红、黄、蓝色玻璃片各自多少块,总可以经过有限次操作而使所有玻璃片涂有同一种颜色;

(2)最后变成哪一种颜色与操作顺序无关.

证明 (逐步逼近法)

(1)设开始时红色、黄色、蓝色玻璃片分别有 x, y, z(块),于是 $x+y+z=2011$.

因 2011 不被 3 整除,故 x, y, z 被 3 除的余数中必有 2 个相等,不妨设 $x=3a+m$,$y=3b+n, z=3c+n (a, b, c$ 均为非零整数,$m, n \in \{0, 1, 2\})$.不妨设 $b \geqslant c$,若 $b=c$,则结论显然成立.若 $b > c$,则可取黄、蓝玻璃片各 $3c+n$ 块,按规则操作后得红色片 $3(a+2c)+m+2n$ 块,黄色片 $3(b-c)$ 块,蓝色片 0 块.

然后再取红片、黄片各 1 块,产生 2 块蓝片,再取黄、蓝各 2 片,产生 4 块红片,这时,红片为 $3(a+2c-1)+m+2n$,黄片为 $3(b-c-1)$,蓝片为 0,如果 $b-c-1=0$,那么本题得证.否则可继续这种操作,直到 $b-c-k=0$,所有片都变成了红片.

(2)从上面解法知,将各色玻璃片数除以 3,恰有 2 个余数相等,第三个余数不等,只要最后变成这个不等余数对应的颜色,便与操作顺序无关.

例 5 沿着圆周放着一些数,如果有 4 个相连的数 a,b,c,d 满足不等式 $(a-d)\otimes(b-c)>0$,那么就可以交换 b、c 的位置,这称为一次操作.

(1)若圆周上的依次放着数 $1,2,3,4,5,6$,问能否经过有限次操作后,对任意相连的 4 个数 a,b,c,d 都有 $(a-d)(b-c)\leqslant 0$?

(2)若圆周上依次放着数 $1,2,3,\cdots,2010$,问能否经过有限次操作后,对任意 4 个相连的数 a,b,c,d 都有 $(a-d)(b-c)\leqslant 0$?

解 (1)如图 6-10,连续进行 4 次操作:

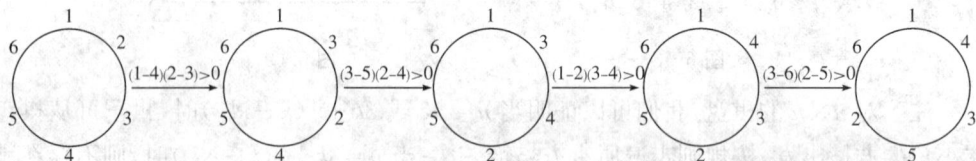

图 6-10

并且易检验最后一个圆周上的 6 个数满足:对任意 4 个相连的数 a,b,c,d,都有 $(a-d)(b-c)<0$.

(2)答案也是肯定的.考虑这 2010 个数相邻两数之积的和

$$f=1\cdot 2+2\cdot 3+3\cdot 4+\cdots+2009\cdot 2010+2010\cdot 1,$$

若圆周上相连的 4 个数 a,b,c,d 满足不等式 $(a-d)(b-c)>0$,即 $ab+cd>bd+ac$,交换 b 与 c 后,设圆周上相邻两数之积的总和为 f',则

$$f'-f=(ac+cb+bd)-(ab+bc+cd)=(ac+bd)-(ab+cd)<0,$$ 即 $f'-f\leqslant -1$.

所以,每操作一次,相邻两数乘积和至少减少 1,而相邻两数乘积和不可能是负数和零.故经过有限次操作后,对任意相连的 4 个数 a,b,c,d 都有 $(a-d)(b-c)\leqslant 0$.

例 6 (第 14 届全俄奥林匹克试题)黑板上写着从 1 到 1988 的正整数,对这些数交替进行操作 A 和操作 B,即先 A 后 B,再 A,再 B,并这样继续下去.操作 A 为将黑板上写的每一个数都减去同一个正整数(在不同次的操作 A 中,减去的数可以不同);操作 B 为擦去某两个数,然后写上该两数的和,操作过程一直进行到某次 B 之后,黑板上仅剩下一个数时为止.已知该数非负,求这个数.

解 因为操作 A 不减少黑板上数的个数,而操作 B 每次使数的个数减少 1,故当 A 和 B 各进行 1987 次后,黑板上仅剩下一个数.设第 k 次操作 A 时减去的正整数是 $d_k(k=1,2,\cdots,1987)$.由于第 k 次操作 A 时黑板上仅剩下 $1989-k$ 个数,故进行第 k 次操作 A 后,黑板上各数之和应减少 $(1989-k)d_k$,而操作 B 不改变各数之和的值.所以交替进行 1987 次操作 A 和 B 后,黑板上所写的数应为

$$x = (1+2+\cdots+1988) - (1988d_1 + 1987d_2 + \cdots + 2d_{1987})$$
$$= 1988(1-d_1) + 1987(1-d_2) + \cdots + 2(1-d_{1987}) + 1.$$

而 d_k 为正整数，$1-d_k \leqslant 0 (k=1,2,\cdots,1987)$，又 $x \geqslant 0$，所以 $d_k = 1 (k=1,2,\cdots,$ 1987)，从而 $x = 1$. 即黑板上最后剩下的一个数是 1.

例 7 在 $m \times n$ 的矩形方格表的每一个方格内都写上一个 $+1$ 或 -1，每步操作允许改变如图 $6-11$ 所示两种图形之一的 7 个方格中所有数的符号. 问：对怎样的 m 和 n 可通过有限次操作，使得表中所有的数都改变符号？

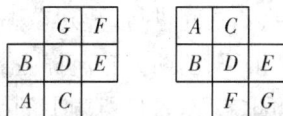

图 $6-11$

解 3×3 表可适当操作两次，使 4 角上的数字变号，而其余各数不变号（图 $6-12$）：

图 $6-12$

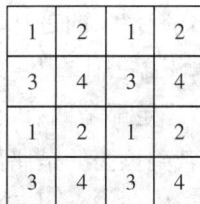

图 $6-13$

我们把这样两次操作看成一次大操作 A，则 A 恰改变 3×3 表的 4 角上的数的符号，对某个 4×4 的子表，将此表的每一个 3×3 的子表都实施操作 A，则 4 次操作 A 可改变 4×4 的子表内各数的符号（其中每一格只充当一次 3×3 表格中 4 个角上的一格，如图 $6-13$，将这样 4 次操作 A 合并看成一次大的操作 B，于是当 m,n 都是 4 的倍数时，将 $m \times n$ 表格可划分为 $\dfrac{mn}{16}$ 个 4×4 的子表格，每个 4×4 的表格实施一次操作 B，则 $m \times n$ 表格中所有的数都改变成相反的符号.

下面证明：当 m,n 中有一个不是 4 的倍数时，操作无法实现. 不妨设 m 不是 4 的倍数，考察表中每个方格在操作中改变符号的次数（我们称这个数为该格的度）.

(1) 若 m 为奇数，则每次操作第 1 列改变 0 个或 2 个格的符号，即第 1 列各格度数之和为偶数，于是，若干次操作后，第 1 列各格度数之和为偶数，但第 1 列共有 m（奇数）个格，故必有一格的度数为偶数，此格中的数与原来的数同号.

(2) 若 $m = 4k+2$ 为偶数 $(k=1,2,3,\cdots)$，则每一次涉及第 1 列的题中规定的操作（记为 s），恰改变第 1 列中两个数的符号. 要使第一列中 $4k+2$ 个方格全部变号，涉及第 1 列的题中规定的操作 s 必须进行奇数次，在每一次这样操作中第 2 列恰有 3 个数被改变符号，而对那些不涉及第 1 列的操作 s，第 2 列中的数要么全未变号，要么恰有 2 个方格变号，因此第 2 列中的数变号次数之和为奇数. 但由于第 2 列中每个方格的度数均应为奇数，而第 2 列的方格数 $4k+2$ 为偶数，所以第 2 列各方格的度数之和应为

偶数,矛盾.

总之 m,n 有一个数不为 4 的倍数时,满足题目的操作无法实现.

综上可得,当且仅当 m,n 都是 4 的倍数时,题中的要求可以实现.

例 8 (2007 年度全国联赛四川初赛试题)一场数学游戏在两个非常聪明的学生甲、乙之间进行,裁判在黑板上写出正整数 $2,3,4,\cdots,2006$,然后随意擦去一个数,接下来由甲、乙两人轮流擦去其中一个数(即乙先擦去其中一个数,然后甲再擦去一个数).如此下去,若最后剩下的两个数互素,则判甲胜;否则,判乙胜,按照这种游戏规则,求甲获胜的概率(用具体数字作答).

解 获胜的关键,要看裁判擦去的是奇数还是偶数,注意到 $2,3,4,\cdots,2006$ 中有 1003 个偶数,1002 个奇数.

(1)若裁判擦去的是奇数,则乙一定获胜.

乙不管甲擦去什么数,只要有奇数,乙就擦去奇数(没有奇数时才擦去偶数),这样最后两个数一定都是偶数,它们不互素,故乙胜.

(2)若裁判擦去的是偶数 $2m(m\in\mathbf{N}_+)$,则所剩的 2004 个数可配成 1002 对,每对中两个数互补:$(2,3),(4,5),\cdots,(2m-2,2m-1),(2m+1,2m+2),\cdots,(2005,2006)$

这样不管乙擦去哪个数,甲都擦去所配对中另一个数,最后剩下的两数必然是配成一对的两个数,它们互补,故甲胜.

所以,甲获胜的概率为 $\dfrac{1003}{2005}$.

例 9 (第 34 届莫斯科市奥林匹克试题)有一堆火柴共有 1 千万根,甲、乙两人进行如下游戏:甲先取并且两人轮流取火柴,在每一步中游戏者可从堆中取走 p^n 根火柴,其中 p 为质数,$n=0,1,2,3,\cdots$.谁取到最后 1 根火柴,谁就获胜.问甲、乙两人谁有必胜策略? 怎样获胜?

解 注意到游戏者每步可取 $1,2,3,4,5$ 根火柴,但不能取 $6k(k=1,2,3,\cdots)$ 火柴,所以甲第 1 次要取 4 根火柴,余下的火柴数必是 6 的倍数.无论乙怎么取,他取的余下的火柴数一定不是 6 的倍数,设它除以 6 的余数为 $r(r\in\{1,2,3,4,5\})$,则甲取 r 根火柴,使余下的火柴数又是 6 的倍数,甲每次都按此方法办事,最后必然获胜.

注 本题中败局由所有 6 的正整数倍组成,胜局则由所有不是 6 的倍数的正整数组成.

例 10 (第 27 届莫斯科市奥林匹克试题)甲、乙两人在画有 99×99 个方格的场上玩游戏:甲先在场地中(不是四角)的一个方格内画一个星号,乙则在画有星号的圆周挨着的 8 个方格中任选一格画上 1 个圆圈,然后甲再在某个与已画有星号的格子挨着的空格中画一个星号,并一直继续下去.如果甲能成功地将星号画入场地四角的任何

一个角上的方格中,就算他获胜.求证:不论乙怎样做,甲总能获胜.

证明 甲先把星号画在场地的对称中心,并将剩下的方格两两配对,使每对方格关于中心对称.当乙在某格画圆圈后,甲则在同一对的另一方格中画星号,这样继续下去,甲最终总能将星号画在某个角的格子中而获胜.

例 11 (第 20 届全俄奥林匹克试题)桌上有 3 堆火柴,根数分别是 $100,200,300$,甲、乙两人进行游戏.甲先开始并轮流进行如下操作:每次取走一堆火柴,再把余下的两堆火柴中的一堆分成非空的两堆,轮到谁不能进行操作,就算谁输.问在两人都能正确操作的前提下,谁有必胜策略? 说明理由.

解 注意,3 堆火柴的根数可写成 $100=2^2 \times 25,200=2^3 \times 25,300=2^2 \times 75$.我们就 3 堆火柴为 $2^n a,2^m b,2^m c (0 \leq n < m,m,n$ 为整数,a,b,c 均为奇数$)^{(*)}$ 的一般情形进行讨论.

甲可先取走根数为 $2^n a$ 的那堆火柴,并将根数为 $2^m c$ 的那堆火柴分为两堆,两堆的根数分别为 2^n 和 $2^n(2^{m-n} c - 1)$,于是甲操作以后,3 堆火柴的根数可写成 $2^n a_1,2^n a_2,2^n a_3 (a_1,a_2,a_3$ 均为奇数$)^{(**)}$,接下来轮到乙操作,不妨设他取走了根数为 $2^n a_1$ 的那一堆.而将根数为 $2^n a_2$ 的分成两堆,根数分别为 $2^{n_1} b_1,2^{n_2} b_2$,其中 b_1,b_2 均为奇数且 $n_1 \geq n_2$.因为 $2^n a_2 = 2^{n_1} b_1 + 2^{n_2} b_2$,所以或者有 $n_1 = n_2 \leq n$,或者有 $n_2 = n,n_1 > n$,无论哪种情形 3 堆的火柴数又化为 $(*)$ 式所示的情形.于是,甲又可以按上述方式操作并使过程进行到某次乙无法操作为止,所以甲有必胜策略.

注 本题中的胜局就是 3 堆中的火柴数能写成 $(*)$ 式所示的情形,败局则是 3 堆中的火柴数能写成 $(**)$ 式所示的情形.

例 12 (第 32 届莫斯科市奥林匹克试题)甲、乙两人进行数学游戏,先写出数 0,$1,2,\cdots,1024$.甲先从中勾掉 512 个数,然后乙从余下的数中勾去 256 个数,然后甲再勾掉 128 个.如此继续下去,在第 10 步乙勾掉一个数后还剩下两个数,此时乙应付给甲分数,分数之值等于余下两个数之差.试问怎样勾数对甲有利,怎样勾数对乙有利? 如果两人都以最佳的方式执步,乙将付给甲多少分?

解 由于最后两数之差越大对甲越有利,因此,甲每次勾掉数时,应使所余的数中两数之差的最小值越大越好.乙勾数时,应使所余的数中两数之差的最大值越小越好.

甲第一次把所有奇数勾掉,然后不论乙怎样勾数,甲第二次将所有 4 的倍数勾掉,若不够,再任意勾掉一些数,直到够数为止,直到第 5 次甲把所有 32 的倍数都勾掉,于是所余的数中任何两数之差都不小于 32,所以甲最后至少要得 32 分.

第一次轮到乙时,甲已勾掉 512 个数,乙必须认清 0～512 及 513～1024 中哪一组余下的数多,然后乙只须将其中数少的一部分全勾掉,不够时再接着在另一组勾下去,只到够数为止.于是所余的数中两数之差的绝对值不超过 512.以后每次轮到乙时,都

按此方法办事,每次总可以把两数差的最大值缩小到未来的一半,直到第 10 步勾掉 1 个数后,余下的两数之差不超过 32.

可见,两人都正确执步时,乙应付给甲的分数为 32.

模拟实战六

1.将 4 粒围棋子均匀放在一个圆周上,若相邻两粒棋子同色,则在它们之间放一粒黑子,若相邻两粒棋子不同色,则在它们之间放一粒白子,然后把原来的 4 粒棋子拿走.证明:经过若干次这样操作以后,所有棋子都为黑子,并且这样的操作至多进行 4 次.

2.(第 25 届全苏奥林匹克试题)黑板上写有 n 个实数,允许从中擦去两个数,例如 a 和 b,而写上另一个数 $\frac{1}{4}(a+b)$,这种操作进行 $n-1$ 次,最后黑板上只剩下一个数.已知开始时黑板上写的 n 个数都是 1,求证:最后剩下的那个数不小于 $\frac{1}{n}$.

3.(第 20 届全俄奥林匹克试题)在凸 n 边形的顶点处放置一些火柴,每次操作允许将某个顶点处的两根火柴移动,分别放到它两侧相邻的顶点处各 1 根.求证:如果若干次移动后,各顶点处的火柴数恢复到和原来的一样,那么操作次数为 n 的倍数.

4. 6 只盘子排成一行,每次操作任取两只盘子,将它们移动到相邻(或左或右)的位置上,盘子可以重叠,问能否经过有限次操作使 6 只盘子叠在一起?

5.(第 22 届全苏奥林匹克试题)已知黑板上写着两个数:1 和 2,现允许按如下规则写出新的数:当黑板上有 a 和 b 时,可以写上数 $ab+a+b$.试问:能否在黑板上写出数 13121 和 12131?

6.(第 51 届莫斯科市奥林匹克试题)将 4 个数 1,9,8,8 写成一行并进行如下操作:对每一对相邻的数,用右边的数减去左边的数,然后将所得之差写在这两个数之间,算是完成了一次操作,然后再对这个由 7 个数排成的数进行同样的操作.如此继续下去,共操作 100 次,求最后得到的一行数的和.

7.(第 13 届全俄奥林匹克试题)在 3×3 方格表内填上如图所示的数字,将该表进行如下操作:每次操作是对表中相邻两数同时加上一个实数(相邻是指有公共边的两个小方格),问能否经过若干次操作,使得(1)表格中各数都等于 0? (2)表格中四个角的方格内的数等于 1,其余各格内的数均为 0?

0	3	2
6	7	0
4	9	5

第 7 题

8.(第 18 届全苏奥林匹克试题)现有一个正方体和 2 种颜色:红色和绿色. 甲、乙两人做如下游戏:甲先选取正方体的 3 条棱,并将它们涂上红色,乙从尚未涂色的棱中选取 3 条棱,并将它们涂上红色,最后乙将剩下的 3 条涂上绿色. 谁能首先把一面的四条棱涂成相同的颜色,谁就获胜. 问甲有必胜策略吗?

9.甲、乙两人轮流在 25×25 的方格棋盘上放置棋子,甲执白先放,乙执黑后放. 每颗棋子都放于空格之中,但若一空格的 4 个邻格(即有公共边的方格)已被同色棋子占领,则禁止在其中再放此种颜色的棋子. 若轮到某人着棋时无处下子,则此人告负,问当双方都采取正确策略时,谁能获胜?

10.(第 57 届莫斯科市奥林匹克试题)甲、乙两人轮流在一张 19×94 的方格表上进行游戏,每次每人可涂黑一个以网格线为边的 $k×k(1≤k≤19)$ 的正方形,但该正方形中不能有已被涂黑的部分,即每个小方格只能被涂黑一次.甲先开始且两人轮流进行,谁涂黑了最后一个小方格,谁就获胜.问在两人都正确操作的情况下,谁有必胜策略?说明理由.

11.(第 20 届全俄奥林匹克试题)在 19×93 的矩形方格纸的左下角的方格中放有一枚棋子,甲、乙两人进行如下游戏:甲先且两人轮流移动棋子,每次可将棋子向上或向右移动若干格,最后无法移动棋子者为负方.问谁有必胜策略?说明理由.

12.(第 18 届全苏奥林匹克试题)在 3×3 方格表中每一方格内任意写上 +1 或 -1 中一个数,然后允许进行如下操作:每格中的数用所有与它相邻的方格(有公共边的方格)中的数之积代替.问能否经过有限步操作使小格中的数都变成 +1?

13.(1989 年中国广州、重庆、洛阳、福州竞赛试题)有三堆石子数分别是 19,8,9,现进行如下操作:从三堆中的任意二堆中分别取出 1 个石头,然后把这两个石头都放入第三堆中.试问:能否经过这样有限次操作使得

(1)三堆的石子数分别为 2,12,22?

(2)三堆的石子数均为 12?

14.(第 4 届"祖冲之杯"邀请赛试题)表(1)是一个英文字母显示盒,每一次操作可以使一行 4 个字母同时改变或者使某列 4 个字母同时改变,改变的规则是按照英文字母表的顺序,每个字母变成它们下一个字母(即 A 变成 B,B 变成 C,$\cdots$,Y 变成 Z,Z 变成 A).问能否经过有限次操作,使表(1)变成表(2)?如果能,请写出变化过程;如果不能,请说明理由.

S	O	B	R
T	Z	F	P
H	O	C	N
A	D	V	Z

(1)

K	B	D	S
H	E	Z	G
R	T	B	S
C	F	Y	A

(2)

第 14 题

15.有一个黑盒和 8 个分别标上 $1,2,\cdots,8$ 的白盒,8 个白盒中共有 8 个球,允许进行如下操作 A:若标号为 k 的白盒内恰有 k 个球,则取出这 k 个球,分别放入黑盒及标号为 $1,2,\cdots,k-1$ 的白盒中各一个球.证明:存在唯一一种放法,使得 8 个球开始都在白盒中,经过有限次操作 A 后,使球全部在黑盒中.

16.（第 27 届 IMO 试题）正五边形的每个顶点对应一个整数,使得 5 个整数的和为正数,若其中相邻 3 个顶点上的整数依次为 x,y,z 且 $y<0$,则要进行以下调整:整数 x,y,z 分别换成 $x+y,-y,z+y$. 要是 5 个整数中至少还有一个是负数,这种变换还要继续下去. 问:这样的变换进行有限次后是否必然终止?

17.设 n 是不大于 5 的正整数,在 $2n\times 2n$ 正方形表格内任取一方格染成红色,其余方格都不染色,允许进行如下操作 A:每次可将由 3 个方格组成的 L 形(如图),并且没有染过色的所有方格都染成红色. 问能否经过有限步将所有方格染成红色?

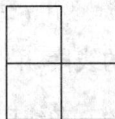

第 17 题

18.假设黑板上已写一个数 2,然后甲、乙两人轮流写数,若刚才写的数为 l,则接着写的人可以写 $l+1$ 至 $2l-1$ 中任意一个数,若甲先写,谁先写出 2010 则谁获胜. 问谁有必胜策略?

19.甲、乙两人轮流做如下游戏:甲每次可将平面上某点标以红色,乙接着将平面内 10 个未染色的点标以绿色.甲先开始,如果到某步有 3 个红点成为一个等边三角形的三个顶点,那么甲获胜.问:是否乙总可以做到不让甲获胜?

20.(第 57 届莫斯科市奥林匹克试题)设甲有一条长为 k 的线段,乙有一条长为 l 的线段,甲先将自己的线段分成 3 段.然后乙也将自己的线段分成 3 段,如果可用分得的 6 条线段组成两个三角形,则乙胜;否则甲胜.问甲、乙两人谁能根据比值 $\dfrac{k}{l}$ 的大小保证自己获胜?他该如何进行?

21.桌上放着 2010 根火柴,甲、乙两人轮流从中取走火柴,每次可取走 1 根或 2 根火柴,甲先取.谁先取到最后一根火柴谁获胜.问谁有获胜策略?他应该怎样操作?

22.黑板上写有一个方程 $x^3+(\quad)x^2+(\quad)x+(\quad)=0$,甲、乙两人做如下游戏:甲可以在任何一个括号内填入一个整数(可正、可负),然后乙在剩下的一个括号内填上一个整数,最后甲在最后空的一个括号内填入一整数.如果得到的方程有三个整数根,则甲获胜,否则乙获胜.问谁有必胜策略? 他应怎样操作?

23.桌上有两堆糖果,甲、乙两人进行游戏,甲先开始,每次操作者可拿掉其中一堆糖果,而将另一堆分成(相等或不等的)两堆糖果,如果另一堆中只有一块糖无法再分,他则将这块糖也拿走而获胜.如果开始两堆糖果数分别为 p 块和 q 块.问:当且仅当 (p,q) 满足什么条件时,先执步者甲有必胜策略? (当 $(p,q)=(33,35)$ 时,此题为第 31 届莫斯科市奥林匹克试题).

第七章　逻辑推理问题

§1　基础知识

在数学竞赛和数学游戏中常常出现一些有浓厚推理色彩的趣题. 这类问题主要涉及一些相互关联的条件, 而很少涉及几何图形的性质和数量关系. 解决这类问题往往不需要太多的数学知识, 而要从题设条件出发, 利用它们之间的相互联系, 并根据相关的逻辑基本规律进行分析和推理, 排除不可能的情况, 从而得出正确的结论. 这类问题通常称为逻辑推理问题.

解决逻辑推理问题中要遵循下列几条逻辑基本规律:

(1)同一律

在同一论证过程中, 使用的每一个概念的定义和每一个判断都应该总是确定的, 自始至终不能改变.

(2)充分理由律

对任何事物的肯定或否定都要有充分的理由和依据.

(3)矛盾律

在同一论证过程中, 对同一对象的两个相互矛盾的判断不能同时为真, 其中至少有一个为假.

(4)排中律

同一对象具有或不具有某种性质, 二者必否其一, 而且仅居其一, 没有第三种可能.

§2　解逻辑推理问题的基本方法

1. 枚举推理方法

这种推理方法在于把所有可能的情形都考虑到, 再由已知条件逐一推理, 排除那些不可能出现的情况, 最后得到所需要的结论.

例 1　(1993 年太原市竞赛试题)张、王、李、赵四位同学有一人在校外做好事受到表扬, 经询问, 张说: "是李做的", 王说: "是张做的", 李说: "王说的不对", 赵说: "不是我做的". 经调查, 其中只有一个人说的话正确, 那么受表扬的同学是(　　　).

A. 张　　　　　　　B. 王　　　　　　　C. 李　　　　　　　D. 赵

解　我们用枚举法逐一排除,直接找出受表扬者.

用张、王、李、赵表示四人分别说了真话,$\overline{张}$、$\overline{王}$、$\overline{李}$、$\overline{赵}$表示四人分别说了谎.

(1)如果张受到了表扬,那么张、$\overline{王}$、$\overline{李}$、$\overline{赵}$,这与已知条件只有一人讲真话矛盾.

(2)如果王受到了表扬,那么$\overline{张}$、$\overline{王}$、$\overline{李}$、$\overline{赵}$,同得到矛盾.

(3)如果李得到了表扬,那么张、$\overline{王}$、$\overline{李}$、$\overline{赵}$,同样得到矛盾.

(4)如果赵得到表扬,那么$\overline{张}$、$\overline{王}$、李、$\overline{赵}$,这时只有李一人说的正确,满足题目要求.

所以受表扬的同学是赵.

例2　(1998年"从小爱数学"竞赛试题)有 A、B、C 三个足球队两两比赛一次,一共比赛了三场,每个球队的比赛结果累计填在下表内,试根据表中的结果,你能不能写出三场球赛的具体比分?

	胜	负	平	入球	失球
A	2			6	2
B	1	1		4	4
C		2		2	6

解　A 失 2 球,若都失于 B,则 B 所入 4 球中另 2 球得于 C,并且 C 与 A 赛时未入球,故 C 入 2 球全是与 B 比赛时攻入的,于是 B 与 C 应是 2:2 平,这与已知条件中没有平局矛盾,故 A 失去的 2 球不能都失于 B.若 A 所失 2 球都失于 C,则 A 与 B 比赛时没有失球,B 入的 4 球全是与 C 比赛时入的,于是 B 与 C 的比赛结果应是 4:0,这时 C 只失 2 球于 A,C 与 A 成 2:2,这与已知 C 没有平局矛盾,故 A 所失的 2 球分别为失于 B、C 各一球,于是 B 与 C 比赛时入 3 球,这样 C 与 A 比赛失了球,打成 1:3,从而 A 与 B 比赛入了 3 球.具体比分如下:

	A	B	C
A		3:1	3:1
B	1:3		3:1
C	1:3	1:3	

2. 探索推理方法

这种推理方法就是从已知条件入手,纵观全局,先从一个假定出发,按照所给条件进行推理.如果出现了矛盾,再换一个假定进行探索,直到得出所需要的结论为止.

例3 某旅游团根据下列约束条件从北京、上海、广州、杭州、苏州五个城市选择参观地点.试分析旅游团至多去了哪几个城市参观?

(1)若去苏州,则也必须去杭州;

(2)上海与广州两市至少去一个城市;

(3)北京与杭州两市只能去一市;

(4)北京与上海两市都去或者都不去;

(5)若去广州,则上海与苏州也必须去.

解 从较为肯定的条件(2)出发进行分析,由于上海与广州至少去一市,若去广州,则由(5)知上海与苏州也必须去,于是由(1)知杭州也必须去,再由(3)知北京必须去,这与(3)矛盾,所以不能去广州.

从以上讨论和(2)知旅游团必须去上海,由(4)知旅游团也必须去北京,由(3)知不能去杭州,再由(1)知也不能去苏州,所以旅游团最多去北京、上海两个城市.经检验,去北京、上海两市满足所有约束条件.

注 本题若从其他条件出发,也可得出同样的结论,读者不妨试一试.

例4 某校举办数学竞赛,A、B、C、D、E 五位同学分别获得前 5 名,发奖前,老师请他们猜一猜各人名次排列情况.A 说:"B 第三名,C 第五名";B 说:"E 第四名,D 第五名";C 说:"A 第一名,E 第四名";D 说:"C 第一名,B 第二名";E 说:"A 第三名,D 第四名".

结果,每个名次都有人猜对.请问:这五位同学的名次是怎样排列的?

解 因为被猜第二名的仅 B 一个人,因此,B 为第二名.此外被猜第一名的有 A、C;被猜第三名的有 A、B;被猜为第四名的有 E、D;被猜第五名的有 C、D.

由 B 第二推知 A 第三,进而推知 C 第一,D 第五,E 第四.

3. 列表推理方法

这种推理方法是将题设中的条件用表格表述出来,观察全表进行思考,从中找出推理的突破口,根据表中纵列、横行中诸量之间的逻辑关系进行推理,排除不可能的情形或确定某种一定成立的情形,逐步推导从而获得所需要的结论.

例5 (第10届"希望杯"邀请赛试题)甲、乙、丙、丁、戊五名同学参加推铅球比赛,抽签决定比赛顺序.在公布顺序之前,每人都对出赛顺序进行了猜测.甲猜:乙第三、丙第五;乙猜:戊第四,丁第五;丙猜:甲第一,戊第四;丁猜:丙第一,乙第二;戊猜:甲第三,丁第四.老师说每人的出赛顺序都至少被一人所猜中.问:出赛顺序中,第一、三、五位分别是哪位同学?

解 由已知条件可列出如下表格:

	第一位	第二位	第三位	第四位	第五位
甲猜			乙		丙
乙猜				戊	丁
丙猜	甲			戊	
丁猜	丙	乙			
戊猜			甲	丁	

由于每人出场顺序至少被一人猜中，而猜第二位出场只有乙一人，故乙第二位出场，由此知甲第三位出场，从而推出丙第一位出场，丁第五位出场以及戊第四位出场.

注 从上表也可看出戊只可能第四位出场，于是依次可推出丁第五位出场，丙第一位出场，甲第三位出场，乙第二位出场.

例6 有红、黄、蓝、白、紫五种颜色的珠子各一颗，用纸包好，在桌上排成一排. 五个人猜各包里珠子的颜色. 甲猜：第二包是紫色，第三包是黄色；乙猜：第二包是蓝色，第四包是红色；丙猜：第一包是红色，第五包是白色；丁猜：第三包是蓝色，第四包是白色；戊猜：第二包是黄色，第五包是紫色.

猜完后，打开来一看，每人都猜对了一种，并且每包都有人猜对. 问：他们各自猜中了哪一种颜色的珠子？

解 如下表，由于题目条件指出：每人都猜中了一种，每包都有一人猜对，并且只有丙猜第一包是红色，故这个猜测是正确的. 从而丙猜"第五包是白色"是错误的. 由此可依次推出，戊猜"第五包是紫色"是正确的，乙猜"第四包是红色"是错误的. 从而丁猜"第四包是白色"是对的，于是丁猜"第三包是蓝色"是不对的. 从而甲猜"第三包是黄色"是对的. 由此可知甲猜"第二包是紫色"以及戊猜"第二包是黄色"都是不对的，于是最后得到乙猜"第二包是蓝色"是对的.

	第一包	第二包	第三包	第四包	第五包
甲猜		紫	黄		
乙猜		蓝		红	
丙猜	红				白
丁猜			蓝	白	
戊猜		黄			紫

综上所述，甲猜中第三包是黄色，乙猜中第二包是蓝色，丙猜中第一包是红色，丁猜中第四包是白色，戊猜中第五包是紫色.

4. 计算推理方法

这种推理方法的要点是将题中涉及的量之间的数量关系用公式表出，然后由题目条件通过计算求出其中某个量的取值范围，从而确定这个量可能取哪些值，再以此为基础去确定其他所取的值. 这个方法的特点是计算中有推论，推理中有计算.

例7 （第16届"五羊杯"竞赛试题）已知 4 名运动员体重（以千克为单位）都是整数，他们两两合称体重，称得的重量分别为 99,113,125,130,144 千克，其中有两人没有合称过，那么这两人体重较大的是_____千克.

  A. 78   B. 66   C. 52   D. 47

  解 不妨设 4 人体重分别为 a,b,c,d 千克，有 $a \geqslant b \geqslant c \geqslant d$，两两合称应有 6 个重量，其中 $a+b$ 最大，$b+c$ 第二大，$b+d$ 第二小，$c+d$ 最小，而 $a+c \geqslant a+d \geqslant b+d$，$a+c \geqslant b+c \geqslant b+d$，即 $a+d$ 与 $b+c$ 都位于 $a+c$ 与 $b+d$ 之间，又因为 $(a+b)+(c+d) = (a+c)+(b+d) = (a+d)+(b+c)$，则可得已称得的 5 个重量中，应有 2 对重量和相等. 易见 $113+130 = 99+144 = 243$，即 4 人体积和为 243 千克，于是未合称两人体积和为 $243-125 = 118$ 千克. 按大小关系得 $a+b = 144$，$a+c = 130$，$c+d = 99$，$b+d = 113$，从而 $a+d$ 为 118 或 125. 但 $a-d = (a+b)-(b+d) = 144-113 = 31$ 为奇数，故 $a+d$ 为奇数，所以 $a+d = 125$. 未合称两人体积之和为 $b+c = 118$. 又 $b-c = (a+b)-(a+c) = 144-130 = 14$，解得 $b = 66$，$c = 52$. 故选 B.

  例8 某学生在暑假期间观察了 x 天的天气情况，某结果是：(1)共有 7 个上午是晴天；(2)共有 5 个下午是晴天；(3)共有 8 次雨，在上午或下午；(4)下午下雨的那天，上午是晴天. 则 x 等于几？

  解 设全天为晴天的天数为 y 天，由条件(1)知上午晴下午雨的天数为 $7-y$，由(2)知下午晴上午雨的天数为 $5-y$，由条件(4)知没有全天下雨的，故由条件(3)得 $(7-y)+(5-y) = 8$，$y = 2$. 从而 $x =$ 上午晴下午雨的天数＋全天晴的天数＋上午下雨下午晴的天数 $= (7-y)+y+(5-y) = 12-y = 10$.

5. 作图推理方法

这种推理方法的要点是借助于图形将所求对象及其间的关系直观地表示出来，这样容易看出所研究情况的全部逻辑可能性，且由图的直观性易排除不合理和不可能的情况，通常研究对象用点表示，而对象之间的关系用对应点的连线来描述. 为了描述对象之间的不同关系，则要用可区分的线段（实线、虚线或染上各种颜色的线及有方向的线等）来表示.

  例9 五个学生参加一场比赛，某人预测比赛结果的名次顺序是 A、B、C、D、E. 结果未猜中任何一个学生名次，也没有猜中任何一对名次相邻的学生（即两个名次紧挨着的学生）的名次顺序. 另一个人预测结果的名次顺序是 D、A、E、C、B，结果猜中了两个学生的名次,同时还猜中了两对名次相邻学生的名次顺序.问实际比赛结果如何?

解 由第一人猜测的假设知:A 不是第 1 名,B 不是第 2 名,C 不是第 3 名,D 不是第 4 名,E 不是第 5 名,并且相邻名次的两人不能是 AB,BC,CD,DE 中任何一种.按上述条件用图表示出所有可能的名次顺序如下(没有写出 5 名的表示不可能按上述条件继续写出后面的名次):

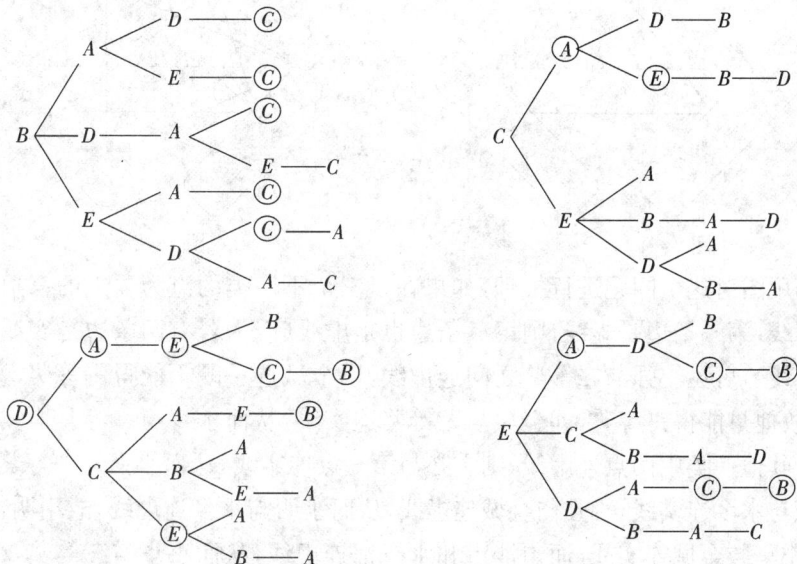

与第三人预测的顺序 D、A、E、C、B 比较,将名次一致的字母画图,于是看出恰有两个名次一致的只有下列四种:

CⒶ Ⓔ BD,Ⓓ CAE Ⓑ,Ⓓ C Ⓔ BA,EDA Ⓒ Ⓑ

而其中又有 EDAⒸ Ⓑ 和第二人预测的顺序 $DAECB$ 恰有两对各次相邻的名次顺序(DA 和 CB)一致,故比赛结果从第 1 名到第 5 名排列顺序应是 E、D、A、C、B.

注 本例实际上是用枚举推理法解题,由于借助了逻辑顺序图形,不仅使推理自然清晰,表达简洁,而且使结果一目了然,易于排除不可能情形,从而找出问题的正确答案.

例 10 (第 3 届"迎春杯"试题)小明、小强、小华三个人参加迎春杯赛,他们是来自金城、沙市、水乡的选手,并且分别获得一、二、三等奖.现在知道:

(1)小明不是金城的选手;

(2)小强不是沙市的选手;

(3)金城的选手不是一等奖;

(4)沙市的选手得二等奖;

(5)小强不是三等奖.

根据上述情况,小华是_____的选手,他得的是_____等奖.

解　将问题中事物分为三类:3 个人为第一类,3 个城市为第 2 类,3 种奖励为第 3 类,类中元素用点表示,不同类的两点间如果有关联,则用实线连接,无关联的用虚线连接,图 7-1 包含问题给定各类的全部元素及其间的关系.

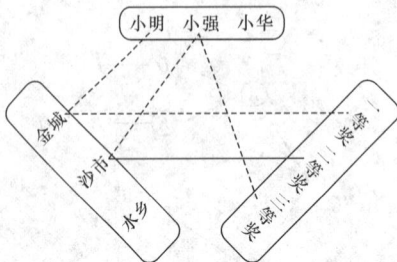 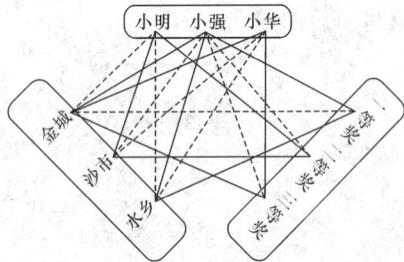

图 7-1　　　　　　　　　　　　图 7-2

我们用图对这个问题进行推理,如果在以三个不同类的点为顶点的三角形中,一条边是实线,第二条边是虚线,则第三条边也是虚线(因为若有两条边是实线,则第三边必是实线),可见小强与二等奖之间连虚线,因金城选手既不能得一等奖,又不能得二等奖,故他只能得三等奖,即金城与三等奖连实线,从而水乡与一等奖连实线.又因为某点与其他一类中两点连虚线,则它必与第 3 点连实线,从而小强与一等奖连实线,从而小强与水乡连实线,小强与金城连虚线,从而小明与水乡连虚线,故小明与沙市连实线,故小华与金城连实线,而与沙市和水乡都连虚线,从而小华与三等奖,小明与二等奖都连实线(图 7-2).

所以,小华是金城的选手,他得的是三等奖.

§3　典型例题解题思维策略分析

例 1　(2003 年山东省竞赛试题)在 18×18 的方格纸上的每一个方格中均填入一个彼此不相等的正整数.求证:无论哪种填法,至少有两对相邻小方格(有一条公共边的两个小方格称为一对相邻小方格),满足:每对相邻小方格中所填入数的差均不小于 10.

证明　设 a, b 为这 324 个正整数中最小者和最大者,由于这些数互不相等,所以 $b - a \geqslant 223$.

(1)当 a, b 所在的小方格既不同行也不同列时,从 a 所在方格出发,可以通过一系列相邻小方格(上、下或左、右)的移动到达 b 所在的方格(如图 7-3).

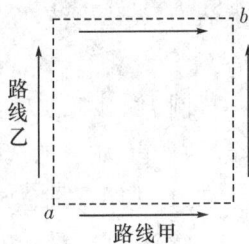

图 7-3

由于 a 和 b 既不同行也不同列,总存在两条完全不同的路线(两条路线上的方格无一相同).由 a 所在方格到达 b 所在方格,显然,无论是路线甲或路线乙,其相邻移动的次数均不超过 $17+17=34$ 次.

若路线甲上任何相邻两方格填入数的差均小于或等于 9,则 $323\leqslant b-a\leqslant 34\times 9=306$,矛盾.

路线乙的情况完全相同,所以路线甲和路线乙上各有一对相邻小方格,其中所填入数的差均不小于 10.

(2)当 a 和 b 所在的方格同行或同列时,与(1)类似,如图7-4,同样可找到两条完全不同的路线,并且移动的次数均不大于 34,其中各存在一对相邻的方格,其中所填入的数的差均不小于 10.

图 7-4

例 2 (第 20 届莫斯科市竞赛试题)某团体全说真话与全说假话的共 32 人,混合坐成 4 行 8 列,每人都说:"在我的相邻座位(左、右、前、后座位)上都有说真话、假话的人."问这个团体至少有几个全说假话的人?为什么?

解 根据题意,要求全说假话的人越少越好,但必须满足:全说假话的人的邻座都是说真话的人,而全说真话的人的邻座至少有一个说假话的人.

下面需要做 2 件事,第一件是确定至少有几个说假话的人,第二是给出这种情况下的一种坐法.

我们先画 4×8 的小方格图,如图 7-5(a),我们用粗线条将它们分为 8 个小区域,为了符合题意,每个小区域内至少有一个全说假话的人,于是至少有 8 个说假话的人,图 7-5(b)中给出了 8 个全说假话的人的一种坐法,它符合题意.

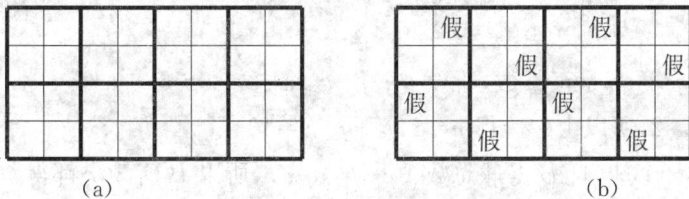

(a)

(b)

图 7-5

例 3 (2005 年全国联赛试题)在和式 $0^2+1^2+2^2+\cdots+2005^2$ 中允许将其中某些"+"号改为"−"号,如果得到的代数和等于 n,就称 n 是"可表出来的".试问:在前 10 个正整数 1,2,3,4,5,6,7,8,9,10 中,哪些数是可表出的?说明理由.

解 在 $0^2,1^2,2^2,\cdots,2005^2$ 中有 1003(奇数个)奇数,因此,无论添加"+"号或"−"号,其代数和必为奇数,于是前 10 个正整数中,可表出的数只可能是 1,3,5,7,9 中的数.

下面说明这 5 个数皆可表出.

注意到 4 个连续平方数 $k^2,(k+1)^2,(k+2)^2,(k+3)^2$ 有 $k^2-(k+1)^2-(k+2)^2+(k+3)^2=4,-k^2+(k+1)^2+(k+2)^2-(k+3)^2=-4$,从而可在 $8n$ 个连续平方数

前适当添加"＋"号或"－"号,使其代数和等于 0.

取 $2000=8×250$ 个连续平方数 $6^2,7^2,8^2,\cdots,2005^2$,适当添加"＋"号或"－"号,使其代数和等于 0,再处理前 5 个平方数,因为

$$-1^2+2^2-3^2-4^2+5^2=3,1^2+2^2-3^2-4^2+5^2=5,$$

故 3 和 5 可以表出.

取 $1992=8×249$ 个连续平方数 $14^2,15^2,\cdots,2005^2$,适当添加"＋"号或"－"号,使其代数和等于 0,再处理前 13 个平方数,因为

$$-(1^2+2^2+3^2+4^2+5^2+6^2+7^2)+8^2+9^2-(10^2-11^2-12^2+13^2)=1,$$
$$-(1^2+2^2+3^2+4^2+5^2+6^2+7^2)+8^2+9^2+(10^2-11^2-12^2+13^2)=9,$$
$$1^2+2^2+3^2-4^2-5^2-6^2+7^2-8^2+9^2+10^2-11^2-12^2+13^2=7,$$

故 $1,7,9$ 也可表示.

因此 $1,3,5,7,9$ 均可表出.

例 4 (第 16 届国际奥林匹克试题)A,B,C 三人做游戏,规则如下:三张牌每张上写一个正整数,这三个数是 p,q,r,且 $p<q<r$,三张牌混合后再分给三个人,使每人各得一张,再按牌上的数分得小球,接着将牌收回重发,但分得的小球仍留在各人手中,这个游戏(发牌、分球、收牌)至少要进行两次,最后一次结束后,A,B,C 分别得 $20,10,9$ 个球,还知道 B 在最后一次游戏中得 r 个球.问:谁在第一次得 q 个球?

解 设游戏次数为 n,则

$$n(p+q+r)=20+10+9=39=3×13. \qquad\qquad (*)$$

因为 $p<q<r$ 都是正整数,所以 $p+q+r≥1+2+3=6$.

又因为 $n≥2$,所以由 $(*)$ 得 $n=3,p+q+r=13$.

B 最后得 r 个球,且 B 得球总数 $10<p+q+r$,所以 B 前 2 次都得 p 个球,并且 $p+p+r=10$.

C 得球总数 $9<10$,故 C 三次中每一次都不可能得 r 个球,第一次 B 得 p 个球,所以 C 第一次得 q 个球.

注 进一步分析,可知 A,B,C 第一次和第二次分别得球数都是 r,p,q,第三次得球数分别是 q,r,p. 由此可求出 $p=1,q=4,r=8$,详细推导过程留给读者自己去完成.

例 5 (2005 年湖州市竞赛试题)某公园门票价格对达到一定人数的团体按团体票优惠. 现有 A,B,C 三个旅游团共 72 人,如果各团单独购票,门票依次为 360 元,384 元,480 元;如果三个团合起来购票,总共可少花 72 元.

(1)这三个旅游团各有多少人?

(2)在下面填写一种票价方案,使其与上述购票情况相符.

售 票 处	
普通票	团体票（人数须 _____）
每人 _____ 元	每人 _____ 元

解 （1）$360+384+480-72=1152$（元），$1152÷72=16$（元/人），即团体票每人 16 元. 因为 16 不整除 360，所以 A 团未达到优惠人数. 若三个团都未达到优惠人数，则三个团的人数比为 $360：384：480=15：16：20$，即三团人数分别为 $\frac{15}{51}×72,\frac{16}{51}×72,\frac{20}{51}×72$ 均不是整数，故不可能.

所以 B,C 两团至少有一个团达到优惠人数，这有两种可能：①只有 C 团达到优惠人数；②B,C 两团都达到优惠人数.

对于①可得 C 团有 $480÷16=30$（人），A,B 两团共有 $72-30=42$ 人，A,B 两团人数之比为 $360：384=15：16$，故 A 团应为 $\frac{15}{31}×42$，B 团人数为 $\frac{16}{31}×42$，不是整数，故不可能，所以必须②成立，即 C 团有 30 人，B 团有 $\frac{384}{16}=24$ 人，A 团有 $42-24=18$ 人.

售 票 处	
普通票	团体票（人数至少 19 人）
每人 20 元	每人 16 元（或 8 折优惠）

例 6 （第 1 届日本算术奥林匹克预选赛试题）这里有 8 个人在说话，他们说的话包括自己在内，请认真读他们说的话，然后回答下列问题：

张一："我们中间至少有 1 个人说的是正确的."

王二："我们中间至少有 2 个人说的是正确的."

赵三："我们中间至少有 3 个人说的是正确的."

李四："我们中间至少有 4 个人说的是正确的."

钱五："我们中间至少有 1 个人说的是错误的."

徐六："我们中间至少有 2 个人说的是错误的."

严七："我们中间至少有 3 个人说的是错误的."

孙八："我们中间至少有 4 个人说的是错误的."

说错话的是谁？（有几个人就画上几个记号，如果没有就回答没有）

解 列表如下：

假设说错的人数是_____	则说对的人数是_____	结论
0	4	（×）
1	5	（×）
2	6	（√）
3	7	（×）
4	8	（×）
≥5	≥4	（×）

其中第一列是枚举说错的人数的种种可能情况，第二列为假设某种情况发生的条件下，根据8个人说的话所作的判断，而第三列则表明这种情况能否出现（能出现时打"√"，不能出现时打"×"）.

例如，如果说错的人数为0（即每个人说的话是对的在第1列填写0），那么8个人说的话中张、王、赵、李的话是对的，而钱、严、徐、孙4个人的话都是错的，所以第二列填4（人），但这两列发生了矛盾.因为第1列的0表明说对的人数是8，而第2列却是4，所以这种情况实际是不可能发生的.

同样，如果说错的人数是1，那么张、王、赵、李、钱的话都是对的，而徐、严、孙的话都是错的，所以第二行中第1列填1，第二列填5，这两列也是矛盾的，因为说错话的人数与说对话的人数相加应等于8，而1+5＝6＜8，所以这种情况也不会发生.

再如最后一行，说错话的人数≥5时，钱、徐、严、孙四个人的话都是正确的，所以最后一行中，第一列填≥5，第二列填≥4，这时说错话的人数与说对话的人数之和≥5＋4＝9＞8，所以，这种情况也是不可能发生的.

其他各行的填表理由类似，其中只有第3行中第一列与第二列所填2个数的和为2＋6＝8，满足题目要求，所以说错话的人数是2，说对话的人数是6，而且说错话的只有严七和孙八.

例7 某大学的四位学生张亮、胡佳、李坤和王勇分别来自北京、上海、湖南和黑龙江，他们学的专业分别是数学、物理、计算机和英语.除此以外，还知道：

（1）张亮学习的专业是数学和物理中一门，不是南方人；

（2）胡佳是南方人，学的专业既不是数学也不是物理；

（3）李坤和北京来的学生及学数学专业的学生三人同住在一栋宿舍；

（4）湖南来的学生学的专业不是计算机；

（5）王勇不是北京来的学生，年龄比黑龙江来的学生以及学计算机的学生这二人都小.

根据这些情况,你能否判断这四位学生各来自什么地方?各学习什么专业?

解 我们设计下列表格,并在表格中进行推理,显然每个学生只有一个籍贯且只参加一个专业的学习,我们用"√"表示肯定的判断,用"×"表示否定的判断.

由已知条件(1),(2),(3),(4),(5)得下表.

计算机	英语	数学	物理		北京	上海	湖南	黑龙江
×	×			张亮		×	×	
		×	×	胡佳	×			×
		×		李坤	×			
×				王勇	×			×

从上表推知,张亮来自北京,李坤来自黑龙江.

计算机	英语	数学	物理		北京	上海	湖南	黑龙江
×	×			张亮	√	×	×	×
		×	×	胡佳	×			×
		×		李坤	×			√
×				王勇	×			×

由(3)及(1)知张亮学的专业不是数学而是物理,从而王勇学的专业是数学.

计算机	英语	数学	物理		北京	上海	湖南	黑龙江
×	×	×	√	张亮	√	×	×	×
		×	×	胡佳	×			
		×		李坤	×			√
×	×	√	×	王勇	×			×

由(5)知李坤(来自黑龙江)学的专业不是计算机,从而李坤学的专业是英语,胡佳学的专业是计算机.

计算机	英语	数学	物理		北京	上海	湖南	黑龙江
×	×	×	√	张亮	√	×	×	×
√	×	×		胡佳	×			×
×	√	×	×	李坤	×	×	×	√
×	×	√	×	王勇				×

由(4)知胡佳不是来自湖南,从而他来自上海,于是王勇来自湖南.

计算机	英语	数学	物理		北京	上海	湖南	黑龙江
×	×	×	√	张亮	√	×	×	×
√	×	×	×	胡佳	×	√	×	×
×	√	×	×	李坤	×	×	×	√
×	×	√	×	王勇	×	×	√	×

上表表明张亮来自北京,学的专业是物理;胡佳来自上海,学的专业是计算机;李坤来自黑龙江,学的专业是英语;王勇来自湖南,学的专业是数学.

例 8 世界杯足球赛第一轮比赛中,每个小组有 4 支球队,每两队之间各赛一场,胜者得 3 分,负者得零分,平局时两队各得 1 分,每个小组总分多的两个队出线,进入第二轮比赛.

(1)有人说:"得 6 分的队一定出线,得 2 分的队一定不出线."请判断并说明对错;

(2)如果小组比赛中至少有一场平局,那么上述说法是否正确?

解 (1)如果小组赛中无一场平局,那么得 6 分的队不一定出线.设某小组的 A, B, C, D 四支球队,如果 A 胜 B, B 胜 C, C 胜 A,并且 A, B, C 都胜 D,这时 A, B, C 三队均积 6 分, D 队积零分,因此 A, B, C 三队将根据净胜球等规则来确定其中两队出线,必有一队不能出线.

(2)如果小组赛中有平局,那么得 2 分的队不一定不出线.设某小组有 A, B, C, D 四支球队, D 全胜得 9 分, A, B, C 三队互相踢成平局,各得 2 分,这时 A, B, C 三队将根据净胜球等规则来确定其中一个队与 D 队一起出线.

(3)如果在小组中至少有一场平局,那么得 6 分的队一定出线.因为单循环赛四个队之间共 6 场比赛,所以各队得分的总和不超过 $3 \times 6 = 18$ 分.如果至少有一场平局,那么各队得分的总和不超过 $18 - 1 = 17$ 分.由于某队得 6 分,其余各队得分的总和不

超过 $17-6=11$ 分,这时至少有两个队的积分都少于 6 分(否则仅这两个队的积分之和至少为 12 分,矛盾).这两个队不能出线,那么,得 6 分的队一定出线.

(4)如果在小组赛中至多有 2 场平局,那么,积 2 分的队一定不出线.因为四个队的单循环赛共有 6 场比赛,如果至多有 2 场平局,那么,各队积分总和不小于 $3×6-2=16$ 分.又因为至多有 2 场平局,故至多有一个队积 2 分,其他三队中若有 2 队只积 1 分或零分,那么剩下一队至少积 $16-2-2×1=12$ 分,这是不可能的(因为每个队至多战胜其他三队积 9 分),故另外三队中积 0 分或 1 分的队至多只有 1 个,其余二队积分都将不小于 3,这时积 2 分的队必不能出线.

模拟实战七

1.(第 16 届"五羊杯"竞赛试题)A,B,C,D,E 五人参加"五羊杯"初中数学竞赛得分都超过 91 分,其中 E 排第三,得 96 分.又已知 A,B,C 平均 95 分,B,C,D 平均 94 分,若 A 排第一,则 D 得(　　)分.

A.98　　　　　　　B.97　　　　　　　C.93　　　　　　　D.92

2.(第 2 届"五羊杯"竞赛试题)把 $2,4,7,K$ 四张牌分发给四人,每人按牌面数字分(K 记 13 分)记分,然后收回重洗,再分发和记分,…,若干次后,发现四人累计各得 16,17,21 和 24 分.已知得 16 分者最后一次得 2 分,则他第一次所得分数是(　　)分.

A.2　　　　　　　B.4　　　　　　　C.7　　　　　　　D.13

3.(第 2 届"希望杯"邀请赛试题)有一份选择题试卷共 6 道小题,其得分标准是:一道小题答对得 8 分,答错得 0 分,不答得 2 分.某同学共得 20 分,则他(　　).

A.至多答对一道小题　　　　　　B.至少答对三道小题

C.至少有三道小题没答　　　　　D.答错两道小题

4.(第 9 届"华罗庚金杯"赛试题)小明与小华做游戏,记分规则如下:开始每人记分牌上都是 1 分,以后每赢一次,就将记分牌上的分数乘以 3,游戏结束后,小明的得分减去小华的得分恰好为 675 的正整数倍.问:小明比小华多赢多少次?

5.(2006 年北京市数学解题能力展示竞赛试题)老虎、狐狸和兔子赛跑,赛完后,老虎说:"我第一."狐狸说:"我第二."兔子说:"我不是第一."它们中仅有一个说了谎,那么第二名是_____.

6.(第 6 届"祖冲之杯"竞赛试题)在某个月中,有三个星期天的日期是偶数号,那么这个月的 8 号是星期几?

7.(第 7 届"祖冲之杯"竞赛试题)某个月中,星期一多于星期二,星期日多于星期六,那么这个月的 5 号是星期几?

8.(南京市"兴趣杯"决赛试题)5 所小学进行足球比赛,每两所小学赛一场,每场胜队得 3 分,负队得 0 分,平局各得 1 分.已知其中 4 所小学的得分分别为 8,7,4,1,那么第 5 所小学的得分最多是_____.

9.(第 6 届"祖冲之杯"竞赛试题、第 13 届北京市竞赛试题)4 个足球队进行单循环赛,每两个队都要比赛一场,如果踢平,那么每队得 1 分,否则胜队得 3 分,负队得 0 分,比赛结果各队的得分恰好是连续自然数.问:输给第一名的队的总分是多少?

10. 调查某班的文具盒,得到如下结果:

(Ⅰ)有钢笔的同学,没有圆珠笔;

(Ⅱ)有圆珠笔的同学,也有毛笔;

(Ⅲ)有铅笔的同学,没有毛笔;

(Ⅳ)没有铅笔的同学,有圆珠笔.

根据以上调查结果,小明得出下列五点结论:

(1)有毛笔的同学也有钢笔;(　　)

(2)没有毛笔的同学有钢笔;(　　)

(3)有圆珠笔的同学的人数与有毛笔的人数相等;(　　)

(4)没有任何同学同时有圆珠笔和铅笔;(　　)

(5)有钢笔的同学也有铅笔.(　　)

小明的结论是否正确? 请你在每个结论的括号内,正确的打"√",不一定正确的打"×".

11. (第3届日本算术奥林匹克邀请赛预赛试题)甲、乙、丙、丁四人进行羽毛球双打比赛,其中:①甲比乙年轻;②丁比他的两个对手的年龄都大;③甲比他的伙伴年龄大;④甲与乙的年龄差距比丙与丁的年龄差距大. 试判断谁与谁搭伴,并说出四人年龄从小到大的顺序.

12.(2004年"我们爱数学"数学科普知识电视抢答赛试题)有一次测验中共有5道试题,测试后统计如下:有81%的同学做对第1题,有85%的同学做对第2题,有91%的同学做对第3题,有74%的同学做对第4题,有79%的同学做对第5题.

如果做对3道或3道以上试题为考试合格,试问:这次考试合格率最多达百分之几? 最少达百分之几?

13.(2005年武汉市明心奥数挑战赛试题)在一张冬景照片上,人们分别戴着帽子、系着围巾和戴着手套.只戴帽子的人数等于只系围巾和只戴手套的人数之和;只有4人没有戴帽子;戴着帽子和系着围巾,但没有戴手套的有5人;只戴帽子的人数两倍于只系围巾者;未戴手套有8人,未系围巾有7人;三样东西都用的人数比只戴帽子的人数多一个.那么:

①有_____人同时用上了帽子、围巾和手套;

②有_____人只戴了手套;

③有_____人只系了围巾;

④有_____人既戴了帽子,又戴了手套,但没有系围巾;

⑤有_____人戴着手套.

14.A、B、C三位教师分别在北京、上海和成都担任不同课程数学、物理和化学的教学工作.已知(1)A不在北京工作,B不在上海工作;(2)在北京工作的人不教化学;(3)在上海工作的人教数学;(4)B不教物理.

问:三位教师各在哪个城市? 他们各担任什么课程的教学?

15. (2009年"数学周报杯"全国竞赛试题) 10个人围成一个圆圈做游戏,游戏的规则是:每个人心里都想好一个数,并把自己想好的数如实地告诉他两旁的两个人,然后每个人将他两旁的两个人告诉他的数的平均数报出来. 若报出来的数如图所示,则报3的人心里想的数是_____.

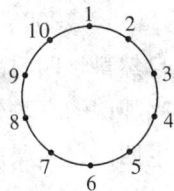

第15题

16. 某次考试满分100分,A、B、C、D、E五个人参加考试,A说:"我得了94分。"B说:"我在5个人中得分最高。"C说:"我的得分是A与D的平均分。"D说:"我的得分恰好是5人的平均分。"E说:"我比C多2分,并在五人中居第二。"如果他们讲的都是真话,且各人得的分都是正整数,那么A、B、C、D、E五个人各得多少分?

17. A、B、C、D、E、F六名选手进行乒乓球单打单循环赛(每人与其他选手各赛一场),每天同时在三张球台各进行一场比赛. 已知在第一张球台上,第一天B对D,第二天C对E,第三天D对F,第四天B对C. 问:第五天A与谁对阵? 另两张球台上谁与谁对阵?

18. (2006 年"CASIO 杯"全国联赛武汉选拔赛试题)学校开设有语文、数学、外语、自然科学四门课外兴趣课供学生自愿报名参加. 某班参加语文、数学、外语、自然科学兴趣课的人数分别为 $18, 20, 21, 19$,如果该班学生总人数为 25,问该班至少有多少学生四门兴趣课都报名参加?

19. 一次有 6 人参加的小型会议上,共有 n 对人互相握了手. 试求 n 的最小值使得任意三个中必有二人互相握了手.

参 考 答 案

模拟实战一

1. 作图知与△DEF相似的三角形,而相似比不同的三角形只有如图所示的三种,故选 C.

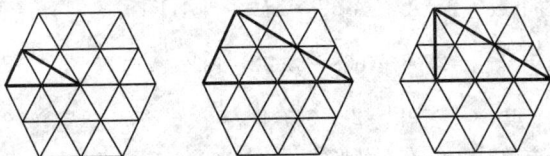

第 1 题

2. 以 BC 为下底的梯形有 3 个,以 HI 为下底的梯形有 2 个,以 FG 为下底的梯形有 1 个,综上所述,图中有 $3+2+1=6$(个)梯形.

3. 每个 2×2 的正方形内可画出 4 个不同的 L 形,而位置不同的 2×2 正方形有 $3\times4=12$ 个,故可以画出不同位置的 L 形图案的个数是 $4\times12=48$,故选 C.

4. 斜边长为 $\sqrt{2}$ 的等腰直角三角形有 4 个,斜边长为 $\frac{\sqrt{2}}{2}$ 的等腰直角三角形有 16 个,斜长为 1 的等腰直角三角形有 8 个,斜长为 $\frac{1}{2}$ 的等腰直角三角形有 16 个,综上所述,共有 $4+16+8+16=44$ 个等腰直角三角形,故选 D.

5. 因为 $91=7\times13$,故数字和等于 1 的正整数 10^k(k 为非负整数)都不是 91 的倍数.注意到 $91\times11=1001$,$91\times111=10101$ 的数字和分别是 2 和 3,于是 1001,10101,10011001,101011001,1010110101,10101100011001,10101101011001,…都是 91 的倍数,它们的数字和依次为 2,3,4,5,6,7,8,…,故在 $1,2,…,2008$ 中除 1 外,其余 2007 个数都能表示成 91 的倍数的数字和,故所求的个数是 2007.

6. 显然 $x\neq1000$,设 $x=\overline{abc}$,其中 $a,b,c\in\{0,1,…,9\}$ 且不全为零,$s(x)=a+b+c$ 是 x 的数字和.

(1)若 $c\neq9$,则 $s(x)=a+b+c,s(x+1)=a+b+c+1,s(x)$ 与 $s(x+1)$ 的奇偶性不同;

(2)若 $c=9,b\neq9$,则 $s(x)=a+b+9,s(x+1)=a+b+1,s(x)$ 与 $s(x+1)$ 的奇偶性相同;

(3)若 $c=9,b=9,a\neq9$,则 $s(x)=a+18,s(x+1)=a+1,s(x)$ 与 $s(x+1)$ 的奇偶性不同;

(4)若 $a=b=c=9$,则 $s(x)=27,s(x+1)=1,s(x)$ 与 $s(x+1)$ 均为奇数.由此可见,$s(x)$ 与 $s(x+1)$ 都为奇数仅是情形(2)和(4).

在情形(2)中 $a+b$ 为偶数，a 与 b 同奇偶，同为偶数时有 $5\times5=25$ 个 x，同为奇数时有 $5\times4=20$ 个 x(因 $b\neq9$)，即共有 45 个 x 满足题意，在情形(4)下仅有一个 $x=999$ 满足题意.

综上所述，满足题意的 x 有 46 个.

7. 设三角形三边长为 $a,b,c(a\geqslant b\geqslant c)$. 由 $a+b+c=20\Rightarrow a\geqslant7$，又 $b+c>a$，$2a<a+b+c=20\Rightarrow a<10$，则 $7\leqslant a\leqslant9$，可列出 $(a,b,c)=(9,9,2),(9,8,3),(9,7,4),(9,6,5),(8,8,4),(8,7,5),(8,6,6),(7,7,6)$ 共 8 组. 故选 C.

8. 因 $2007=3^2\times223$. 因 $\dfrac{n}{2007}$ 是最简真分数的充要条件是 $1\leqslant n\leqslant2006$，并且 n 与 2007 互素，即 n 既不被 3 整除又不被 223 整除. 记 $I=\{1,2,\cdots,2006\}$，$A_3=\{a|a\in I$ 并且 a 不被 3 整除$\}$，$A_{223}=\{a|a\in I$，并且 a 不被 223 整除$\}$，A_3,A_{223} 在 I 中的补集分别记为 $\overline{A}_3$ 和 $\overline{A}_{223}$，则由容斥原理知 I 中既不被 3 又不被 223 整除的数的个数等于 $|\overline{A}_3\bigcap\overline{A}_{223}|=|I|-(|A_3|+|A_{223}|)-(|A_3\bigcap A_{223}|)=2006-\left(\left[\dfrac{2006}{3}\right]+\left[\dfrac{2006}{223}\right]\right)+\left[\dfrac{2006}{3\times223}\right]=2006-(668+8)+2=1332$. 故选 D.

9. 因 $M=1!\times2!\times3!\times\cdots\times9!=2^8\times3^7\times4^6\times5^5\times6^4\times7^3\times8^2\times9=2^{30}\times3^{13}\times5^5\times7^3$，故 M 的约数 n 是一个完全平方数时，n 必有下列形式 $n=2^{2x}\times3^{2y}\times5^{2z}\times7^{2t}$，其中 x,y,z,t 是非负整数，且 $0\leqslant2x\leqslant30,0\leqslant2y\leqslant13,0\leqslant2z\leqslant5,0\leqslant2t\leqslant3$，故 x 有 16 种取法，y 有 7 种取法，z 有 3 种取法，t 有 2 种取法. 所以由乘法原理知这样的约数 n 有 $16\times7\times3\times2=672$(个)，故选 B.

10. 设满足题目条件的 n 位数有 a_n 个，则 $a_1=2,a_2=3$(2 位数只有 3 个数：$22,23,32$). 对任意 $n\geqslant3$，当首位数字是 2 时，只要余下的 $n-1$ 位数满足题目条件，这样的 $n-1$ 位数有 a_{n-1} 个，当首位数字是 3 时，前两位数只能是 32，只要余下的 $n-2$ 位数满足题目条件，这样的 $n-2$ 位数有 a_{n-2} 个，于是得到 $a_n=a_{n-1}+a_{n-2}$，由此递推得 $a_3=a_2+a_1=3+2=5,a_4=a_3+a_2=5+3=8,a_5=a_4+a_3=8+5=13,a_6=a_5+a_4=13+8=21,a_7=a_6+a_5=21+13=34,a_8=a_7+a_6=34+21=55,a_9=a_8+a_7=55+34=89,a_{10}=a_9+a_8=89+55=144$. 即满足条件的十位数有 144 个.

11. 形如 $0.abababab\cdots$ 的小数都可写成 $\dfrac{k}{99}$ 的形式 $(k=1,2,\cdots,98)$. 由容斥原理可得在 $1,2,3,\cdots,98$ 中是 3 或 11 的倍数的数有 $\left[\dfrac{98}{3}\right]+\left[\dfrac{98}{11}\right]-\left[\dfrac{98}{3\times11}\right]=38$(个)，故在 $1,2,3,\cdots,98$ 中与 99 互素的数有 $98-38=60$(个).

又 27 的倍数有 3 个(因 $\dfrac{27}{99}=\dfrac{3}{11},\dfrac{54}{99}=\dfrac{6}{11},\dfrac{81}{99}=\dfrac{9}{11}$，要补回 3 个数 $3,6,9$)，故不同的分子有 $60+3=63$ 个.

12.(1)因 $+1-2-3+4+5-6+7-8+9=7$，所以 7 是可表出的数. 又 $+1+2+3+4+5+6+7+8+9=45$ 是奇数，而对任意两个整数 a,b，它们的和 $a+b$ 与差 $a-b$ 有相同的奇偶性，因此，无论怎样填"$+$""$-$"号，所得代数和一定是奇数，所以偶数 8 是不可表出的数.

(2)设填"$+$"号的数字和为 x，填"$-$"号的数字和为 y，则 $x-y=25$. 又 $x+y=1+2+3+4+5+6+7+8+9=45$，解得 $x=35,y=10$. 又 $1+2+3+4=10$，故填"$-$"号的数至少 2 个，至多 4 个，并且填"$-$"号的数字和等于 10. 故只要从 1 到 9 中选出若干数，使其和等于 10，这种不同选法的种数就是 25 可表示的不同方法的种数.

（ⅰ）10 表示或 2 个不同正整数之和：10＝1＋9＝2＋8＝3＋7＝4＋6，有 4 种方法；

（ⅱ）10 表示成 3 个不同或整数之和：10＝1＋2＋7＝1＋3＋6＝1＋4＋5＝2＋3＋5，有 4 种方法；

（ⅲ）10 表示成 4 个不同正整数之和：10＝1＋2＋3＋4，只有 1 种方法.

综上所述，25 可被表出的不同方法有 4＋4＋1＝9（种）.

13．以格点为端点的线段长度可取 8 个值 $1,2,3,\sqrt{2},\sqrt{5},2\sqrt{2},\sqrt{10},\sqrt{13}$，以这些线段为边的等腰直角三角形的三边长只有以下 4 种：① $1,1,\sqrt{2}$；② $\sqrt{2},\sqrt{2},2$；③ $2,2,2\sqrt{2}$；④ $\sqrt{5},\sqrt{5},\sqrt{10}$，分为下列 4 类来计算.

(1) 斜长为 $\sqrt{2}$ 时，每个小正方形对应 4 个等腰直角三角形，这时共有 $4\times6＝24$ 个等腰直角三角形；

(2) 斜边长为 2 时，每个 1×2 的矩形对应 2 个这样的等腰三角形，而图中有 7 个 1×2 的矩形，这时共有 $2\times7＝14$ 个等腰直角三角形；

(3) 斜边长为 $2\sqrt{2}$ 时，每个 2×2 的正方形对应 4 个这样的等腰三角形，而图中有 2 个 2×2 的正方形，这时有 $4\times2＝8$ 个等腰直角三角形；

(4) 斜边长为 $\sqrt{10}$ 时，图中长为 $\sqrt{10}$ 的线段有 4 条，每条对应 1 个等腰直角三角形，这时共有 4 个等腰直角三角形.

综上所述，共有 $24＋14＋8＋4＝50$ 个等腰直角三角形，故选 D.

14．设 1 分、2 分和 5 分的硬币分别取了 x 枚、y 枚和 z 枚，依题意得 $\begin{cases} x+y+z=100 \quad ① \\ x+2y+5z=300 \quad ② \end{cases}$，

②－①得 $y+4z=200$，可见 y 是 4 的倍数，设 $y=4k$，则 $\begin{cases} x+z=100-4k \\ x+5z=300-8k \end{cases}$，解得 $\begin{cases} x=50-3k \\ y=4k \\ z=50-k \end{cases}$.

因为 x 为非负整数，故 $50-3k\geqslant0$，即 $0\leqslant k\leqslant16$，k 可取 $0,1,2,\cdots,16$ 中任何一个，有 17 种取法，从而 y 可取 $0,4,8,\cdots,64$ 中任何一个，也有 17 种取法，故选 C.

15．因为 n 段之和为定值 150cm，故欲 n 尽可能的大，必须每段长度尽可能小，又每段长度为不小于 1cm 的整数，且任意 3 段不能拼成三角形，从而任意 3 段中最长的一段的长度不小于其他 2 段长度之和，因此这些最小段的长度只可能是 $1,1,2,3,5,8,13,21,34,55,89,\cdots$（斐波那奇数列），但 $1+1+2+3+\cdots+34+55=143<150,1+1+2+3+5+\cdots+55+89=232>150$，故 n 的最大值是 10.

将长为 150cm 的铁丝截成满足条件的 10 段，共有下列 7 种方式：

①$1,1,2,3,5,8,13,21,34,62$；

②$1,1,2,3,5,8,13,21,35,61$；

③$1,1,2,3,5,8,13,21,36,60$；

④$1,1,2,3,5,8,13,21,37,59$；

⑤$1,1,2,3,5,8,13,22,35,60$；

⑥$1,1,2,3,5,8,13,22,36,59$；

⑦$1,1,2,3,5,8,14,22,36,58$.

16. 由于正方形的顶点都是正方形网中的格点,如图中的阴影正方形的面积为 a^2+b^2,其中 a,b 为非负整数且 $0 \leqslant a+b \leqslant 7$.不失一般性,设 $0 \leqslant b \leqslant a$.可以枚举所有 (a,b) 可能的值共有下列 20 种:$(0,0),(1,0),(2,0),(3,0),(4,0),(5,0),(6,0),(7,0),(1,1),(2,1),(3,1),(4,1),(5,1),(6,1),(2,2),(3,2),(4,2),(5,2),(3,3),(4,3)$.

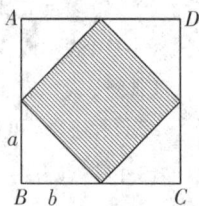

第 16 题

其中 $(0,0)$ 不合题意,舍去.此外,$5^2+0^2=4^2+3^2$,即 $(5,0)$ 与 $(4,3)$ 给出的面积值相同,其他面积值两两不同,所以共有 18 个不同的值.

17. 首先各位数字之和等于 38 的五位数的各位数字中不含数字 0,否则它的各位数字之和至多为 $4 \times 9=36$,矛盾.

如果将各位数字之和等于 38 的五位奇数减去 11 就得到一个各位数字之和等于 36 的五位偶数,且由不同的奇数得到不同的偶数,所以各位数字之和等于 38 的五位奇数的个数不多于各位数字之和等于 36 的五位偶数的个数,并且存在各位数字之和等于 36 的五位偶数 9990 不能通过这样的办法得到,所以各位数字之和等于 36 的五位偶数更多.

18.(1)如图给出了一种符合要求的填法.

(2)把填入 A,B,C 三处圈中的三个数字之和记为 x;D,E,F 三处圈中三个数字之和为 y;其余三个圈中三个数字之和为 z,于是 $x+y+z=1+2+3+4+\cdots+9=45$ ①.

又图中 6 条边,每条边上三个圈中数字之和都等于 18,所以有 $2x+3y+z=6 \times 18=108$ ②.

②-①得 $x+2y=108-45=63$ ③.

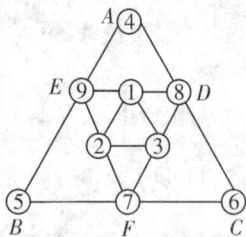

第 18 题

把 AB,BC,CA 每条边上三个圈中三个数的和相加得 $2x+y=3 \times 18=54$ ④.

由③和④联立求解得 $x=15,y=24$,继而知 $z=6$.在 $1,2,\cdots,9$ 中三个数之和等于 24 的仅为 7、8、9,所以在 D,E,F 三处圈中只能填数字 7、8、9,共有 $3 \times 2 \times 1=6$ 种不同的填法.

显然,当 D,E,F 处三个圈中之数一旦确定,根据题目要求,其余 6 个圈中之数也随之确定,故有 6 种不同填法.

19. 设 a_1,a_2,a_3,a_4,a_5 是满足要求的一个排列,则 a_1,a_2,a_3,a_4 中不能有连续两个数是偶数,否则由已知条件得这两个数以后的数全是偶数,矛盾.其次,如果 a_1 是偶数,a_2 是奇数,由 a_1 整除 $a_1+a_2+a_3$ 得 a_3 是奇数,所以每个偶数之后必定要接连两个或两个以上的奇数,除非这个奇数是最后一个奇数,由此可知 a_1,a_2,a_3,a_4,a_5 只可能是偶,奇,奇,偶,奇.经过枚举,只有下列 5 种:21354,23541,25143,43125,45321 满足题目条件,故选 D.

20.解法一:如图,下面每个数字标上从上面每处到达该处的路径条数,最后我们得到共有 252 种不同的拼法.

解法二:对于每一种拼法,从上方字母向下方字母可接箭头"↙"或"↘"方向选取,故每种拼法对应了由 5 个"↙"与 5 个"↘"组成的一个排列(例如题所示图中字母拼法对应的排列为"↙↘↙↘↙↘↙↘↙↘",这个对应是一一对应,故所求拼法种数等于 5 个"↙"与 5 个"↘"排成一列的排法种数,而从一列 10 个位置中依次取 5 个位置放"↙"(余下 5 个位置放"↘")的方法数等于从 10 个元素中取 5 个元素的组合数,即 C_{10}^5(因为 5 个"↙"没有区别,故这里用组合数公式,而不用排列数公式),故共有 $C_{10}^5 = \frac{10 \times 9 \times 8 \times 7 \times 6}{1 \times 2 \times 3 \times 4 \times 5} = 252$ 种不同的拼法.

21. 设老板的编号为 0,第 n 号雇员传给下一位的总块数为 S_n,则 $S_0 = 5$,$S_1 = (5-1)+5 = 9$,$S_2 = (9-2)+2 \times 5 = 17$,$\cdots$,$S_n = (S_{n-1}-n)+5n = S_{n-1}+4n$,即 $S_n - S_{n-1} = 4n$.

所以 $S_n = S_0 + (S_1 - S_0) + \cdots + (S_{n-1} - S_{n-2}) + (S_n - S_{n-1}) = 5 + 4 \times 1 + 4 \times 2 + \cdots + 4 \times (n-1) + 4n = 5 + 4 \times [1+2+\cdots+(n-1)+n] = 5 + 4 \times \frac{1}{2} \times n(n+1) = 5 + 2n(n+1)$,

而 $S_{31} = 5 + 2 \times 31 \times 32 = 1989$,$S_{32} = 5 + 2 \times 32 \times 33 = 2117$,所以 $k = 32$.

第 20 题

模拟实战二

1. 四人比赛,每两人比赛一场,每人赛 3 场,一共比赛了 $\frac{1}{2} \times 4 \times 3 = 6$ 场,并且甲、乙、丙三人胜的场数相同. 如果甲、乙、丙各胜一场,那么丁胜 $6-3 = 3$ 场,即丁战胜甲、乙、丙,这与已知甲胜了丁矛盾,故甲、乙、丙各胜 2 场,从而丁胜 $6-6 = 0$ 场.

2. 设存在四个正整数 n_1, n_2, n_3, n_4,使得 $n_i n_j + 2002 (1 \leqslant i < j \leqslant 4)$ 是完全平方数,因为 $(2k)^2 = 4k^2$,$(2k+1)^2 = 4k(k+1)+1$,即偶数的平方被 4 整除,奇数的平方被 4 除余 1. 又 2002 被 4 除余 2,所以 $n_1 n_2$ 被 4 除余 2 或 3.

(1)若 n_1, n_2, n_3, n_4 中至少有 2 个是偶数,不妨设 n_1, n_2 是偶数,从而 $n_1 n_2$ 被 4 整除,这与 $n_1 n_2$ 被 4 除余 2 或 3 矛盾;

(2)若 n_1, n_2, n_3, n_4 中至多有一个偶数,至少有 3 个是奇数,因奇数除 4 只有余数为 1 或 3 的两类,故由抽屉原理这 3 个奇数中必有 2 个属于同一类,它们的乘积被 4 除余 1,这与 $n_i n_j$ 被 4 除余 2 或 3 矛盾.

综上所述,不存在满足题目要求的四个正整数.

3. 假设能够排成一圈满足题目要求,我们将号码数分为两组:$A = \{1,2,3,11,12,13\}$,$B = \{4,5,6,7,8,9,10\}$.

显然,A 组中任意两个数的差的绝对值要么小于 3,要么大于 5,所以排成的圆圈中 A 组的任何两个数都不相邻,也就是 A 组中任何两数之间都要插放 B 组中的一个数,但 A 组的数排成一圈后有 6 个间隔,B 组中有 7 个数,所以排好后,有且只有一个间隔内放有 B 中 2 个数. 因为 4 仅与 A 中一个数 1 满足两数之差的绝对值不小于 3 并且不大于 5,又 10 仅与 A 中一个数 13 满足两个数之差的绝对值不小于 3 并且不大于 5,故 4 和 10 都不能单独插在 A 中两个不同数之间,可见 4 和 10 只能作为相邻的两个数插在 A 组中两个不同数之间,此时 $|10-4| = 6 > 5$,与题设矛盾!因此,满足题目要求的排法不存在.

4.假设存在一个顶点都是整点的三角形 ABC,以平行坐标轴的线为边围住该三角形,不妨设是如图的形状(其他情况可通过旋转$90°$或$180°$而变成该图形).

设 $AD=x,DC=y,CE=z,BE=w$,因 A,B,C 都为整点,故 x,y,z,w 都为整数,于是 $S_{\triangle ABC}=S_{\triangle DEF}-S_{\triangle ACD}-S_{\triangle BCE}-S_{\triangle ABF}=x(y+z)-\frac{1}{2}xy-\frac{1}{2}zw-\frac{1}{2}(x-w)(y+z)$,即 $S_{\triangle ABC}$ 是有理数.

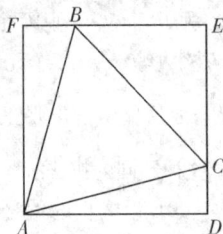

第 4 题

另一方面,$S_{\triangle ABC}=\frac{1}{2}AC^2\sin 60°=\frac{\sqrt{3}}{4}(x^2+y^2)$ 是无理数,矛盾.

所以不存在顶点都是整点的正三角形.

5.证法一:以 $N_i(i=1,2,\cdots,9)$ 表示运动员号码中数字 i 开头的个数,如果 $N_1,N_2,\cdots,N_9$ 都小于12,那么 $N_1+N_2+\cdots+N_9\leqslant 9\times 11=99<100$,这与共有 100 名运动员矛盾,所以 $N_1,N_2,\cdots,N_9$ 中必有一个不小于12.

设 $N_i\geqslant 12$,则有两个运动员号码都以 i 开头.

证法二:记号同证法一,则 $N_1+N_2+\cdots+N_9=100,\frac{1}{9}(N_1+N_2+\cdots+N_9)=11\frac{1}{9}$.

由平均值原理知 $N_1,N_2,\cdots,N_9$ 中必有一个(记为 N_i)不小于 $11\frac{1}{9}$,又 N_i 为整数,故 $N_i\geqslant 12$.下同证法一.

6.假设交上去的 100 个数的末两位数字都不相同,那么这些末两位数只能是 $00,01,02,\cdots,99$,它们的和是 $00+01+\cdots+99=4950$,即总和的末两位数是 50.

另一方面,将所有选手的号码和名次相加,再求和,应是 $(1+2+\cdots+100)+(1+2+\cdots+100)=10100$,末两位数是 00,矛盾,所以交上去的数的末两位数字不可能都不相同.

7.(1)如果存在正整数 m,n 使 $m(m+2)=n(n+1)$,那么 $(m+1)^2=n^2+n+1$ 是完全平方数,而 $n^2<n^2+n+1<(n+1)^2$,即 n^2+n+1 不是完全平方数,矛盾.故不存在正整数 m,n 使 $m(m+2)=n(n+1)$.

(2)当 $k=3$ 时,若存在正整数 m,n 使 $m(m+3)=n(n+1)$,则 $(2m+3)^2=4n^2+4n+9=(2n+1)^2+8,(2m+3+2n+1)(2m+3-2n-1)=8,(m+n+2)(m-n+1)=2$,但 $m+n+2>2$,上式不成立.

当 $k\geqslant 4$ 时,若 $k=2t(t\geqslant 2$ 为正整数)为偶数,取 $m=t(t-1),n=t^2-1$,则 $m(m+k)=m(m+2t)=(t^2-t)(t^2+t)=(t^2-1)t^2,n(n+1)=(t^2-1)t^2$,故这样的 m,n 满足题目条件.当 $k=2t+1(t\geqslant 2$ 为正整数)为奇数时,取 $m=\frac{t^2-t}{2},n=\frac{t^2+t-2}{2}$,则 $m(m+k)=\frac{t^2-t}{2}(\frac{t^2-t}{2}+2t+1)=\frac{1}{4}t(t-1)(t+1)(t+2),n(n+1)=\frac{t^2+t-2}{2}(\frac{t^2+t-2}{2}+1)=\frac{1}{4}t(t-1)(t+1)(t+2)$,故这样的 (m,n) 满足题目条件.

综上所述,当 $k=3$ 时,答案是否定的;当 $k\geqslant 4$ 时,答案是肯定的.(注 当 $k\geqslant 4$ 时,构造的例子不是唯一的)

8.设 6 张卡片正面上写的数是 $a_1,a_2,\cdots,a_6$,反面上对应写的数是 $b_1,b_2,\cdots,b_6(a_i,b_i$ 的取值分

别是 $1,2,3,4,5,6$，$i=1,2,\cdots,6$)，所写数的差的绝对值为 $|a_i-b_i|$($i=1,2,3,\cdots,6$)．如果它们两两互不相同，那么它们只能是 $0,1,2,3,4,5$，它们的和 $|a_1-b_1|+|a_2-b_2|+\cdots+|a_6-b_6|=0+1+2+3+4+5=15$ 是奇数，而 $|a_i-b_i|$ 与 a_i-b_i 的奇偶性相同，并且 $(a_1-b_1)+(a_2-b_2)+\cdots+(a_6-b_6)=(a_1+a_2+\cdots+a_6)-(b_1+b_2+\cdots+b_6)=(1+2+3+4+5+6)-(1+2+3+4+5+6)=0$ 为偶数，矛盾．

故 $|a_1-b_1|,|a_2-b_2|,\cdots,|a_6-b_6|$ 中必有两个相等．

9. 如图(a)，若四点 A,B,C,D 构成凸四边形，则必有一个内角 $\leqslant 90°$(不然 $360°=\angle A+\angle B+\angle C+\angle D>4\times90°=360°$，矛盾)．

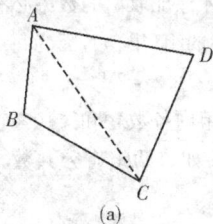 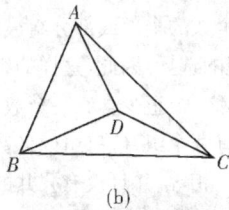

第 9 题

设 $\angle A\leqslant90°$，即 $\angle BAC+\angle CAD\leqslant90°$，故 $\angle BAC$ 与 $\angle CAD$ 中必有一个 $\leqslant\dfrac{1}{2}\times90°=45°$，结论成立．

如图(b)，若 A,B,C 构成三角形，D 在 $\triangle ABC$ 内，则 $\triangle ABC$ 必有一个内角 $\leqslant\dfrac{1}{3}\times180°=60°$．

不妨设 $\angle A\leqslant60°$，即 $\angle BAD+\angle DAC\leqslant60°$，故 $\angle BAD$ 与 $\angle DAC$ 中必有一个 $\leqslant\dfrac{1}{2}\times60°=30°<45°$，结论成立．

10. $1,4,7,10,13,\cdots,97,100$ 共 34 个数，去掉 1 和 52，其余的 32 个数配成 16 对，每对中两个数之和等于 104：$\{4,100\},\{7,97\},\{10,94\},\cdots,\{49,55\}$，所取的 20 个数中至少有 $20-2=18$ 个数选自上述 16 个数对．由抽屉原理，其中必有两个数 a,b 选自同一个数对，它们的和 $a+b=104$，剩下的 $18-2=16$ 个数选自剩下的 $16-1=15$ 个数对．

同样由抽屉原理，其中必有两个数 c,d 选自同一个数对，它们的和 $c+d=104$．

11. 设购买 3 元的商品有 a 件，购买 5 元的商品有 b 件，则 $3a+5b\leqslant15$(a,b 为非负整数，其中至少有一个为正)，故 (a,b) 只可能为 $(1,0),(2,0),(3,0),(4,0),(5,0),(0,1),(1,1),(2,1),(3,1),(0,2),(1,2),(0,3)$，共有 12 种购买组合．由抽屉原理知购买的人数至少为 $2\times12+1=25$ 人，才保证其中必有 3 人购买两种商品的数量完全相同．

12.(1)例如 $A_1,A_2,\cdots,A_8$ 上填的数依次为 $1,8,3,2,7,4,5,6$ 时满足任意 3 个相邻顶点上所填的数都大于或等于 12.

(2)假设存在满足要求的填法使 $S_i\geqslant13$($i=1,2,\cdots,8$)．

因 $S_1+S_2+\cdots+S_8=3\times(1+2+\cdots+8)=108$，而 $13\times8=104,108-104=4$，于是有两种可能：

(a)$S_1,S_2,\cdots,S_8$ 中有 4 个等于 13，其余 4 个等于 14；

(b)$S_1, S_2, \cdots, S_8$ 中至少有 5 个等于 13.

在情形 (a) 下,由填法可知 $S_1, S_2, \cdots, S_8$ 只可能是 13,14,13,14,13,14,13,14 或 14,13,14,13,14,13,14,13,列方程组可解得填的数不满足题目条件;在情形 (b) 下,因 $S_1, S_2, \cdots, S_8$ 中至少有 5 个 13,故至少有两个连续的 13.

不妨设 $S_1 = S_2 = 13$,而 S_1 和 S_2 分别都是三个数的和,并且其中有 2 个数相同,那么另一个数也相同,至少填于 2 个相同的数,矛盾. 因此,不存在满足题目要求的填数法.

13. 从 1 到 30 的正整数中 5 的倍数恰有 6 个:5,10,15,20,25,30,其余 24 个都不是 5 的倍数. 考虑最不利的情况,如果取出这 24 个数,那么仍未取出一个 5 的倍数,但如果取出 25 个数,那么至少有 25－24＝1 个数是 5 的倍数,故最少要取出 25 个数,才保证取出的数中必有一个是 5 的倍数.

14. 考虑由这 10 个数的全部或部分组成的一切可能的组(集合),因为每个数可放入或不放入这样的组,即有两种可能的选择,因此,这样的组有 $2 \times 2 \times \cdots \times 2 = 2^{10} = 1024$ 个,去掉其中一个数也不含的组(空集),还有 1023 个至少含有一个数的组,而每组内各数之和 $<10 \times 100 = 1000$.

由抽屉原理知必有两个组,使每组内各数之和相等. 如果两组有公共数,那么将公共数去掉,剩下的两组内各数之和仍相等,并且没有公共的数.

15. 用 a_i 表示第 i 层所放图书的册数,$i = 1, 2, 3, 4, 5$. 如果某个 $a_i = 0$,那么 $a_{i+1} = a_i + a_{i+1}$(当 $1 \leqslant i \leqslant 4$ 时)或 $a_{i-1} = a_{i-1} + a_i$(当 $2 \leqslant i \leqslant 5$ 时),结论显然成立. 因此,可设 $a_i \geqslant 1 (i = 1, 2, 3, 4, 5)$.

(1)若 a_1, a_2, a_3, a_4, a_5 中有 2 个数相等,则结论已经成立;

(2)若 a_1, a_2, a_3, a_4, a_5 各不相等,因 $15 = a_1 + a_2 + a_3 + a_4 + a_5 = 1 + 2 + 3 + 4 + 5$,所以 a_1, a_2, a_3, a_4, a_5 必是 1,2,3,4,5 之一,但是 $a_1 + a_2, a_2 + a_3, a_3 + a_4, a_4 + a_5$ 这 4 个数不可能同时包含 7,8,9 这三个数.

事实上,若 7,8,9 都出现,则只可能 $7 = 2 + 5, 8 = 3 + 5, 9 = 4 + 5$ 或 $7 = 3 + 4, 8 = 3 + 5, 9 = 4 + 5$,前者表示放 5 册书的那一层与放 2,3,4 册书的各层均相邻,不可能.

后者表示放 4,5 册书的两层既要相邻又要不相邻,也不可能.

因此,下面 9 个数:$a_1, a_2, a_3, a_4, a_5, a_1 + a_2, a_2 + a_3, a_3 + a_4, a_4 + a_5$,至多取 8 个不同的值.

由抽屉原理知,其中必有两个是相等的,从而命题得证.

16. 设该学生从第 1 天到第 i 天共做了 S_i 道习题($i = 1, 2, \cdots, 35$),因为每天至少做 1 道题,每周至多做 10 道习题,所以 $1 \leqslant S_1 < S_2 < \cdots < S_{35} \leqslant 5 \times 10 = 50$,于是 $S_1 + 19 < S_2 + 19 < \cdots < S_{35} + 19 < 69$.

因为 70 个正整数 $S_1, S_2, \cdots, S_{35}, S_1 + 19, S_2 + 19, \cdots, S_{35} + 19$ 中最小的是 S_1,最大的 $S_{35} + 19 \leqslant 69$,故由抽屉原理,这 70 个数中必有两个数相等,而 $S_1 < S_2 < \cdots < S_{35}, S_1 + 19 < S_2 + 19 < \cdots < S_{35} + 19$,所以必存在 $1 \leqslant i < j \leqslant 35$,使 $S_j = S_i + 19$,即 $S_j - S_i = 19$,也就是该学生在第 $i+1, i+2, \cdots, j$ 这连续 $j - i$ 天内恰做了 19 道习题.

17. (1)对任意非负整数 a,我们设下列 10 个数 $A_a = \{10a, 10a+1, 10a+2, \cdots, 10a+9\}$ 为从 $10a$ 开始的基本段. 于是,任意连续 13 个正整数或者包含在 2 个相邻的基本段中,或者包含在 3 个相邻的基本段中. 在前一情形下,至少有 7 个数包含在同一个基本段中,在后一情形,有 10 个数包含在同一个基本段中,总之,至少有 7 个数包含在同一个基本段中.

设这 7 个数是 $10a+b, 10a+b+1, 10a+b+2, 10a+b+3, 10a+b+4, 10a+b+5, 10a+b+6$($a$ 为某个非负整数,$b = 0$ 或 3),记 a 的各位数字之和为 N_a,则上述 7 个数的各位数字之和分别是 $N_a + b, N_a + b + 1, N_a + b + 2, \cdots N_a + b + 6$,它们除以 7 的余数两两互不相同,故其中必有一个数被 7 整除.

(2)下列 12 个连续正整数:994,995,996,997,998,999,1000,1001,1002,1003,1004,1005 的各位数字之和分别是 22,23,24,25,26,27,1,2,3,4,5,6,它们都不被 7 整除,故任意连续 12 个正整数中不保证存在一个数,它的各位数字之和被 7 整除.

18.(1)设 $x_1,x_2,\cdots,x_{1007}$ 是从 $1,2,\cdots,2008$ 中任取的 1007 个数.首先将 $1,2,\cdots,2008$ 分成 1004 对,每对数的和等于 2009:$\{1,2008\},\{2,2007\},\cdots,\{1004,1005\}$.

从 2008 个数中取出 1007 个数后,还剩 1001 个数,所以 $x_1,\cdots,x_{1007}$ 中至多有 1001 个数属于包含这 1001 个数的数对,因此,至少有 $1004-1001=3$ 对数,不妨记为 $\{m_1,2009-m_1\},\{m_2,2009-m_2\},\{m_3,2009-m_3\}$($m_1,m_2,m_3$ 为互不相等的正整数),它们中的 6 个数均为 $x_1,x_2,\cdots,x_{1007}$ 中的数.其次将 1 到 2008 中 2006 个数(1004,2008 除外),分成 1003 对,每对数之和等于 2008:$\{1,2007\},\{2,2006\},\cdots,\{1003,1005\}$,2006 个数中至少有 1005 个被取出.因此,2006 个数中没有取出的数至多有 $2006-1005=1001$,故上述 1003 对数中至少有 $1003-1001=2$ 对,不妨记为 $\{n_1,2008-n_1\},\{n_2,2008-n_2\}$($n_1,n_2$ 为互不相等的正整数),它们中的 4 个数都是 $x_1,x_2,\cdots,x_{1007}$ 中的数.

又在 3 对数 $\{m_i,2009-m_i\}$($i=1,2,3,m_1,m_2,m_3$ 为互不相同的正整数)中至少有一对数中的两个数与 $(n_1,2008-n_1)$,$(n_2,2008-n_2)$ 互不相同,不妨设这对数为 $(m_1,2009-m_1)$,于是 $m_1+(2009-m_1)+n_1+(2008-n_1)=4017$.

(2)不成立.当 $n=1006$ 时,不妨设取出的 1006 个数为 $1003,1004,\cdots,2008$,其中任意 4 个数之和不小于 $1003+1004+1005+1006=4018>4017$.

当 $n<1006$ 时,不妨设取出的 n 个数为 $2009-n,2010-n,\cdots,2007,2008$,其中任意 4 个数之和不小于 $(2009-n)+(2010-n)+(2011-n)+(2012-n)=8042-4n>8042-4024=4018>4017$,所以 $n\leqslant1006$ 时,结论不成立.

19.仿照本章§2 例 13,可找出满足题目条件的图形(如图).

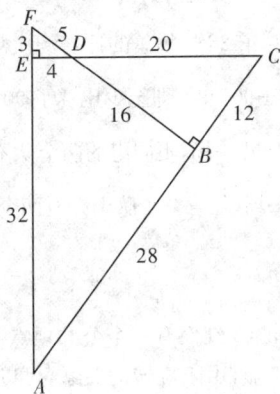

第 19 题

20.设给定的正整数是 $a_1,a_2,\cdots,a_{20}$,满足 $a_1<a_2<\cdots<a_{20}\leqslant100$.

令 $b_1=a_2-a_1,b_2=a_3-a_2,\cdots,b_{19}=a_{20}-a_{19}$,我们证明:$b_1,b_2,\cdots,b_{19}$ 中至少有 3 个相等,假设这 19 个差中任意三个数不相等,那么 $b_1+b_2+\cdots+b_{19}\geqslant1+1+2+2+3+3+4+4+5+5+6+6+7+7+8+8+9+9+10=2\times\frac{1}{2}\times9\times10+10=100$.

另一方面 $b_1+b_2+\cdots+b_{19}=(a_2-a_1)+(a_3-a_2)+\cdots+(a_{20}-a_{19})=a_{20}-a_1<a_{20}\leqslant100$,矛盾.
因此结论成立.

21.如果已知 5 点是一个凸五边形的 5 个顶点,或是一个凸四边形的 4
个顶点,且另一点在此凸四边形内时,结论显然成立.除此以外,已知 5 点中
必有 3 点构成一个三角形(记为 $\triangle ABC$)的三个顶点并且另 2 点(记为 D、E)
在 $\triangle ABC$ 内.因为无 3 点共线,故直线 DE 必与 $\triangle ABC$ 的两边相交而与第三
边无公共点,不妨设直线 DE 与边 BC 无公共点(如图),于是 B、C、D、E 是一
个凸四边形的 4 个顶点.

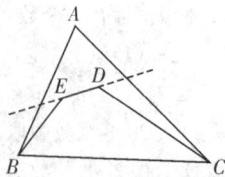

第 21 题

22.(1)在 1 到 2010 中取出 11 个数:2000,2001,2002,$\cdots$,2010,由抽屉原理知其中必有 2 个数 a
和 $b(a>b)$ 属于 A_1,A_2,$\cdots$,A_{10} 中同一组,且 $\dfrac{a}{b}=1+\dfrac{a-b}{b}\leqslant1+\dfrac{2010-2000}{2000}=1+\dfrac{1}{200}$.

(2)将从 1 到 2009 的正整数按它们除以 10 的余数分为 10 个组:A_1,A_2,$\cdots$,A_{10},其中 A_i 内每个
数除以 10 的余数是 $i(i=1,2,\cdots,9)$,A_{10} 内每个数被 10 整除.于是对任意 $A_i(1\leqslant i\leqslant10)$ 及 A_i 内任意
两个数 $a,b(a>b)$,有 $a-b\geqslant10$,$b\leqslant a-10\leqslant2009-10<2010-10=2000$,于是 $\dfrac{a}{b}=1+\dfrac{a-b}{b}>1+$
$\dfrac{10}{2000}=1+\dfrac{1}{200}$,即不存在两个数 $a,b(a>b)$ 属于上述分法下的同一组且满足 $\dfrac{a}{b}\leqslant1+\dfrac{1}{200}$.

23.设 20 个队中 A_1 队比赛的场次最少,它只比赛了 k 场,并设与 A_1 比过赛的队员 A_2,A_3,$\cdots$,
A_{k+1},其余 $20-(k+1)=19-k$ 个队为 B_1,B_2,$\cdots$,B_{19-k}.对任意的 $1\leqslant i<j\leqslant19-k$,因为 A_1,B_i,B_j
中必有两个队比赛过一场,但 A_1 与 B_i,A_1 与 B_j 没有比赛,故只可能 B_i 与 B_j 比赛一场,即 B_1,
$\cdots$,B_{19-k} 中每个队至少与其他 $18-k$ 个队比赛过一场.

又 A_1,$\cdots$,A_{k+1} 中每队至少比赛 k 场,故各队比过赛的场次数的总和至少为 $k(k+1)+(19-k)\cdot$
$(18-k)$.但上述计数中每场比赛计算了 2 次,故总的比赛场次数至少为 $\dfrac{1}{2}\times[k(k+1)+(19-k)\cdot$
$(18-k)]=k^2-18k+171=(k-9)^2+90\geqslant90$,即至少比赛了 90 场.另一方面将 20 个队分为两组,每
组 10 个队,规定同组中任意两个队比赛一场,不同组的两个队不比赛,则一共比赛了 $2\times[\dfrac{1}{2}\times10\times$
$9]=90$ 场,并且每两个队至多比赛一场,任意 3 个队中必有两个队属于同一组,它们比赛过一场.

模拟实战三

1.3 红面有两种情形:(1)如图(a),3 红面有一个公共顶点,
此时余下三面任选一面染黄,二面染蓝,由于旋转的关系,可以
看成同一种染色方法.

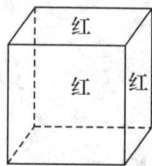

(2)如图(b),红面中有 2 个面是对面,如上、下底面染红,4
个侧面中有一个面染红,余下 3 侧面中 2 蓝面或相邻或相对,有
2 种不同染法,合计共有 3 种不同染色方法.故选 B.

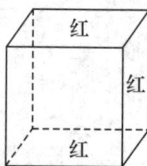

(a)   (b)
第 1 题

2.由条件(2)知白球不在红盒中,由条件(3)知白球不在白
盒中,故白球必在黄盒中,故由条件(1)知白球比黄球多,再由条件(3)知黄球不在白盒中,故黄球必

在红盒中,于是红球必在白盒中.故填黄、红、白.

3.因为每行 3 个数中的最大数必不小于 3,又各行最大数中最小的必不大于 7,故 $3 \leqslant M \leqslant 7$.

同理可得 $3 \leqslant m \leqslant 7$,且 $m \neq M$,所以 $M-m \in \{-4,-3,-2,-1,1,2,3,4\}$,并且如图知这 8 个值都可以取到.故填 8.

1	2	3
4	5	6
7	8	9

$M=3,m=7$

1	2	3
4	5	7
6	8	9

$M=3,m=6$

1	2	3
4	6	7
5	8	9

$M=3,m=5$

2	3	4
1	6	7
5	8	9

$M=4,m=5$

1	3	6
2	4	7
5	8	9

$M=6,m=5$

1	3	7
2	4	8
5	6	9

$M=7,m=5$

1	3	7
2	5	8
4	6	9

$M=7,m=4$

1	5	7
2	4	8
3	6	9

$M=7,m=3$

第 3 题

4.设取出的球中白球、红球、黑球的个数分别为 x,y,z,则 $x+y+z=10,2 \leqslant x \leqslant 8,2 \leqslant y \leqslant 5,0 \leqslant z \leqslant 3$.按 $z=0,1,2,3$ 依次枚举可得 (x,y,z) 等于 $(5,5,0),(6,4,0),(7,3,0),(8,2,0);(4,5,1),(5,4,1),(6,3,1),(7,2,1);(3,5,2),(4,4,2),(5,3,2),(6,2,2);(2,5,3),(3,4,3),(4,3,3),(5,2,3)$ 共 16 组解.故选 B.

5.6×6 的方格纸中共有 16 个 3×3 的正方形,要想涂尽量多的红格,涂的红格尽可能只在一个 3×3 正方形的四角上,避免在两个或两个以上 3×3 正方形的四角上,涂法如图所示,故最多涂 16 个红格.所以填 16.

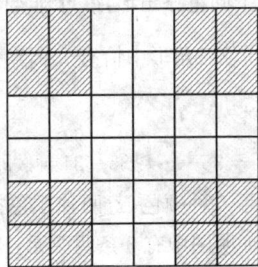

第 5 题

6.依次着色,A 有 3 种涂法,B 有 2 种涂法,D 有 3 种涂法,C 有 1 种涂法.

故共有 $3 \times 2 \times 3 \times 1=18$ 种涂法.

当 A 涂蓝色时,B 有 2 种涂法,D 有 3 种涂法,C 有 1 种涂法,共有 $2 \times 3 \times 1=6$ 种涂法,

所以 A 涂蓝色的概率为 $\frac{6}{18}=\frac{1}{3}$.故填 $\frac{1}{3}$.

7.设红、蓝、黄、绿代表的数字分别为 a,b,c,d,则 $x=a+3b$ ①,$y=a+2b+c$ ②,$a+b+c+$

$d=30$　③，$a+2b+d=25$　④，$a+2b+c=28$　⑤.

由①及⑤得 $y=28$，③－⑤得 $d-b=30-28=2$　⑥，

于是由①、④、⑥得 $x=a+3b=(a+2b+d)-(d-b)=25-2=23$.故填 $x=23$，$y=28$.

8.解法一：O 点涂红，则 A,B,C,D 只能涂黄、蓝或绿.

①若 A,C 同色，则从 3 色中取 1 色涂 A 和 C 有 3 种涂法，余下 2 色涂 B 和 D，每点都有 2 种涂法，这时有 $3\times2\times2=12$ 种涂法.

②若 A,C 不同色，从 3 色中取 1 色涂 A 有 3 种方法，再从余下 2 色中取 1 色涂 C 有 2 种方法，最后剩下的 1 色涂 B 和 D，只有 1 种涂法，这时有 $3\times2\times1=6$ 种方法，所以 O 涂红色时共有 $12+6=18$ 种方法.

同理 O 涂黄色时，也有 18 种染色方法，所以共有 $18\times2=36$ 种染色方法.故填 36.

解法二：从红、黄 2 色中取 1 色涂点 O，有 2 种方法，余下 3 色涂 A,B,C,D 4 点，相当于本章§3 例 16 注中用 3 色涂 4 个扇形，用 $m=3$，$n=4$ 代入公式③，得其涂色的方法数为 $a_4=(3-1)^4+(-1)^4\cdot(3-1)=18$，故共有 $2a_4=2\times18=36$ 种涂法，所以填 36.

9.当 $n\geq5$ 时，对任意一个双色凸 n 边形，从中去掉红顶点和蓝顶点后，得到一个无色凸 $n-2$ 边形，并且不同的双色凸 n 边形去掉红顶点和蓝顶点后，得到的无色凸 $n-2$ 边形不相同，反过来每个无色凸 $n-2(5\leq n\leq12)$ 边形增加红顶点和蓝顶点后得到一个双色凸 n 边形，这种对应是一一对应，故 $12\geq n\geq5$ 时双色凸 n 边形与无色凸 $n-2$ 边形的个数相等.因此，总的说来双色多边形比无色多边形多，多出来的数目恰好是双色三角形的数目与双色四边形的数目.而双色三角形有 10 个，双色四边形有 $\frac{1}{2}\times10\times9=45$ 个，所以双色多边形多 $10+45=55$ 个.

10.设 7 个顶点为 $A_1,A_2,\cdots,A_7$，并且从 A_i 出发有 x_i 条红线，从而从 A_i 出发有 $6-x_i$ 条蓝线 $(i=1,2,3,\cdots,7)$，故以 A_i 为顶点的异色角的个数为 $x_i(6-x_i)=-(x_i-3)^2+9\leq9$，整个图中的异色角的个数 $\leq7\times9=63$.设图中有 f_7 个同色三角形，g_7 个非同色三角形，则 $f_7+g_7=C_7^3=\frac{7\times6\times5}{1\times2\times3}=35$ 个，而同色三角形中无异色角，非同色三角形中恰有 2 个异色角，故图中共有 $2g_7$ 个异色角，于是 $2g_7\leq63$，$g_7\leq31\frac{1}{2}$.

又 g_7 为整数，故 $g_7\leq31$，所以 $f_7=35-g_7\geq35-31=4$，即同色三角形至少有 4 个.

11.用 6 个点 A,B,C,D,E,F 表示 6 种颜色，若两种颜色搭配，则对应两点连一线段，否则不连线段，这样，每点出发有 3 条线段.要证明图中有 3 条两两无公共端点的线段，不妨设 A,B 之间连有线段.

因为从 C 出发有 3 条线段，故其中必有一条线段 CD 与 AB 无公共端点.若 E 与 F 不相连，不妨设 E 与 A,D 相连，这时若 F 与 B 相连，那么 EA,CD,FB 两两无公共端点，结论成立.若 F 与 B 不相连，那么 F 必与 A,C,D 都相连，于是 EC,FD,AB 两两无公共端点，结论也成立.

12.首先证明：只取出 43 个球是不够的.事实上，当盒中有 42 个红球，41 个黄球，5 个黑球时，任取 24 个球，其中至少有 $24-5=19$ 个球是红球或黄球.由抽屉原理知至少有 $[\frac{19-1}{2}]+1=10$ 个球是同色的；而取 19 红球，19 个黄球和 5 个黑球共 43 个球，其中没有 20 个是同色的.其次证明：若从

中任取 44 个球,则必有 20 个球同色,记盒子中红、黄、黑球的个数为 x,y,z,不妨设 $x\geqslant y\geqslant z$,于是 $x+y+z=88$.

(1)若 $z\leqslant 5$,则取出的红球和黄球至少有 $44-5=39$ 个,由抽屉原理,其中至少有 $\left[\dfrac{39-1}{2}\right]+1=20$ 个同色.

(2)若 $z=6$,当 $y\leqslant 8$ 时,取出的 44 个球中红球个数 $\geqslant 44-y-z\geqslant 44-8-6>20$;当 $y\geqslant 9$ 时,取 9 个红球,9 个黄球,6 个黑球,则一共取出了 24 个,而其中无 10 个同色,不满足已知条件.

(3)若 $z=7$,当 $y\geqslant 8$ 时,取 9 个红球,8 个黄球,7 个黑球,共 24 个球,而其中无 10 个球同色,不满足已知条件,故 $y\leqslant 7$,这时取出的 44 球中红球个数至少有 $44-y-z\geqslant 44-7-7>20$.

(4)若 $z\geqslant 8$,则红球、黄球、黑球各 8 个,共 24 个球,而其中无 10 个同色,不满足已知条件.

综上所述,至少要取出 44 个球,才能保证其中有 20 个球同色.

13. 不失一般性,可设第 1 个球为红色,第 2 个球为蓝色,如果它们的重量不同,那么结论成立。如果它们的重量相同,例如同是重 1 磅,那么必有重 2 磅的球,它与第一球或第二球中一个必是有不同的重量和不同的颜色.

14.(1)首先证明:存在一条长为 $2a$ 的线段,其两端同色。事实上,任取一点 O,不妨设 O 为红色,以 O 为中心,$2a$ 为半径画圆,若此圆上有一点 A 也为红色,则 OA 满足要求,否则这圆上的点全为蓝色。于是该圆的内接正六边形的边长等于 $2a$,两端都为蓝色,也满足要求。其次,不妨设 $AD=2a$,且 A、D 都为红色,以 AD 为直径作圆,并作该圆的内接正六边形 $ABCDEF$ (如图)。若 B、C、E、F 中有一点,例如 C 为红色,则 $Rt\triangle ACD$ 中,A,C,D 都为红色,且 $CD=a,AC=\sqrt{3}a,AD=2a$,否则 B、C、E、F 都为蓝色,则 $Rt\triangle BCE$ 中,B、C、E 都为蓝色是 $BC=a$,$CE=\sqrt{3}a$,$BE=2a$,于是结论得证.

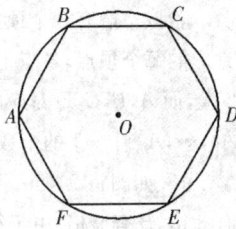

第 14 题

(2)方法一:由(1)小题的结论分别取 $a=1$ 和 $a=k$,可知存在两个直角三角形,每一个直角三角形的 3 个顶点同色,一个直角三角形的三边长为 $1,\sqrt{3},2$,另一个直角三角形 3 边的长是 $k,\sqrt{3}k,2k$,于是这两个直角三角形相似,其相似比为 k.

方法二:任取一点 O 为圆心,分别以 1 和 k 为半径作两个同心圆,在大圆上任取 9 个点.

由抽屉原理知其中至少有 $\left[\dfrac{9-1}{2}\right]+1=5$ 点同色。设这 5 点为 $A_1,A_2,\cdots,A_5$,连 OA_i 交小圆于 B_i ($i=1,2,3,4,5$),再由抽屉原理知 $B_1,B_2,\cdots,B_5$ 中至少有 $\left[\dfrac{5-1}{2}\right]+1=3$ 点同色.

设这 3 点为 $B_i,B_j,B_k(1\leqslant i<j<k\leqslant 5)$。于是 $\triangle A_iA_jA_k\sim\triangle B_iB_jB_k$,相似比为 k,且每个三角形的 3 个顶点同色.

15. 设五边形为 $A_1A_2A_3A_4A_5$,由于每一顶点引出 4 条线段,故至少要 4 种颜色。设 $A_1A_2,A_1A_3,A_1A_4,A_1A_5$ 分别染 1,2,3,4 色,则 A_2A_3 不能染 1,2 色。如果 A_2A_3 染颜色 3 (如图),则由 A_1A_3,A_1A_5 及 A_2A_3 知 A_3A_5 染颜色 1,从而 A_3A_4 染颜色 4。由 A_2A_3,A_3A_4 及 A_1A_2 知 A_2A_4 染颜色 2,从而 A_2A_5 染颜色 4,于是 $\triangle A_1A_2A_5$ 中,有 2 边染颜色 4,故此时不满足条件。如果 A_2A_3 染颜色 4,类似

可推出不满足条件. 所以至少要 5 种颜色. 当 A_1A_2，A_3A_5 染颜色 1，A_2A_3，A_1A_4 染颜色 2，A_3A_4，A_5A_2 染颜色 3，A_4A_5，A_1A_3 染颜色 4，A_5A_1，A_4A_2 染颜色 5 时，满足条件，所以 5 种颜色可以满足题目要求，故最少要 5 种颜色.

第15题

16. 设正整数 m 和 n 都染成白色，我们证明 mn 也染成白色，用反证法. 假设 mn 是染成黑色，设正整数 k 是黑色，由已知条件知 $m+k$ 染成黑色，$(m+k)n=mn+kn$ 染成白色，另一方面 kn 染成白色，mn 染成黑色，从而 $mn+kn$ 染成黑色，矛盾! 这就证明了 mn 是染成白色. 设 l 是染成白色的最小正整数，则由已知条件及上面证明知无论 s 是白色或黑色，l 的倍数 ls 都为白色，下证除 l 的倍数外，其他的数都染成黑色. 设 $p=ql+r$，其中 q 为非负整数，r 为正整数，且 $0<r<l$，则由 l 的最小性知 r 为黑色. 又 ql 为白色，所以 $p=ql+r$ 为黑色.

因此，染色方法是所有 l 的倍数染白色，余下的数都染成黑色，其中 l 是所有染成白色的数中的最小数.

17. 用数代表颜色，红色记为 1，蓝色记为 -1. 将小方格编号，记为 $1,2,\cdots,n^2$，第 i 个小方格 4 个顶点处的数之积记为 $A_i(i=1,2,\cdots,n^2)$.

若该格恰有 3 个顶点处同色，则 $A_i=-1$，否则 $A_i=1$. 考虑 $A_1\times A_2\times\cdots\times A_{n^2}$，对 $ABCD$ 内小正方形的每个顶点，各点上的数在上述乘积中出现 4 次，对 $ABCD$ 各边上不是端点的点，对应的数出现 2 次，而 A,B,C,D 对应的数之积为 $1\times 1\times(-1)\times(-1)=1$，所以 $A_1\times A_2\times\cdots\times A_{n^2}=1$，因此，$A_1$，$A_2$，$\cdots$，$A_{n^2}$ 中 -1 的个数必为偶数，即恰有 3 个顶点同色的小正方形的个数为偶数.

18. 如图将 5×5 的地面每个小方格染成 A、B、C 三种颜色之一，其中 A、C 有 8 格，B 有 9 格. 由于每个 1×3 的砖块必定覆盖 A、B、C 各一格，故 1×1 的砖块必在染 B 色的小方格上. 而另一方面，将 5×5 的地面旋转 $90°$，再按完全相同的方式染色，于是 1×1 的砖块仍在染成 B 色的小方格上，但两次染色，均染成 B 色的小方块只有中间的那个，因此，1×1 的砖块在整个 5×5 的地面的中心位置.

A	B	C	A	B
B	C	A	B	C
C	A	B	C	A
A	B	C	A	B
B	C	A	B	C

第18题

19. 首先证明，一定有两点以及两点连线的中点同色. 因为至少有一种颜色被染了无穷多次，不妨设为红色，今找两点 M、N 均为红色，K 为 MN 的中点. 又使 M 为 SN，N 为 MT 的中点(图(a)).

若 K 为红，则 M，N，K 为所求. 同理若 S 或 T 为红，则 S，M，N 或 M，N，T 为所求，否则 S，K，T 都为蓝，于是 S，K，T 为所求. 如图(b)，作 $\triangle A'B'C'\backsim\triangle ABC$，$P$、$Q$、$R$ 为三边的中点，且由前段证明可设 B'，P'，C' 同为红色. 若 A' 为红，则 $\triangle A'B'C$ 即为所求，否则 A' 为蓝色.

若 R 或 Q 为红，则 $\triangle B'PR$ 或 $\triangle PC'Q$ 即为所求，否则 R，Q 为蓝，于是 $\triangle A'RQ$ 即为所求，从而结论成立.

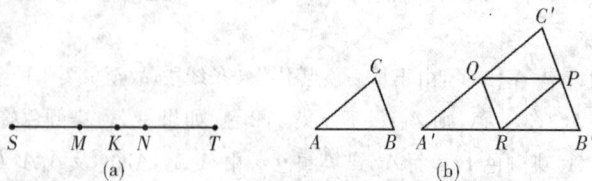

(a)　　　　(b)

第19题

20.方法一:(1)若上、下两个底面不同色,则从 6 色中取 1 色染上底面,有 6 种方法,余下 5 色中取 1 色染下底面有 5 种方法,则染上、下底面有 $6 \times 5 = 30$ 种方法.余下 4 色染 4 个侧面,又分两种情形:

当前、后两个侧面不同色时,染前、后侧面有 $4 \times 3 = 12$ 种染色方法,而左、右两个侧面各有 2 种染色方法,4 个侧面有 $12 \times 2 \times 2 = 48$ 种染色方法;

当前、后侧面同色时,类似可得 4 个侧面有 $4 \times 3 \times 3 = 36$ 种染色方法,故 4 个侧面共有 $48 + 36 = 84$ 种染色方法,这时四棱柱有 $30 \times 84 = 2520$ 种染色方法.

(2)当上、下底面同色时,用 1 色染上、下底面有 6 种方法,余下 5 色染 4 个侧面(分前、后面不同色、同色两种情形)有 $5 \times 4 \times 3 \times 3 + 5 \times 4 \times 4 = 260$ 种染色方法,这时四棱柱有 $6 \times 260 = 1560$ 种染色方法.

综上所述,四棱柱共有 $2520 + 1560 = 4080$ 种染色方法.

方法二:(1)当上、下底面不同色时,上、下底面有 $6 \times 5 = 30$ 种方法.而用 $n = 4, m = 4$ 代入本章§3 例 16 后面注中公式③知四个侧面有 $a_4 = (4-1)^4 + (-1)^4 \cdot (4-1) = 84$ 种染色方法,这时四棱柱有 $30 a_4 = 2520$ 种染色方法.

(2)当上、下底面同色时,上、下底面有 6 种方法,用 $n = 4, m = 5$ 代入上述公式③知四个侧面有 $a_4 = (5-1)^4 + (-1)^4 \cdot (5-1) = 260$ 种染色方法,这时四棱柱有 $6 a_4 = 6 \times 260 = 1560$ 种染色方法.

综上所述,四棱柱共有 $2520 + 1560 = 4080$ 种染色方法.

21.先把每个三角形的最短边都染成红色,剩下的边都染成蓝色,得到 2 色完全图 K_6.由拉姆塞定理 I 知其中必存在同色三角形,因为每个三角形的最短边染红色,故只可能存在红色三角形,取这个三角形的最长边,因为它是红色边,故它必是另一个三角形的最短边.

22.如图,将每个小方格染黑、白两色之一,于是小虫每走一步总是从黑格走到白格或是从白格走到黑格,而第 1 行第 1 列的格子与第 5 行第 5 列的格子均为黑色,故小虫必须经偶数步才能到达.

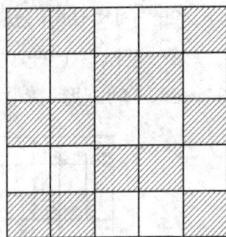

23.设从第 k 球起连续 6 个球为 $T_k (1 \leq k \leq 19)$.

令红球为 1,蓝球为 -1,T_k 中 6 个球对应的数之和为 S_k.如果某个 $S_k = 0 (1 \leq k \leq 19)$,那么 T_k 中恰有 3 个红球和 3 个蓝球.

若 $S_1 = 0$,则结论成立.否则,不妨设 $S_1 > 0$.

由 $S_1 + S_7 + S_{13} + S_{19} = 0$ 知必有某个 $S_i < 0$.

设使 $S_i \leq 0$ 的下标最小的为 S_m,由于 $S_{m-1} > 0$ 且 $S_{k+1} - S_k$ 只可能是 $0, 2, -2$,所以 S_{m-1} 必为 2,从而 S_m 必为 0,故 T_m 为满足要求的 6 个球.

24.将 6 个红点与 6 个蓝点配对,使每对中恰含一个红点和一个蓝点,并将每对中两点连一线段,求出这 6 条线段长度之和 l.因配对的方法只有有限种,故 l 的值只有有限个.

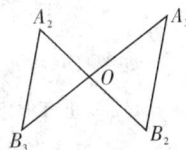

取其中使 l 达到最小值 l_0 的配对法,这时 6 个点对为 $(A_i, B_i)(i = 1, 2, 3, 4, 5, 6)$,其中 $A_1, \cdots, A_6$ 为红点,$B_1, B_2, \cdots, B_6$ 为蓝点.于是 6 点线段 $A_1 B_1, A_2 B_2, \cdots, A_6 B_6$ 两两无公共点.

若不然，不妨设其中 A_2B_2 与 A_3B_3 相交于一点 O（如图），那么 $A_2B_2+A_3B_3=A_2O+OB_3+A_3O+OB_2>A_2B_3+A_3B_2$，这时存在一种配对法：$(A_1,B_1),(A_2,B_3),(A_3,B_2),(A_4,B_4),(A_5,B_5),(A_6,B_6)$，得出的 6 条线段的总和小于 l_0. 这与 l_0 是最小的假设矛盾.

因此，在端点异色的 6 条线段中，其长度和达到最小值的 6 条线段必两两无公共点.

25. 当 $n\geq12$ 时，$n=2q+r(q\geq6$ 为正整数，$r=0$ 或 1），$n=2(q-4)+(8+r)$.

因 $q-4\geq2,2(q-4)$ 为合数，$r=0$ 时，$8+r=8$ 为合数，$r=1$ 时，$8+r=9$ 为合数，所以凡不小于 12 的正整数都染红色，而小于 12 的正整数中，容易检验，只有 1,2,3,4,5,6,7,9,11 这九个数不能写成 2 个合数之和，故蓝色只有 1,2,3,4,5,6,7,9,11 这九个数，所以第 2010 个红数是 $2010+9=2019$.

26. 用 $A_1,A_2,\cdots,A_{100}$ 表示 100 位客人，若两人互相认识，则对应两点连一红线，否则连一蓝线，于是从每点出发至少有 67 条红线. 不妨设从 A_1 出发的红线为 $A_1A_2,A_1A_3,\cdots,A_1A_{68}$，于是除了 $A_1,A_{69},\cdots,A_{100}$ 这 33 点外，A_2 至少与 $A_3,A_4,\cdots,A_{68}$ 中 $67-1-32=34$ 个点连有红线. 不妨设 A_2 与 $A_3,A_4,\cdots,A_{36}$ 连有红线. 从而除了 $A_1,A_2,A_{37},A_{38},\cdots,A_{100}$ 这 66 个点外，A_3 至少与 $A_4,A_5,\cdots,A_{36}$ 中 $67-2-64=1$ 个点连有红线，不妨设 A_3 与 A_4 连有红线，于是 A_1,A_2,A_3,A_4 两两连有红线，即存在 4 个人，他们两两互相认识.

27. 因为每行有 15 条水平线段，16 行共有 $15\times16=240$ 条水平线段.

同理，16 列共有 240 条竖直线段，总共有 480 条线段.

已知其中有 196 条黄色线段，其余 284 条线段是红色或蓝色的. 设其中红色线段有 m 条，因每条红线段有 2 个红端点，每条黄线段有 1 个红端点，故红端点共有 $196+2m$ 个. 另一方面，边界上 32 个红点，每点是 3 条线段的公共端点，角上 2 个红点，每点是 2 条线段的公共端点，正方形点阵内的 $133-32-2=99$ 个红点，每点是 4 条线段的公共端点. 因此，红色端点的总数为 $32\times3+2\times2+99\times4=496$. 于是，$196+2m=496$，$m=150$，即红色线段有 150 条，所以蓝色线段有 $284-150=134$ 条.

28. 设棋盘上的方格可按题目的要求染色，如图(a)将 8×8 的棋盘划分为 4 个 3×3 的正方形和 3 个 2×4 的矩形，其中共有 $4\times5+3\times4=32$ 格被染色.

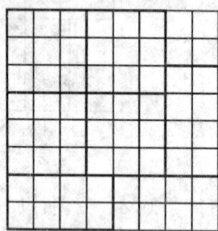 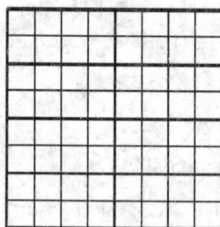 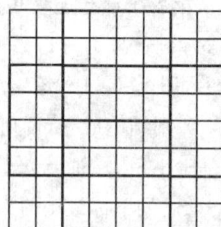

(a)   (b)   (c)

第 28 题

如图(b)，将 8×8 的棋盘划分为 8 个 4×2 的矩形，其中共有 $8\times4=32$ 格被染色，可见图(a)中右上角 2×2 正方形内 4 个小格都没有染色. 由对称性，8×8 正方形的 4 个角上的 4 个 2×2 的正方形内每个小方格都没有染色.

如图(c)，除掉 4 个角上 4 个 2×2 正方形，余下的部分可划分为 6 个 2×4 的矩形，而每个矩形内恰有 4 格被染色，则仅有 $6\times4=24$ 格被染色，产生了矛盾，这表明不存在满足题目要求的染色方法.

模拟实战四

1. 因 $\frac{a}{|a|}=\pm 1, \frac{b}{|b|}=\pm 1, \frac{c}{|c|}=\pm 1, \frac{abc}{|abc|}=\pm 1$,所以 $-4 \leqslant \frac{a}{|a|}+\frac{b}{|b|}+\frac{c}{|c|} \leqslant 4$.

当 a,b,c 全为正时等于 4,当 a,b,c 全为负时等于 -4,故其最大值是 4,最小值是 -4.

2. 当 $x=2k+1$ 为奇数时,依题意得 $4(2k+1)+13 \geqslant 101, 2k \geqslant 21, x \geqslant 22$;当 $x=2k$ 为偶数时,依题意得 $2k \times 5 \geqslant 101, x=2k \geqslant 20.2, x \geqslant 21$,故正整数 x 最小是 21.

3. 依题意 $(a_n - \frac{a_{n-1}}{2008})(a_n - \frac{1}{a_{n-1}})=0, a_n = \frac{a_{n-1}}{2008}$ ①

或 $a_n = \frac{1}{a_{n-1}}$.   ②

于是连续两次第②类变换互相抵消,保持原数不变,并且当连续三次变换依次是"第①类变换,第②类变换,第①类变换"时,其效果相当为进行一次第②类变换,故从 $a_1=2$ 出发变到 a_{2008},一共要经过 2007 次变换,相当于进行若干第①类变换和至多 2 次第②类变换,并且第②类变换只有第一次、最后一次进行才可能使 a_{2008} 最大.其中以前 2006 次进行第①类变换,最后一次进行第②类变换时,a_{2008} 达到最大值 $\frac{2008^{2006}}{2}$.

4. 设等腰三角形的腰为 x,底为 y,周长被分为的两部分的长分别为 n 和 $2n$,则 $\begin{cases} x + \frac{x}{2} = n \\ y + \frac{x}{2} = 2n \end{cases}$ 或

$\begin{cases} x + \frac{x}{2} = 2n \\ y + \frac{x}{2} = n \end{cases}$,解得 $(x,y) = (\frac{2n}{3}, \frac{5n}{3})$ 或 $(\frac{4n}{3}, \frac{n}{3})$.因为 $2 \times \frac{2n}{3} < \frac{5n}{3}$(此时不能够成三角形,舍去),所以

$(x,y) = (\frac{4n}{3}, \frac{n}{3})$,其中 n 是 3 的倍数.则三角形面积 $S = \frac{1}{2} \times \frac{n}{3} \sqrt{(\frac{4n}{3})^2 - (\frac{n}{6})^2} = \frac{\sqrt{7}}{12} n^2$.当 $n \geqslant 0$

时,S 随着 n 的增大而增大.所以 $n=3$ 时,S 取最小值,最小值为 $\frac{3\sqrt{7}}{4}$.

5. 首先,我们假设可将 $1,2,3,\cdots,n$ 这 n 个数分成 A、B 两组满足题目要求,且不妨设 1 属于 A,于是 3 属于 B(因 $1+3=2^2$),类似可推出 6 属于 A(因 $3+6=3^2$),10 属于 B(因 $6+10=4^2$),15 属于 A(因 $10+15=5^2$),而 $1,15$ 都属于 A,且 $1+15=4^2$,矛盾.可见所求 n 的最大值 $\leqslant 14$.另一方面,可将 $1,2,\cdots,14$ 分为下列两组:$A = \{1,2,4,6,9,11,13\}$,$B = \{3,5,7,8,10,12,14\}$,使得每组内任意两个数之和不是完全平方数,故所求 n 的最大值是 14.

6. 如图所示算式中显然有 $g=1, d=9, h=0, a+c+f=10+B, b+e=9+A$,

$2(A+B)+19 = A+B+a+c+f+b+e = 2+3+4+5+6+7+8 = 35$,所以 $A+B=8$,要

使 AB 最大,取 $A=5, B=3$.此时 b,e 为 $6,8$;a,c,f 为 $2,4,7$,这时 AB 的最大值是 15.

(注 取 $A=3, B=5, b,e$ 为 $4,8$;a,c,f 为 $2,6,7$ 也可使 A,B 的最大值是 15)

$$\begin{array}{r} a \\ b\ c \\ + d\ e\ f \\ \hline g\ h\ A\ B \end{array}$$

第6题

7. 设 $\triangle OAB$ 中,OA 边上的高为 h,则 $h \leqslant OB$,所以 $S_{\triangle OAB} = \frac{1}{2} \cdot OA \cdot h \leqslant \frac{1}{2} OA \cdot$

$OB.$ 当 $OA \perp OB$ 时,等号成立,此时 $\triangle OAB$ 的面积最大.

设经过 t 秒后,OA 与 OB 第一次垂直,因为秒钟 1 秒旋转 $6°$,分钟 1 秒旋转 $0.1°$,

故有 $(6-0.1)t=90$,解得 $t=15\frac{15}{59}$. 故应填 $15\frac{15}{59}$.

8. 因 $a+b+c=a+b+2a+5b=3(a+2b)$,所以 $a+b+c$ 是 3 的倍数.

设 a,b 除以 3 的余数分别是 r_a 和 r_b,因 a,b 是质数,所以 $r_a \neq 0, r_b \neq 0$. 因为 $(r_a, r_b)=(1,2)$ 或 $(2,1)$ 时,$c=2a+5b=2r_a+5r_b \equiv 0 \pmod 3$,$c$ 不是质数,矛盾,所以 $r_a=r_b$,则 $r_a=1, r_b=1$ 或者 $r_a=2, r_b=2$,此时 $a+2b$ 是 3 的倍数,从而 $a+b+c$ 是 9 的倍数.

另一方面,因 $2 \times 11+5 \times 5=47$ 中 $a=11, b=5, c=47$ 都是质数且 $a+b+c=11+5+47=63$,以及 $2 \times 13+5 \times 7=61$ 中 $a=13, b=7, c=61$ 都是质数,且 $a+b+c=13+7+61=81$,而 $(63,81)=9$,因此,n 的最大可能值是 9.

9. 设前 5 次射击所得平均环数为 a,第 10 次击中 x 环,依题意

$$a < \frac{5a+9.0+8.4+8.1+9.3}{9}, \qquad \text{①}$$

$$8.8 < \frac{5a+9.0+8.4+8.1+9.3+x}{10}. \qquad \text{②}$$

由①得 $a<8.7$,从而 $5a \leqslant 5 \times 8.7-0.1=43.4$.

由②得 $x>88-34.8-5a \geqslant 53.2-43.4=9.8$,所以 $x \geqslant 9.9$,即第 10 次最少要得 9.9 环.

10. 不参加语文兴趣课的人数为 7,不参加数学兴趣课的人数为 5 人,不参加外语兴趣课的人数为 4 人,不参加自然科学兴趣课的人数为 6 人,故至少有一门兴趣课不参加的人至多有 $7+5+4+6=22$ 人,故四门兴趣课都参加的人至少有 3 人. 构造四门兴趣课都参加的人数恰为 3 的情况如下:有 3 人四门兴趣课都参加,7 人参加除语文外的三门兴趣课,5 人参加除数学外的三门兴趣课,4 人参加除外语外的三门兴趣课,6 人参加自然科学外的三门兴趣课. 综上所述,四门兴趣课都参加的人至少有 3 人.

11. 因 $\frac{2007}{7}=286\frac{5}{7}$,所以将 $1,2,\cdots,2007$ 分别用 7 除,余数为 $1,2,3,4,5$ 的各有 $286+1=287$ 个;余数为 $0,6$ 的各有 286 个.

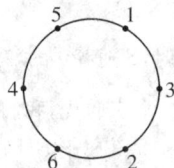
第 11 题

又 $2007=3^2 \times 223$,故 $1,2,\cdots,2007$ 中与 2007 不互质的数有 $3,2 \times 3, 3 \times 3,\cdots,669 \times 3$ 以及 $223, 2 \times 223, 4 \times 223, 5 \times 223, 7 \times 223, 8 \times 223$.

这些数除以 7 的余数依次是 $3,6,2,5,1,4,0,3,6,2,5,1,4,0,\cdots,3,6,2,5,1,4,0,3,6,2,5$ 以及 $6,5,3,2,0,6$,于是这些与 2007 不互质的数中,余数为 $1,2,3,4,5,6,0$ 的依次有 $95,97,97,95,97,98,96$ 个. 在 $1,2,\cdots,2007$ 中且与 2007 互质的数中,余数为 $1,2,3,4,5,6,0$ 的依次有 $192,190,190,192,190,188,190$ 个,要使所取数中任意 3 个的和不是 7 的倍数,至多取 2 个余数为 0 的数.

由于余数为 $(1,3,3),(3,2,2),(2,6,6),(6,4,4),(4,5,5),(5,1,1)$ 以及 $(1,2,4),(3,6,5)$ 的三数的和都是 7 的倍数,于是如图余数相邻的两组数不能全取出,以及余数不相邻的三组数也不能都取出. 并且取出余数为 0 的数后,余数为 $(1,6)$(或 $2,5$)或 $(3,4)$ 的两组数不能都取出.

因此,至多取 2 组其余数在如图中不相邻的全部数.

经验证可知,取余数为1,4的全部数,再取2个余数为0的数,符合题目要求,且取出数的个数达到最大值. 故最多可取192+192+2=386个数,使得所取出的每一个数都与2007互质,并且所取出的数中的任意三个的和都不是7的倍数.

12. 设第4天有m人植树,每人植树n棵,则第4天共植树mn棵;第3天有$m-5$人植树,每人植$n+5$棵,则第3天共植树$(m-5)(n+5)$棵.

同理,第2天共植树$(m-10)(n+10)$棵;第1天共植树$(m-15)(n+15)$棵;第5天共植树$(m+5)(n-5)$棵;第6天共植树$(m+10)(n-10)$棵;第7天共植树$(m+15)(n-15)$棵.

由七天共植树9947棵得$(m-15)(n+15)+(m-10)(n+10)+(m-5)(n+5)+mn+(m+5)(n-5)+(m+10)(n-10)+(m+15)(n-15)=9947$. 化简得$7mn-700=9947$,$mn=1521$.

因$1521=3^2\times13^2$. 又每天都有人植树,所以$m>15$,$n>15$,故$m=n=39$.

因为第4天植树棵数为$39\times39=1521$,其他各天植树棵数为$(39-a)(39+a)=1521-a^2$($a=5$,10或15),所以第4天植树最多,这一天共植树1521棵.

当$a=15$时,39^2-a^2的植树棵数最少.

又当$a=15$时,植树人数为$39+15=54$或$39-15=24$,所以植树最少的那天有54人或24人植树.

13. 设所求的最简分数是$\frac{m}{n}$(m,n互质),$0<m<n<15$,则$\left|\frac{m}{n}-\frac{2}{5}\right|=\frac{|5m-2n|}{5n}$.

因为$\frac{m}{n}\neq\frac{2}{5}$,$m,n$是正整数,所以$|5m-2n|\geqslant1$.

(1)当$|5m-2n|=1$时,有$5m-2n=1$(当$\frac{m}{n}>\frac{2}{5}$时)或$5m-2n=-1$(当$\frac{m}{n}<\frac{2}{5}$时),所以$m=\frac{2n+1}{5}$或$m=\frac{2n-1}{5}$.

由m是整数知$2n+1$或$2n-1$($n<15$)是5的倍数,并且要使$\left|\frac{m}{n}-\frac{2}{5}\right|=\frac{1}{5n}$最小,则$n$应最大.

由$2n+1$或$2n-1$($n<15$)是5的倍数,知n最大取13,对应的$m=5$,此时$\left|\frac{m}{n}-\frac{2}{5}\right|=\frac{1}{65}$.

(2)当$|5m-2n|>1$时,因为m,n是正整数且$n<15$,所以$\left|\frac{m}{n}-\frac{2}{5}\right|=\frac{|5m-2n|}{5n}\geqslant\frac{2}{5\times14}=\frac{1}{35}>\frac{1}{65}$.

综上可知,$\left|\frac{m}{n}-\frac{2}{5}\right|$的最小值是$\frac{1}{65}$,此时对应的$m=5$,$n=13$,故$\frac{5}{13}$是最接近$\frac{2}{5}$且分母小于15的最简分数.

14. 易知,这32人恰好是第2至第33层各住一人,对于每个乘电梯上、下梯的人,他所住的层数一定大于直接走楼梯上楼的人所住的层数.

事实上,设住s层的人乘电梯,而住第t层的人直接走楼梯上楼,且$s<t$,交换两人上楼方式,其余人不变,则不满意总分不增. 现分别证明如下:设电梯停在第x层,

①当$x\leqslant s<t$时,若住在第s层的坐电梯,住第t层的人直接走楼梯上楼,则这两者不满意总分为$3(t-1)+3(s-x)=3t+3s-3x-3$;交换两人上楼方式,则两者不满意总分为$3(s-1)+3(t-x)=3t+3s-3x-3$,两者相等;

②当$s<x<t$时,若住s层的人乘电梯,而住第t层的人直接走楼梯上楼,则这两人不满意总分为$3(t-1)+(x-s)=3t+x-s-3$;交换两人上楼方式,则这两者不满意总分为$3(s-1)+3(t-x)=$

$3t-3x+3s-3$，前者比后者多 $4(x-s)>0$；

③当 $s<t\leqslant x$ 时，若住 s 层的人乘电梯，住 t 层的人直接走楼梯上楼，则这两者不满意总分为 $3(t-1)+(x-s)=3t+x-s-3$；交换两人上楼方式，则这两者的不满意总分为 $3(s-1)+(x-t)=3s+x-t-3$，前者比后者多 $4(t-s)>0$.

今设电梯停在第 x 层，设有 y 人直接走楼梯上楼，则 $y+1\leqslant x-1$，那么不满意总分为 $s=3(1+2+\cdots+y)+3[1+2+\cdots+(33-x)]+[1+2+\cdots+(x-y-1-1)]=\dfrac{3y(1+y)}{2}+\dfrac{3(33-x)(34-x)}{2}+\dfrac{(x-y-2)(x-y-1)}{2}=2x^2-xy-102x+2y^2+3y+1684=2x^2-(y+102)x+2y^2+3y+1684=2[x-\dfrac{y+102}{4}]^2+\dfrac{1}{8}(15y^2-180y+3068)=2(x-\dfrac{y+102}{4})^2+\dfrac{15}{8}(y-6)^2+316\geqslant 316.$

当 $x=27,y=6$ 时，$s=316$，所以，当电梯停在第 27 层时，这 32 人不满意的总分达到最小，最小值为 316 分.

15. 要减数及差均为三位数，数值结构必如图所示，其中 $x+y=15,6\leqslant x\leqslant 9,6\leqslant y\leqslant 9$，故 $a=4\times 9+x+y=51,b=9^4\cdot xy$，易知 xy 的最大值是 $7\times 8=56$，故 $\dfrac{a}{b}$ 的最小值为 $\dfrac{51}{9^4\times 7\times 8}=\dfrac{51}{367416}.$

$$\begin{array}{r}1\ 9\ 9\ 5\\-\ 9\ 9\ x\\\hline 9\ 9\ y\end{array}$$

第 15 题

16. 若 $n\geqslant 5$，任取其中 5 个圆心，若其中有 3 点共线，则对应的三个圆不能两两互相外切，矛盾，所以任何三个圆的圆心不共线. 由给出的定理知，必有 4 个圆的圆心是一个凸四边的 4 个顶点，不妨设这个凸四边形为 $A_1A_2A_3A_4$，记对角线 A_1A_3 与 A_2A_4 的交点为 O，则 $A_1A_3+A_2A_4=(A_1O+OA_2)+(A_3O+OA_4)>A_1A_2+A_3A_4$. 又设圆 A_i 的半径为 $r_i(i=1,2,3,4)$，由于任何两个圆外切，故对任意 $i\neq j$ 有 $A_iA_j=r_i+r_j$，将之代入上式，得 $(r_1+r_3)+(r_2+r_4)>(r_1+r_2)+(r_3+r_4)$，$0>0$，矛盾.

故 $n\geqslant 5$ 不可能.

其次 $n=4$ 是可能的. 实际上，作边长为 2 的正三角形 ABC，分别以 A,B,C 为圆心，1 为半径作三个等圆，再以 $\triangle ABC$ 的中心 O 为圆心，$\dfrac{2\sqrt{3}-3}{3}$ 为半径作圆，则这 4 个圆两两外切，故所求 n 的最大值是 4.

17. 解法一 首先 4 个数 1,3,6,8 满足题目要求，故所求 k 的最大值 $\geqslant 4$.

若 $k\geqslant 5$，记第 n 个数为 $a_n(n=1,2,\cdots,k)$，且 $a_1<a_2<\cdots<a_k$，则分下列几种情形：

(1) a_1 为奇，a_2 为奇，于是 $|a_1-a_2|$ 为偶数.

又 $|a_1-a_2|$ 为质数，故 $a_2-a_1=2$，即 $a_2=a_1+2$.

若 a_3 为奇数，又 $a_3\neq a_2$，故 a_3-a_1 为不等于 2 的偶数，即 a_3-a_1 为不小于 4 的偶数，即 a_3-a_1 为合数，矛盾. 故 a_3 为偶数，a_4 也只能为偶数.

那么，若 a_5 为奇，则 $a_5-a_1>a_3-a_1\geqslant 2$ 为偶数，即 a_5-a_1 为不小于 4 的偶数，从而 a_5-a_1 为合数，矛盾.

若 a_5 为偶数，则 $a_5-a_3>a_4-a_3\geqslant 2$ 为偶数，从而 a_5-a_3 为合数，矛盾.

(2) a_1 为奇，a_2 为偶，于是 a_2-a_1 为奇数，即 $a_2-a_1\geqslant 3$.

若 a_3 为奇数，则 $a_3-a_1>a_2-a_1\geqslant 3$ 为偶数，故 a_3-a_1 为合数，矛盾.

所以 a_3 为偶数，且 $a_3-a_2=2$.

若 a_4 为奇数,则 $a_4-a_1>a_3-a_1\geqslant 3$ 为不小于 4 的偶数,即 a_4-a_1 为合数,矛盾.

若 a_4 为偶数,则 $a_4-a_2>a_3>a_2=2$ 为不小于 4 的偶数,即 a_4-a_2 为合数,矛盾.

(3) a_1 为偶,a_2 为奇或偶,都类似于(1),(2)可导致矛盾.

综上得所求 k 的最大值是 4,故选 B.

解法二 同解法一得 $k\geqslant 4$.若 $k\geqslant 5$,则将全体正整数分为 4 个不相交的子集 M_1,M_2,M_3,M_4,其中 M_i 由全体被 4 除余 i 的正整数组成$(i=0,1,2,3)$于是任取 $k\geqslant 5$ 个数,其中必有 2 个数 $a,b(a>b)$ 属于同一个子集 M_i,于是 $a-b$ 被 4 整除,$a-b$ 不是质数,矛盾.故所求 k 的最大值等于 4.

18.用 0 表示偶数,1 表示奇数,则按如下方法排列时:$\underbrace{100100\cdots100}_{500个100}\overset{ABC}{11\cdots1}$,仅有一个数为偶数:$A+B+C$,故所求和数个数的最大值不小于 $1999-1=1998$.其次,我们证明对任意排列,都至少有一个和为偶数,分 4 种情形.

情形①:第一项为奇数,第二项为偶数.为了使和不出现偶数,第 3 项只能是奇数,接下去只能是 $100100100\cdots$,这样出现了 500 个 100 后,所有 1000 个偶数全都排出,余下只有 501 个奇数,这时只能是上述排列,其中有一个和:$A+B+C$ 为偶数.

情形②:第一项是奇数,第 2 项也是奇数.为了使和不出现偶数,以后各项只能都是奇数,排完 1001 个奇数后,剩下 1000 个偶数,再排下去必出现偶数:奇+奇+偶=偶.

情形③和④:第一项是偶数,第二项是奇数或偶数,同样必会出现和为偶数的情形.

综上可知,所求和数个数的最大值是 1998.

19.设 100 名学生捐书数分别是 $a_1,a_2,\cdots,a_{100}$,不妨设其中 a_{100} 为最大,于是 $10a_{100}+1000=(a_1+a_2+\cdots+a_9+a_{100})+(a_{10}+a_{11}+\cdots+a_{18}+a_{100})+(a_{19}+a_{20}+\cdots+a_{27}+a_{100})+\cdots+(a_{91}+a_{92}+\cdots+a_{99}+a_{100})\leqslant 190+190+\cdots+190=11\times 190=2090$,所以 $a_{100}\leqslant 109$.另一方面,当 $a_1=a_2=\cdots=a_{99}=9,a_{100}=109$ 时,满足题目要求,故捐书最多的人最多能捐书 109 本.

20.从 $1,2,3,\cdots,30$ 中取 $11,12,13,\cdots,30$ 这 20 个数,其中没有一个数是另一个数的奇数倍.

另一方面,把 $1,2,\cdots,30$ 分为下列 20 组:$\{1,3,9,27\},\{2,6,18\},\{4,12,36\},\{5,15,45\},\{7,21\},\{8,24\},\{10,30\},\{11\},\{13\},\{14\},\{16\},\{17\},\{19\},\{20\},\{22\},\{23\},\{25\},\{26\},\{28\},\{29\}$,从中任取 21 个数,一定有两个数取自同一组,其中大的数是小的数的奇数倍,故最少要取 21 个数.

21.我们从 $1,2,\cdots,197$ 中取出如下 99 个数:$1\sim 7,15\sim 21,29\sim 35,43\sim 49,57\sim 63,71\sim 77,85\sim 91,99\sim 105,113\sim 119,127\sim 133,141\sim 147,155\sim 161,169\sim 175,183\sim 189,197$,它们中任何两数之差不等于 7,故所求 n 的最大值$\leqslant 196$.另一方面,从 $1,2,\cdots,196$ 中任取 99 个数,由抽屉原理知其中至少有 $[\frac{99-1}{7}]+1=15$ 个数除以 7 的余数相同.设这个余数为 r,而在 $1,2,\cdots,196$ 中恰有 $196\div 7=28$ 个数除以 7 的余数为 r,故取出的 15 个被 7 除余数为 r 的数中一定有 2 个数之差等于 7.

综上可知,所求 n 的最大值为 196.

22.首先,对任意非负整数 k,从 $\{k+1,k+2,k+3,k+4,k+5,k+6,k+7,k+8\}$ 中最多取出 2 个数,使得它们的差不是质数.事实上,只要考虑集合 $\{1,2,3,4,5,6,7,8\}$,把它们分为 3 组:$A=\{5\}$,$B=\{1,3,6,8\}$,$C=\{2,4,7\}$.在 B,C 中任意两数之差均为质数,故 B,C 中至多各取出一个数.若 5 取出,则 B 中 1 和 6 可取出 1 个,对于 1,5,C 中的数不能取出,对于 5,6,C 中的数也不能取出.若 5 不取出,则 B,C 中最多各取出一个数,一共至多取出 2 个数,故 $\{k+1,k+2,\cdots,k+8\}$ 中至多取出 2 个

数,它们的差不为质数,从而 $\{1,2,\cdots,2000\}$ 中最多取出 $\dfrac{2000}{8}\times 2=500$ 个数,使其中任意两个数之差不是质数. 另一方面,对于 $4,4\times 2,4\times 3,\cdots,4\times 500$ 这 500 个数,其中任意两个之差是 4 的倍数,不为质数. 综上可知,从 $1,2,\cdots,2000$ 中最多能取出 500 个数,使其中任意两个之差不为质数.

23. 假设甲库原来存粮 a 袋,乙库原来存粮 b 袋,依题意得 $2(a-90)=b+90$.　　　　①

假设乙库调 c 袋到甲库,则甲库存粮是乙库的 6 倍,即 $a+c=6(b-c)$.　　　　②

由①得 $b=2a-270$.　　　　③

将③代入②,并整理得 $11a-7c=1620$,于是 $c=\dfrac{11a-1620}{7}=a-232+\dfrac{4(a+1)}{7}$. 又 a,c 是正整数,从而 $\dfrac{11a-1620}{7}\geqslant 1$,即 $a\geqslant 148$;并且 7 整除 $4(a+1)$,又因 4 与 7 互质,所以 7 整除 $a+1$. 经检验知 a 的最小值是 153,所以甲库原来最少存粮 153 袋.

24. 设 10 个学生为 $a_1,a_2,\cdots,a_{10}$,n 个课外活动小组为 $B_1,B_2,\cdots,B_n$.

首先,每个学生至少参加了两个课外活动小组,否则,若有某个学生只参加一个课外活动小组,不妨设这个学生为 a_1,他参加的小组为 B_1,则由于每两个学生都至少参加一个小组,所以 B_1 内就有 10 个人了,于是对 B_1,B_2 不存在两人,他们都不在 B_1、B_2 内. 矛盾.

若有一个学生恰参加两个课外活动小组,不妨设 a_1 恰参加 B_1 和 B_2,由题设,至少有两个学生,他们没有参加这两组,于是,他们与 a_1 没有参加同一个小组,矛盾.

所以,每个学生至少参加三个课外活动小组.

于是参加 n 个课外活动小组 $B_1,B_2,\cdots,B_{10}$ 的人数之和不小于 $3\times 10=30$.

另一方面,每个课外活动小组至多有 5 人参加,所以 n 个小组 $B_1,B_2,\cdots,B_n$ 至多有 $5n$ 人参加,故 $5n\geqslant 30,n\geqslant 6$.

下面例子说明 $n=6$ 可以达到.

$B_1=\{a_1,a_2,a_3,a_4,a_5\}$,$B_2=\{a_1,a_2,a_6,a_7,a_8\}$,$B_3=\{a_1,a_3,a_6,a_9,a_{10}\}$,$B_4=\{a_2,a_4,a_7,a_9,a_{10}\}$,$B_5=\{a_3,a_5,a_7,a_8,a_9\}$,$B_6=\{a_4,a_5,a_6,a_8,a_{10}\}$,易检验这样的 6 个课外活动小组满足题设条件,所以,n 的最小值是 6.

25. 设 $a=m-70$,则 $\sqrt{a-104}+\sqrt{a+104}=n$,两边平方得 $2a+2\sqrt{a^2-104^2}=n^2$. 令 $a^2-104^2=b^2$(b 为正整数),则 $(a-b)(a+b)=104^2$. 由于 $a-b$ 与 $a+b$ 同奇偶,即同为偶数,所以当 $a-b=2$ 时,$a+b$ 取最大值 52×104. 这时,$n^2=2(a+b)=104^2$ 为最大,所以 n 的最大值是 104.

26. 这一问题等价于:在 $1,2,3,\cdots,2004$ 中选出 $k-1$ 个数,使得其中任何 3 个数都不能成为一个三角形的三边(互不相等)的长,试问:满足条件的 k 的最大值是多少? 当 $k=4$ 时,满足上述要求的最小 3 个数是 $1,2,3$. 由此不断扩大该数组,只要加入的数大于或等于已得数组中最大的 2 个数之和.

为了使 k 达到最大,可选加入的数等于已得数组中最大的 2 个数之和,于是得到 $1,2,3,5,8,13,21,34,55,89,144,233,377,610,987,1597$ ①共 16 个数. 对于任意满足条件的一组数 $a_1<a_2<\cdots<a_n$,显然对每个 $i(1\leqslant i\leqslant n)$,$a_i$ 总是大于或等于①中第 i 个数,所以 $n\leqslant 16\leqslant k-1$,从而所求 k 的最小值是 17.

27. 设购买 8 元的票为 x 张,则购买 10 元的票为 $160-x$ 张. 依题意,得 $160-x\geqslant 2x,x\leqslant 53\dfrac{1}{3}$. 要使买票的钱最少,必须 8 元的票买得最多,但 8 元的票最多只能买 53 张,从而 10 元的票买 107 张,

所需的钱为 $53×8+107×10=1494$(元).故购买 8 元票 53 张,10 元票 107 张时所花的钱最少,最少需要 1974 元.

28. 称得分最多的队为优胜队.设 A 队胜 n 场平 m 场,则 A 队总分为 $2n+m$ 分.由已知条件,其他每一队至少胜 $n+1$ 场,即得分不少于 $2(n+1)$ 分.于是 $2n+m>2(n+1)$,$m≥3$.因此,可找到一队,它与 A 打成平局,这个队的得分至少为 $2(n+1)+1$ 分,于是 $2n+m>2(n+1)+1$,$m≥4$.设共有 s 个队参赛,则优胜者至少要胜一场,否则它的得分不超过 $s-1$ 分,其他每一队的得分严格少于 $s-1$,于是所有参赛队的得分总和严格少于 $s(s-1)$,这与 s 队所得总分应为 $s(s-1)$ 矛盾.于是 $m≥4$,$n≥1$,即 A 队至少要进行 5 场比赛,故参赛队至少有 6 队.另一方面如下表所示:一共有 6 个队参赛,其中 A 队得分最多,但它获胜的场次最少,满足题设要求,故最少有 6 支球队参赛.

	A	B	C	D	E	F	得分
A		1	1	1	1	2	6
B	1		2	0	0	2	5
C	1	0		0	2	2	5
D	1	2	2		0	0	5
E	1	2	0	2		0	5
F	0	0	0	2	2		4

29. 对任意两个球队 A 和 B,必有球队 C 同时打败了 A 和 B.同理,又有球队 D 同时打败了 A 和 C,还存在球队 E 同时打败了 A 和 D,于是任意球队 A 至少被 3 个球队 C、D、E 打败.不妨设 A 是所有队伍中取胜场数最多的队,于是由前述推理知 A 队至少被 3 个球队打败,即 A 至少失败了 3 场,而 A 是胜的场次最多的队,故 A 获胜的场次不少于失败的场次(否则,各队取胜的总场数少于失败的总场数,这与任何比赛中胜的总场数与败的总场数相等,矛盾),因此 A 至少胜了 3 场,也至少败了 3 场,所以至少有 7 个队参加了比赛.另一方面,下表列出了 7 个队 $A_1,A_2,A_3,\cdots,A_7$ 参赛的符合题意的例子,故最少有 7 个队参加比赛.

	A_1	A_2	A_3	A_4	A_5	A_6	A_7	胜场数	负场数
A_1		负	胜	负	胜	负	胜	3	3
A_2	胜		负	负	胜	负	胜	3	3
A_3	负	胜		胜	胜	负	负	3	3
A_4	胜	负	负		胜	胜	负	3	3
A_5	负	胜	负	负		胜	胜	3	3
A_6	胜	胜	胜	负	负		负	3	3
A_7	负	负	胜	胜	负	胜		3	3

30. 易检验数组 $M=\{-3,-2,-1,0,1,2,3\}$ 中任取 3 个数,其中必有 2 个数,它们的和也在 M 中(事实上,若取的 3 个数中同时含有 $±3$,则 $-3+3=0$ 在 M 中.若取的 3 个数中不同时含有 3 和 -3,则其中必有 2 个数 a 和 b,它们的绝对值都不大于 2,于是 $a+b$ 在 M 中).

另一方面,设 $M=\{a_1,a_2,\cdots,a_m\}$($m≥8$,且 $a_1>a_2>\cdots>a_m$)满足题目条件.因为每个数乘 -1,不会改变 M 满足题目条件的性质,故可设 $a_4>0$,于是 $a_1+a_2>a_1+a_3>a_1+a_4>a_1$,从而 a_1+a_2,

a_1+a_3,a_1+a_4 都不在 M 中,并且 a_2+a_3 与 a_2+a_4 不可能都在 M 中(因 $a_2+a_3>a_2$,$a_2+a_4>a_2$,且 $a_2+a_3\neq a_2+a_4$,而 M 中只有一个数 $a_1>a_2$),这样 (a_1,a_2,a_3) 或 (a_1,a_2,a_4) 至少有一组中任何 2 个数之和不在 M 中,即 $m\geq 8$ 时,M 不满足题目要求,故 M 中最多有 7 个数.

模拟实战五

1. 注意最不利的情形点 A、B、C、D 中有 3 点构成边长等于 1 的正三角形,覆盖此三角形的圆的半径不小于此正三角形外接圆的半径 $\frac{\sqrt{3}}{3}$,再分几种情形证明最小覆盖圆的半径就是 $\frac{\sqrt{3}}{3}$.

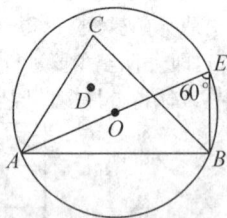
第 1 题

(1)A,B,C,D 共线,这时 4 点在一条长度不超过 1 的线段内,结论显然成立;

(2)A,B,C,D 中有 3 点(例如 A,B,C)构成一个三角形,第 4 点 D 在此三角形内.不妨设 $\angle C\geq 60^\circ$,以 AB 为弦作圆 O,使 AB 所对的弓形弧(含 C 的一侧)为 60°,则此圆 O 覆盖 A、B、C、D 4 点.作此圆直径 $AE=2R$,则 $(2R)^2-R^2=AE^2-BE^2=AB^2\leq 1$,即 $R\leq\frac{\sqrt{3}}{3}$,故 A、B、C、D 4 点被一个半径不大于 $\frac{\sqrt{3}}{3}$ 的圆覆盖;

(3)A,B,C,D 是一个凸四边形的 4 个顶点,则 $\angle A+\angle C$,$\angle B+\angle D$ 中必有一个不小于 180°,不妨设 $\angle B+\angle D\geq 180^\circ$,同(2)可证 $\triangle ABC$ 的外接圆半径 $\leq\frac{\sqrt{3}}{3}$,且由 $\angle B+\angle D\geq 180^\circ$ 知 D 点也在这个圆内或圆周上,故 A、B、C、D 可以被一个半径不大于 $\frac{\sqrt{3}}{3}$ 的圆所覆盖.

综上可得,所求最小覆盖圆的半径为 $\frac{\sqrt{3}}{3}$.

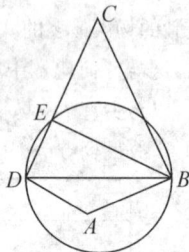
第 2 题

2. 四边形的 4 个内角中至少有一个 $\geq 90^\circ$,不妨设 $\angle A\geq 90^\circ$,以对角线 BD 为直径的圆 O 必覆盖 $\triangle ABD$.若 $\angle C\geq 90^\circ$,则圆 O 覆盖四边形 $ABCD$,结论成立.若 $\angle C<90^\circ$,则 C 在圆外,圆 O 与 CD、CB 中至少一条线段相交,不妨设圆 O 与 CD 交于 E,于点分别以 BD、BC 为直径的两个圆覆盖四边形 $ABCD$.

3. 如图,设直径为 1 的圆 O 能被两个直径小于 1 的圆 O_1 和 O_2 覆盖.过 O 作圆 O 的直径 $AB\perp OO_1$(O 与 O_1 重合时,AB 为圆 O 的任意一条直径),则 $O_1A\geq OA$,$O_1B\geq OB$,故 A,B 都不被 $\odot O_1$ 所覆盖,从而 A,B 都被 $\odot O_2$ 所覆盖,于是 $\odot O_2$ 的直径 $\geq AB=1$,这与已知条件矛盾.故两个直径小于 1 的圆不能覆盖一个直径等于 1 的圆.

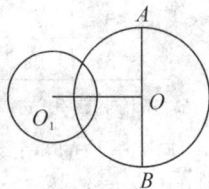
第 3 题

4. 设凸 n 边形的 n 条边的长为 a_1,$a_2\cdots$,a_n.以凸 n 边形的每一边为底,向凸 n 边形内作高为 $\frac{S}{p}$ 的矩形,于是这些矩形面积之和为 $a_1\cdot\frac{S}{p}+$

$a_2 \cdot \dfrac{S}{p} + \cdots + a_n \cdot \dfrac{S}{p} = (a_1 + a_2 + \cdots + a_n) \cdot \dfrac{S}{p} = S$. 因为相邻边上的两个矩形必重叠，故这 n 个矩形不能覆盖凸 n 形，所以凸 n 边形内存在一点 O 不属于这 n 个矩形，于是以 O 为圆心，$\dfrac{S}{p}$ 为半径的圆被以凸 n 边形所覆盖.

5.(1)因为对于半径为 1 的圆,边长为 1 的正三角形至多盖住 $60°$ 的弧,边长为 1 的正方形至多盖住 $90°$ 的弧,边长为 1 的正五边形至多盖住 $120°$ 的弧(因边长为 1 的正五边形对角线的长 < 边长为 1 的正六边形对角线的长 = $\sqrt{3}$),而 $60° + 90° + 120° < 360°$,所以甲、乙、丙合起来不得盖住半径为 1 的圆.

(2)如图所示,用甲、乙、丙、丁合起来可盖住半径为 1 的圆.

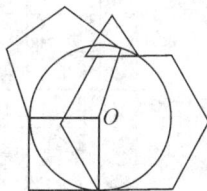

第 5 题

6.(1)将棋盘分成 16 个 2×2 的正方形,因为有 $8 \times 8 - 3 \times 10 = 34$ 个小方格没有被木块盖住,故这 16 个 2×2 的正方形中必有一个内至少有 $\left[\dfrac{34-1}{16}\right] + 1 = 3$ 个方格没有被盖住,于是这个正方形内还可以放入 1 块 L 形木块.

(2)如图,放入 11 块无重叠的 L 形木块后,余下部分不能再放入 1 块 L 形木块.

7.将 8×8 方格纸中第 1,3,5,7 各列的各小方格内填上数 1,第 2,4,6,8 列的各小方格内填上数 -1,由于剪去的一角是 2×2 的正方形,其内的数字和为 0,于是剩下 60 个方格内的数字和为 0.

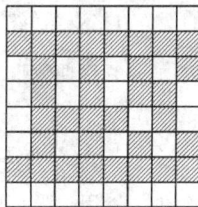

第 6 题

假设题目要求可达到,由每块 L 形纸片盖住的数字和为 2 或 -2,并设其中有 n 块内的数字各为 2,其余 $15-x$ 块内的数字和为 -2,于是 $2x + (-2)(15-x) = 0$,$x = \dfrac{7}{2}$ 不是整数,矛盾.

因此,题设的要求做不到.

8.(1)因每个 L 形含 3 个小方格,而 1985×1987 不被 3 整除,所以 1985×1987 的矩形不能分割成若干个 L 形.

(2)因 L 形既可拼成 2×3 的矩形也可拼 7×9 的矩形(如图),而 $1987 \times 1989 = 1980 \times 1989 + 7 \times 1989 = (2 \times 3) \times (990 \times 663) + (7 \times 9) \times 221$,故 1987×1989 的矩形能被分割成若干个 L 形.

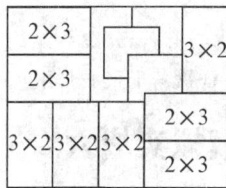

第 8 题

9.解法一:如图(a)将 8×8 地面每个小方格内分别填入数字 1,2,3,4,于是每块 4×1 的瓷砖恰覆盖数字为 1,2,3,4 的小方格各一格. 15 块 4×1 的瓷砖按要求覆盖地面后,剩下的 4 个小方格内的数字必是 1,2,3,4,它不可能被一块 2×2 的瓷砖覆盖(因每块 2×2 的瓷砖覆盖的 4 个小方格的数字中必有一条对角线上的两个小方格内的数字相同,不可能是 1,2,3,4). 故不能按题目要求铺满地板.

解法二:如图(b)用间隔为 2 格且与主对角线平行的斜线内各格同色的染色方式以黑、白两种颜色将 8×8 地面的每个小方格染色,显然,地面上黑格、白格各有 32 个,每块 4×1 的瓷砖无论怎样摆放总是盖住 2 个白格和 2 个黑格,而每块 2×2 的瓷砖不论怎样摆放总是盖住 3 个白格和 1 个黑格或者 3 个黑格和 1 个白格,故盖好 15 块 4×1 的瓷砖后剩下的 2 个白格和 2 个黑格不可能被 1 块 2×2 的瓷砖覆盖,所以不能按题目要求铺满地板.

1	2	3	4	1	2	3	4
2	3	4	1	2	3	4	1
3	4	1	2	3	4	1	2
4	1	2	3	4	1	2	3
1	2	3	4	1	2	3	4
2	3	4	1	2	3	4	1
3	4	1	2	3	4	1	2
4	1	2	3	4	1	2	3

(a)

(b)

第 9 题

10.(1)因每张 L 形纸片由 4 个小方格组成且 $m \times n$ 矩形由若干个 L 形组成,故 mn 是 4 的倍数,于是 m,n 中必有一个是偶数.不妨设 n 是偶数,设将 $m \times n$ 矩形中奇数行的每一个方格染白色,偶数行的每个方格染黑色,于是每张 L 形纸片覆盖奇数个黑格.因一共有 $\left[\frac{m}{2}\right] \times n$ 个黑格,且 $\left[\frac{m}{2}\right] \times n$ 是偶数,故必须用偶数张 L 形纸片才能覆盖 $m \times n$ 矩形.设一共用了 $2k$ 张纸片,于是 $mn = 4 \times 2k = 8k$,是 8 的倍数.

(2)情形 1:若 m,n 都是偶数,不失一般性设 n 是 2 的倍数,m 是 4 的倍数,因 2 张 L 形纸片可组成一个 4×2 的矩形,且 $\frac{1}{8}mn$ 个 4×2 的矩形可组成一个 $m \times n$ 的矩形,故这时,$m \times n$ 矩形可用 $\frac{1}{4}mn$ 张 L 形纸片覆盖.

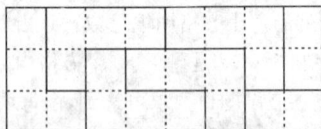

第 10 题

情形 2:m,n 中一个是奇数,不妨设 m 是奇数,n 是 8 的倍数,因 $m > 1$,故 $m \geqslant 3$.而如图,6 张 L 形纸片可组成一个 3×8 的矩形,且 $\frac{n}{8}$ 个 3×8 的矩形可组成 3×n 的矩形.若 $m = 3$ 则结论已成立,若 $m > 3$,则 $m - 3$ 为偶数,故余下的 $(m-3) \times n$ 的矩形能像情形 1 一样被若干张 L 形纸片覆盖,从而 $m \times n$ 矩形能被若干张 L 形纸片覆盖.

模拟实战六

1.用 1 代替黑子,-1 代替白子,并注意到同色之间放黑子正好对应"同号相乘为正",异色之间放白子正好对应"异号相乘为负",于是规定的操作正好对应"相邻两数之积".记最初 4 个棋子依次对应的数为 x_1,x_2,x_3,x_4,则进行如下操作:$(x_1,x_2,x_3,x_4) \rightarrow (x_1x_2,x_2x_3,x_3x_4,x_4x_1) \rightarrow (x_1x_3,x_2x_4,x_3x_1,x_4x_2) \rightarrow (x_1x_2x_3x_4,x_1x_2x_3x_4,x_1x_2x_3x_4,x_1x_2x_3x_4) \rightarrow (1,1,1,1)$,即可经过 4 次操作使所有棋子成为黑子,并且当 $x_1 = x_2 = x_3 = -1$,$x_4 = 1$ 时,至少要操作 4 次才能使 4 粒棋子成为黑子,故最多要经过 4 次操作才能使 4 粒棋子都成为黑子.

2.因为 $a > 0$,$b > 0$ 时,$\frac{1}{a} + \frac{1}{b} - \frac{4}{a+b} = \frac{(a-b)^2}{ab(a+b)} \geqslant 0$,$\frac{1}{a} + \frac{1}{b} \geqslant \frac{4}{a+b}$,故知所有操作过程中所有

数的倒数之和不增加. 开始时,n 个数 1 的倒数之和等于 n,所以最后这个数 x 的倒数 $\frac{1}{x} \leqslant n$,即最后这个数 $x \geqslant \frac{1}{n}$.

3. 设顶点依次为 A_1、A_2,$\cdots$,A_n,顶点 A_i 处的火柴数用 a_i 表示. 假设在顶点 a_i 处进行了 x_i 次操作 $(i=1,2,\cdots,n)$,那么,操作结束后,顶点 A_i 处的火柴数为 $a_i-2x_i+(x_{i-1}+x_{i+1})(i=1,2,\cdots,n,$ $x_0=x_n,x_{n+1}=x_1)$.

依题意 $a_i-2x_i+(x_{i-1}+x_i)=a_i$,即 $2x_i=x_{i-1}+x_{i+1}(i=1,2,\cdots,n,x_0=x_n,x_{n+1}=x_1)$. 不妨设 $x_1=\min\{x_1,x_2,\cdots,x_n\}$,由 $2x_1=x_n+x_2 \geqslant 2x_1$ 得 $x_2=x_n=x_1=\min\{x_1,x_2,\cdots,x_n\}$,再由 $2x_2=x_1+x_3 \geqslant 2x_2$,得 $x_3=x_2$,如此下去可得 $x_1=x_2=\cdots=x_n$. 所以操作的总次数为 $x_1+x_2+\cdots x_n=nx_1$,而操作总次数是 n 的倍数.

4. 设盘子的位置是数轴上的整点 $1,2,3,4,5,6$. 由于相邻的两个位置的奇偶性不同,所以每次移动改变了两个盘子所在位置的奇偶性,每次移动有三种可能:

(1)将两个奇数位置的盘子移到偶数位置.

(2)将两个偶数位置的盘子移到奇数位置.

(3)将一个奇数位置的盘子移到偶数位置,同时将一个偶数位置上的盘子移到奇数位置. 无论哪种情况,在奇数位置上盘子数目的奇偶性不变,而一开始时,在奇数位置上的盘子数(3 个)是奇数,这表明无论操作多少次不可能将 6 只盘子叠在一起(因为 6 个盘子叠在一起时在奇数位置上的盘子数应为 6 或 0).

5. 记 $c=ab+a+b$,则 $c+1=(a+1)(b+1)$,这就意味着,如果将操作开始时和进行时所出现的数都加 1,那么问题就变成了从 2 和 3 出发,每次所得的新数都是原来有的两个数的乘积,从而黑板上出现的所有数都有 $2^n \cdot 3^m$(m,n 为非负整数)的形式,而且除了开始的两个数外,m,n 都是正整数,反之任意数如 $2^n \cdot 3^m$ 的数可以在黑板上出现,因此,在原来情形下,经过操作出现的数都有 $2^n \cdot 3^m-1$ 的形式. 注意到 $13121=2 \cdot 3^8-1,12131=2^2 \cdot 3^2 \cdot 337-1$,便知黑板上可写出 13121,但不能写出 12131.

6. 每次操作时,该行最左端的数只作减数 1 次,最右端的数只作被减数 1 次,中间每个数都是作减数和被减数各 1 次,因此,每次操作之后,这些数中各数之和增加 $8-1=7$.

故操作 100 次之后,所得一行数的和为 $S=1+9+8+8+7 \times 100=726$.

7.(1)能够得到,事实上经过 5 次操作即可:

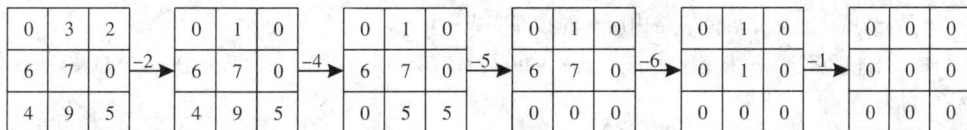

(2)考虑一般形式,如图所示各格内填入的数依次为 a,b,c,d,e,f,g,h,k,按操作规则,任意相邻的数都加上同一实数,因此,每次操作不改变 $S=(a+c+e+g+k)-(b+d+f+h)$ 的值.

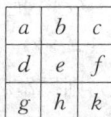

而表格初始状态 S 的值为 $S_1=(0+2+7+4+5)-(3+6+9+0)=0$,而要达到

第 7 题

191

的状态 S 的值为 $S_2=(1+1+0+1+1)-(0+0+0+0)=4\neq S_1$,故按照规定的操作不可能达到题目预定的目标.

8.如图,将正方形的棱分成 4 组:$\{AA_1,B_1C_1,CD\}$,$\{BB_1,C_1D_1,DA\}$,$\{CC_1,D_1A_1,AB\}$,$\{DD_1,A_1B_1,BC\}$,不论甲涂红的是哪 3 条棱,上述四组中总有一组的 3 条棱尚未涂色,乙只要把这 3 条棱涂成绿色,则正方体的每个面上都至少有一条绿色棱,甲就无法取胜了.

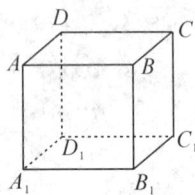

第 8 题

9.甲胜.甲可以采取如下策略:第 1 步将棋子放在棋盘的左下角的方格中,并将余下棋盘全部划分成 2×1 或 1×2 的矩形.乙每下一步棋子,则甲将棋子下在乙刚才所放棋子的 1×2 矩形中的另一个方格内.显然,只要乙有处可下子,甲总可随之下子,所以甲可稳操胜券.

10.甲有必胜策略.如图 19×94 的方格表可分成 2 个 19×38 的方格表,1 个 18×18 的方格表及 1 个 1×18 的方格表.甲首先将其中 18×18 的方格表中每一格涂成黑色,余下部分被对称轴分成左、右对称的两部分,且任何一个正方形 $k\times k(1\leq k\leq19)$ 或者在左半部分或者在右半部分,以后轮到甲时,只要将乙刚刚涂黑的正方形关于轴对称的那个正方形涂黑就可保证必胜无疑.

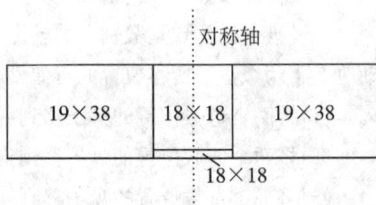

第 10 题

11.甲有必胜策略.甲首先向右走到第 75 列下方的方格中,即方格纸上最右方的 19×19 正方形的左下角方格,并设这个 19×19 正方形中从左下角到右上角的对角线为 l,轮到乙走时,他必然将棋子向右或向上走离对角线 l,则甲只须向上或向右走与乙相同的方格数又可使棋子回到对角线 l 上.经过若干次,甲必然使棋子达到右上角的方格中,从而乙无法再走而告负.

12.最初各格内填入的数用 $a_1,a_2,\cdots,a_9$ 表示,其中 $a_i=+1$ 或 -1,以后各表中 $(i_1,i_2,\cdots,i_k)$ 表示 $a_{i1},a_{i2},\cdots,a_{ik}$ 的乘积,$*$ 表示方格内数为 $+1$.

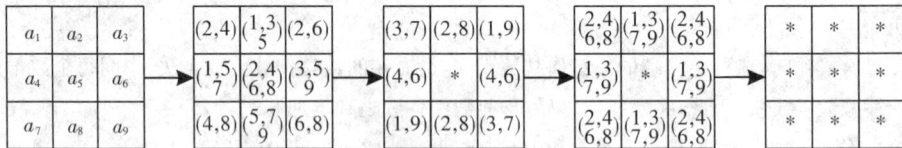

a_1	a_2	a_3
a_4	a_5	a_6
a_7	a_8	a_9

→

$(2,4)$	$(1,3,5)$	$(2,6)$
$(1,5,7)$	$(2,4,6,8)$	$(3,5,9)$
$(4,8)$	$(5,7,9)$	$(6,8)$

→

$(3,7)$	$(2,8)$	$(1,9)$
$(4,6)$	$*$	$(4,6)$
$(1,9)$	$(2,8)$	$(3,7)$

→

$(2,4,6,8)$	$(1,3,7,9)$	$(2,4,6,8)$
$(1,3,7,9)$	$*$	$(1,3,7,9)$
$(2,4,6,8)$	$(1,3,7,9)$	$(2,4,6,8)$

→

$*$	$*$	$*$
$*$	$*$	$*$
$*$	$*$	$*$

第 12 题

于是,经过 4 次操作可使表格内所有的数都变成 $+1$.

13.(1)能够做到.具体操作如下:$(19,8,9)\to(21,7,8)\to(23,6,7)\to(22,5,9)\to(24,4,8)\to(23,3,10)\to(22,2,12)$.

(2)不能达到.由于每次操作后,每堆石子数或者减少 1 或者增加 2,不妨写为 $(a,b,c)\to(a-1,b-1,c+2)$.若 a,b,c 对模 3 不同余,不妨设 $a\equiv0(\bmod3)$,$b\equiv1(\bmod3)$,$c\equiv2(\bmod3)$(其他情形类似),则操作后 $a-1,b-1,c+2$ 对模 3 仍不同余,即 $a-1\equiv2(\bmod3)$,$b-1\equiv0(\bmod3)$,$c-1\equiv1(\bmod3)$.于是每次操作后却不改变这三个数被 3 除的余数互不相等的关系.由于 $19,8,9$ 被 3 除的余数为 $1,2,0$,而 $12,12,12$ 被 3 除的余数是 $0,0,0$.所以无论怎样操作,不可能使三堆石头数都变成

12.

14. 将 26 个英文字母按其在英文字母表中序号的奇偶性分别对应于 1 和 0，则表(1)，(2)分别化为表(1′)，(2′)。这时表(1′)中共 5 个 1，表(2′)中共 8 个 1，而每次操作后表中 1 的个数的改变之差只为 $4,2,0,-2,-4$ 之一，即 1 的个数的奇偶性不变，所以表(1′)永远不可能变到表(2′)。

1	1	0	0
0	0	0	0
0	1	1	0
1	0	0	0

1	0	0	1
0	1	0	1
0	0	0	1
1	0	1	1

(1′)   (2′)

第 14 题

15. 我们用 $(a_0,a_1,\cdots,a_n)$ 表示黑盒内有 a_0 个球，编号为 i 的白盒内有 a_i 个球($i=1,2,\cdots,8$)的状态。题目要证明存在唯一的初始状态 $(a_0,a_1,\cdots,a_n)$ 满足 $a_0=0,a_1+a_2+\cdots a_8=8$，使 $(a_0,a_1,\cdots,a_8) \xrightarrow{\text{有限次操作} A} (8,0,0,0,0,0,0,0,0)$。

先证存在性。若 $a_i\geqslant 1(0\leqslant i\leqslant k-1),a_k=0$，定义逆操作 A^{-1} 如下：$(a_0,a_1,\cdots,a_{k-1},0,a_{k+1},\cdots,a_8) \xrightarrow{A^{-1}} (a_0-1,a_1-1,\cdots,a_{k-1}-1,k,a_{k+1},\cdots,a_8)$。

我们对 $(8,0,0,0,0,0,0,0,0)$ 逐步作逆操作 A^{-1} 直到 $a_0=0$ 为止：$(8,0,0,0,0,0,0,0,0) \xrightarrow{A^{-1}} (7,1,0,0,0,0,0,0,0) \xrightarrow{A^{-1}} (6,0,2,0,0,0,0,0,0) \xrightarrow{A^{-1}} (5,1,2,0,0,0,0,0,0) \xrightarrow{A^{-1}} (4,0,1,3,0,0,0,0,0) \xrightarrow{A^{-1}} (3,1,1,3,0,0,0,0,0) \xrightarrow{A^{-1}} (2,0,0,2,4,0,0,0,0) \xrightarrow{A^{-1}} (1,1,0,2,4,0,0,0,0) \xrightarrow{A^{-1}} (0,0,2,2,4,0,0,0,0)$。反过来，我们从 $(0,0,2,2,4,0,0,0,0)$ 出发作 8 次操作 A 可变到 $(8,0,0,0,0,0,0,0,0)$，注意每次操作后，必须保持 $a_i\leqslant i(i=1,2,\cdots,8)$ 的状态，才有继续操作到最后的可能(因为若某个 $a_{i_0}>i_0$，则按题目中的规定，编号为 i_0 的白盒中 a_{i_0} 个球永远不能取出，移到黑盒中)。

下证唯一性。记 $S_k=a_k+a_{k+1}+\cdots+a_8(k=1,2,\cdots,8)$。由操作 A 的定义知，每经过一次操作 A，或者 S_k 的值不变(取出球的盒子编号小于 k 时)，或者 S_k 的值减少 k (取出球的盒子编号不小于 k 时)，而最后的状态为 $(8,0,0,0,0,0,0,0,0)$，即变为 $S_k=0(k=1,2,\cdots,n)$，故必有 S_k 被 k 整除。设 $S_k=kt_k$，于是 $S_k=a_k+S_{k+1}=a_k+(k+1)t_{k+1}$，即 a_k 应是 S_k 除以 $k+1$ 的余数，即 $a_k=S_k-\left[\frac{S_k}{k+1}\right](k+1)$，于是 $a_1=S_1-2\left[\frac{S_1}{2}\right]=8-2\left[\frac{8}{2}\right]=0,a_2=S_2-3\left[\frac{S_2}{3}\right]=S_1-a_1-3\left[\frac{S_1-a_1}{3}\right]=8-0-3\left[\frac{8-0}{3}\right]=2,a_3=S_3-4\left[\frac{S_4}{4}\right]=S_1-a_1-a_2-4\left[\frac{S_1-a_1-a_2}{4}\right]=8-0-2-4\left[\frac{8-0-2}{4}\right]=2,a_4=S_4-5\left[\frac{S_5}{5}\right]=S_1-a_1-a_2-a_3-5\left[\frac{S_1-a_1-a_2-a_3}{5}\right]=8-0-2-2-5\left[\frac{8-0-2-2}{5}\right]=4,a_5=S_5-6\left[\frac{S_6}{6}\right]=S_1-a_1-a_2-a_3-a_4-\left[\frac{S_1-a_1-a_2-a_3-a_4}{6}\right]=8-0-2-2-4-6\left[\frac{8-0-2-2-4}{6}\right]=0,a_6=S_6-7\left[\frac{S_6}{7}\right]=S_5-a_5-7\left[\frac{S_5-a_5}{7}\right]=0-0-7\left[\frac{0-0}{7}\right]=0,a_7=S_7-8\left[\frac{S_7}{8}\right]=S_6-a_6-8\left[\frac{S_6-a_6}{8}\right]=0-0-8\left[\frac{0-0}{8}\right]=$

$0, a_8 = S_7 - a_7 = 0 - 0 = 0$，于是 $(0,0,2,2,4,0,0,0,0)$ 就是所求的唯一的初始状态.

16. 设 5 个顶点上的整数依次为 x, y, z, u, v，令 $f(x,y,z,u,v) = (x-z)^2 + (y-u)^2 + (z-v)^2 + (u-x)^2 + (v-y)^2$. 若 x, y, z, u, v 中有一个小于 0，例如 $y < 0$，则经过一次操作后，x, y, z, u, v 变为 $x+y, -y, z+y, u, v$，对应的 $f(x+y, -y, z+y, u, v) = (x-z)^2 + (-y-u)^2 + (z+y-v)^2 + (u-x-y)^2 + (v+y)^2$，于是 $f(x+y, -y, z+y, u, v) - f(x, y, z, u, v) = 4yu + y^2 + 2y(z-v) + y^2 - 2y(u-x) + 4vy = 2y \cdot (2u + y + z - v - u + x + 2v) = 2y(x+y+z+u+v) \leqslant -2$，即每调整一次，$f$ 的值至少减少 2，而 $f \geqslant 0$，f 为整数，故经过有限次调整后，5 个顶点上的数必为正.

注 上述解答的关键是 f 的构造，作出的 f 应满足 f 取整数值，$f \geqslant 0$ 且当 $y < 0$ 时，调整后的 $f(x+y, -y, z+y, u, v)$ 的值严格减小. 注意到 $(x+y) - (z+y) = x - z$ 是不变的，故 f 中应出现 $x - z$，要使 $f \geqslant 0$，最好出现 $(x-z)^2$，而由字母轮换对称，便作出了上述 f，但应注意，这样的 f 并不唯一. 例如，也可令 $f = |x| + |y| + |z| + |u| + |v| + |x+y| + |y+z| + |z+u| + |u+v| + |v+x| + |x+y+z| + |y+z+u| + |z+u+v| + |u+v+x| + |v+x+y| + |x+y+z+u| + |y+z+u+v| + |z+u+v+x| + |u+v+x+y| + |v+x+y+z| + |x+y+z+u+v|$.

17. 由 知进行 2 次题设中的操作 A，可将没有染色的 2×3 矩形的每一个小方格都染成红色，我们称这样的 2 次操作 A 为操作 B.

其次，考察 4×4 的正方形方格表，假其中恰有一格已染成红色，不妨设此格在左上角 2×2 的正方形标号为 Ⅰ、Ⅱ、Ⅲ、Ⅳ 的任意小方格内，则用一次操作 A 可将这个 2×2 正方形内其他的 3 格染成红色，余下的方格又可用 4 次操作将它们全部染成红色（如图(a)），即连续 5 次操作 A 可将 4×4 方格表中除任意一格外的其他没有染色的方格都染成红色，我们称连续 5 次这样的操作 A 为操作 C.

$n = 1$ 时，对 2×2 方格表进行一次操作 A，可使每个方格都被染成红色；

$n = 2$ 时，对 4×4 方格表可进行一次操作 C 使每个方格被染成红色；

$n = 3$ 时，6×6 方格表中共有 36 个方格，其中已有 1 个方格被染成红色，余下 35 个方格没有染色，而每一次操作恰使 3 个方格被染成红色，且 35 不是 3 的整数倍，故不可能经有限步骤操作使每个方格都染成红色；

$n = 4$ 时，8×8 正方形可分为 4 个 4×4 的正方形，不失一般性可假设已染红色的一个小方格在左上角 4×4 正方形内（如图(b)）.

我们先用操作 A 将其他 3 个 4×4 正方形公共顶点处的一个 L 形的 3 个小方格染成红色，于是 4 个 4×4 的正方形的每一个内都已有一个小方格已染成红色，故每个 4×4 的正方形都分别可用一个操作 C 将所有小方格染成红色.

$n = 5$ 时，我们总可以将 10×10 的正方形分成 2 个 3×10 的矩形及一个 4×10 的矩形，且可使已染红色的一个小方格在 4×10 的矩形内（当已染色的红色小方格在 10×10 方格表中第 4,5,6,7 行时，4×10 的矩形在 10×10 方格表的中间上、下各一个 3×10 的矩形，否则 4×10 的矩形在 10×10 方格表的上方或下方），且 4×10 的方格表又可分成一个 4×4 的方格表及 4 个 2×3 的方格表且使已染红色的方格在 4×4 方格表内，而每个 3×10 的矩形又可分成 5 个 3×2 的矩形（如图(c)）.

于是我们可以对 4×4 正方形表进行一次操作 C,将它们所有方格染成红色,而对每个 3×2 矩形都分别执行一次操作 B,可将它们的所有方格染成红色,故可经过有限次操作 A,将 10×10 方格表内每一个方格染成红色.

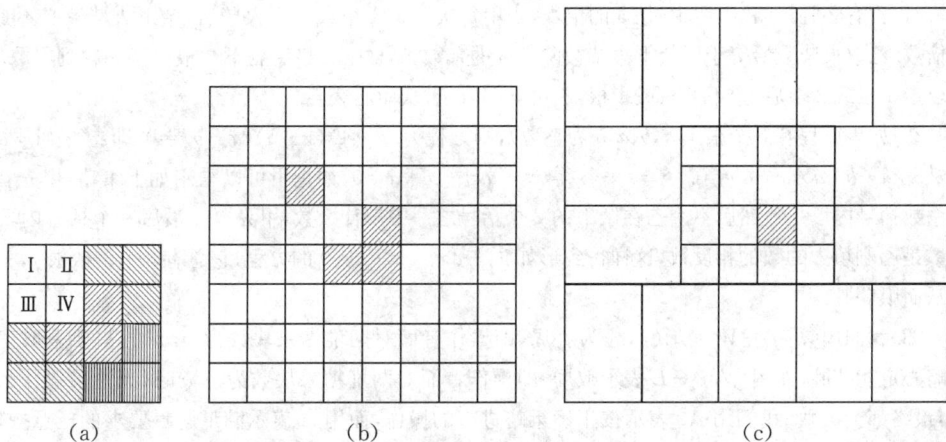

(a)　　　　　　(b)　　　　　　(c)

第17题

注 进一步可以证明如果 $2n\times 2n$ 方格表内恰有一个方格被染成红色,那么当且仅当 n 不是 3 的整数倍时,可用有限次操作 A 将其他没有染色的方格都染成红色.详细证明留给有兴趣和能力的学生去研究.

18. 甲有必胜策略.甲可保证自己依次写出 3,7,15,31,62,125,251,502,1005,2010,并注意到这一列数中后面一个数要么等于前一个数的 2 倍,要么等于前一个数的 2 倍多 1.

将这个数依次记为 $a_1,a_2,\cdots,a_{10}$,首先由开始的数为 2,且 $2+1=3\leqslant 2\times 2-1$,故甲接着可写出 $a_1=3$.

若甲已写出 $a_i(1\leqslant i\leqslant 9)$,则乙接着写的数 k 满足 $a_i+1\leqslant k\leqslant 2a_i-1$.

于是 $k+1\leqslant 2a_i<2a_i+1\leqslant 2k-1$,故甲可接着写 a_{i+1}(因 $a_{i+1}=2a_i$ 或 $2a_i+1$),故不论乙如何写,甲总可以依次写出 $a_1,a_2,\cdots,a_{10}=2010$ 而获胜.

19. 甲必获胜.甲在前 n 步总可以在一条直线 l 上取 n 个点标成红色,这 n 个点形成 $\dfrac{1}{2}n(n-1)$ 个点对,每个点对对 l 的两侧可以各找到一点与这个点对构成一个正三角形的 3 个点对,这 $n(n-1)$ 个点只要有一点标以红色,则甲获胜.因 n 步后乙在平面上恰标了 $10n$ 个绿点,如果 $n(n-1)>10n$,即 $n\geqslant 12$ 时,上述 $n(n-1)$ 中至少有一点没有被标以绿色,甲可以将它标以红点而获胜,故至多经过 13 个回合,甲一定获胜.

20. (1)当 $\dfrac{k}{l}>1$,即 $k>l$ 时,甲有必胜策略.甲可将长为 k 的线段分为长度分别为 k_1,k_2,k_3 的 3 段,满足 $k_1+k_2+k_3=k$,且 $k+l<2k_1<2k$,于是 $(k-k_1)+l<k_1$,即 $k_2+k_3+l<k_1$,这时乙无论将长为 l 的线段分成 3 段,除 k_1 外,其他 5 条线段中长度之和小于 k_1,所以其中任意两条都无法与长度为 k_1 的线段组成三角形,从而甲获胜.

(2)当 $k\leqslant l$ 时,甲将长为 l 的线段分成 3 段,长度为 $k_1<k_2<k_3$,然后乙从自己的线段上截取长

为 l_3 的线段,使 $k_3 \leqslant l_3 < k_2 + k_3$,于是 k_2, k_3, l_3 可组成一个三角形,这时乙手中余下线段的长度 $l - l_3 > k - (k_2 + k_3) = k_1$,于是只要将余下部分等分成 2 条线段,即可与 k_1 一起组成三角形,从而乙获胜.

21. 乙有必胜策略. 因 2010 是 3 的倍数,当甲每次取走 1 根或 2 根火柴后,余下火柴数必不是 3 的倍数. 乙取火柴数恰等于甲余下火柴数除以 3 的余数,这样下去最后剩下 3 根火柴并轮到甲取. 当甲取走 1 根或 2 根后,余下 2 根或 1 根,乙可全部取走,从而乙获胜.

22. 如果方程有 3 个根 $1, a, b (a, b$ 为整数),则方程为 $(x-1)(x-a)(x-b)=0$,即 $x^3 - (1+a+b)x^2 + (a+b+ab)x - ab = 0$. 令 $b = -1$,得 $x^3 - ax^2 - x + a = 0$,于是甲可以采用如下策略:甲先在 x 的系数括号内填 -1,然后不论乙在余下的 2 个括号之一中填什么数,甲只要在最后一个括号内填入的数是乙刚填入的数的相反数,这样得到形如 $x^3 - ax^2 - x + a = 0$ 的方程,它总有 3 个整数根 $1, -1, a$,从而甲获胜.

23. 我们用 $(p, q) \in W$ 表示 (p, q) 为胜局,即操作者面对两堆糖果块数为 p, q 时,只要采取正确策略必定能获胜,而用 $(p, q) \in L$ 表示败局,即操作者面对两堆糖果块数为 p, q 时,无论采取什么操作,最终都会失败. 我们用 A_+ 表示按正确策略进行的操作,而用 A 表示满足题目要求的任意操作,则从结论反推回去有:当 p, q 中有一个等于 1 时,$(p, q) \in W \xleftarrow{A}$ 当 p, q 都为 2 或 3 时,$(p, q) \in L$ $\xleftarrow{A_+}$ 当 p, q 中有一个为 $4, 5, 6$ 时,$(p, q) \in W \xleftarrow{A}$ 当 p, q 都等于 7 或 8 时,$(p, q) \in L \xleftarrow{A_+}$ 当 p, q 中有一个等于 $9, 10, 11, \cdots$

由此可见,当且仅当 p, q 中有一个为 $5k, 5k+1, 5k+4$ 时,$(p, q) \in W$;当且仅当 p, q 中每个等于 $5k+2$ 或 $5k+3$ 时,$(p, q) \in L (k$ 为非负整数).

回到原题,当 p, q 中有一个等于 $5k, 5k+1, 5k+4$ 时,称 (p, q) 为胜局,记为 $(p, q) \in W$;当 p, q 等于 $5k+2$ 或 $5k+3$ 时,称 (p, q) 为败局,记为 $(p, q) \in L (k$ 为非负整数).

我们先证明下列两个引理:

[引理 1] 若 $(p, q) \in L$,则无论操作者怎样操作,一定将败局变为胜局. 事实上,操作者拿掉一堆糖后,将另一堆 $5k+2$ 或 $5k+3$ 块糖分为两堆糖,两堆糖的块数分别为 k_1 和 k_2,则 $k_1 + k_2 \equiv 2$ 或 $3 \pmod 5$;

若 $k_1 \equiv 0, 1$ 或 $4 \pmod 5$,则 $(k_1, k_2) \in W$,否则 $k_1 \equiv 2$ 或 $3 \pmod 5$,于是 $k_2 \equiv 0, 1$ 或 $4 \pmod 5$,仍有 $(k_1, k_2) \in W$. 引理 1 得证.

[引理 2] 若 $(p, q) \in W$,则操作者可采取正确策略,或者直接获胜,或者将胜局变为败局.

事实上,若 p, q 中有一个等于 1 时,则操作者可先拿走块数不等于 1 的那堆糖,然后再拿走块数等于 1 的另一堆糖而获胜.

其次,设 $p > 1, q > 1$,且 p, q 中有一个除以 5 的余数是 $0, 1$ 或 4,不妨设 $q \equiv 0, 1$ 或 $4 \pmod 5$,则操作者可将块数为 p 的那堆糖拿走,而将块数为 q 的那堆糖分为两堆,使两堆的糖果块数 (k_1, k_2) 分别满足 $(k_1, k_2) \equiv (2, 3), (3, 3)$ 或 $(2, 2) \pmod 5$,即 $(k_1, k_2) \in L$,于是引理 2 得证.

因此当开始时,p, q 中有一个 $\equiv 0, 1$ 或 $4 \pmod 5$,即 $(p, q) \in W$. 由引理 2,甲总可以使乙面对败局,而由引理 1 乙无论怎样操作只能将败局变为胜局,而糖果总数严格减少,故经过有限步后,必会出现有一堆糖中只有一块的情形且轮到甲操作,故甲最终获胜.

若一开始,p,q 中每一个除以 5 的余数不是 2 就是 3 时,即 $(p,q) \in L$,则由引理 1 知无论甲怎样操作,总将败局变为胜局,则同上知乙最终将获胜.

模拟实战七

1. 设 A,B,C,D,E 分别得 a,b,c,d,e 分,则 a,b,c,d,e 都是在 92 与 100 之间的正整数,其中 a 最大,$e=96$ 排第三,且 $a+b+c=3 \times 95=285$,$b+c+d=3 \times 94=282$.

两式相减得 $a-d=3$.

若 b 排在第二,则 $b \geq e+1=97$,$a \geq b \geq 97$,$c=285-a-b=91<92$,矛盾.

若 c 排第二,则 $c \geq 97$,$a \geq 97$,$b=285-a-c \leq 91<92$,矛盾.

若 d 排第二,则 $d \geq 97$,$a=d+3 \geq 97+3=100$,故只可能 $a=100,d=97$. 所以选 B.

2. 由题设知每次四人得分总和等于 $2+4+7+13=26$.

又若干次后,四人得分累计总和等于 $16+17+21+24=78$,可见发牌次数为 $78 \div 26=3$ 次.

又得 16 分者最后一次得 2 分,则前两次共得 $16-2=14$ 分,而 2,4,7,13 中只有两次均取 7 分才可能其和得 14 分,故得 16 分者第一次得 7 分. 所以选 C.

3. 设该同学答对 x 题,不答的有 y 题,答错 z 题,依题设有 $x+y+z=6$. ①

$8x+0 \cdot y+2z=20$. ②

其中 x,y,z 均为非负整数,且由②知 $x \leq 2$.

若 $x=0$,则 $z=10$ 与①矛盾. 若 $x=1$,则 $z=6$ 也与①矛盾,而由 $x=2$ 解得 $z=2,y=2$. 故选 D.

4. 设小明、小华各胜 m,n 次 $(m>n)$,则小明得 3^m 分,小华得 3^n 分,从而 $3^m-3^n=675k=3^3 \times 5^2 k$ (k 为正整数),故小华至少胜 3 次,即 n 的最小值为 3,且 $3^{m-n}-1=25 \cdot s$,其中 $s=\dfrac{k}{3^{n-3}}$ 为正整数.

因 $3^r(r=1,2,\cdots)$ 的个位数字按 3,9,7,1 循环,故 $m-n=4t,t$ 为正整数,代入得 $81^t-1=25 \cdot s$,而 $81^t(t=1,2,3,\cdots)$ 的末两位数字按 81,61,41,21,01 循环,故 t 的最小值为 5,$m=4t+n \geq 4 \times 5+3=23$,$m$ 的最小值为 23.

$m-n \geq 20,n=3,m=23$ 时等号成立,即 $m-n$ 的最小值为 20,故小明至少比小华多赢 20 次.

5. 如果老虎说了谎,那么狐狸和兔子讲的是真话,推知狐狸第二,兔子第三,老虎第一,与老虎说谎矛盾,所以老虎说的是真话. 如果狐狸说谎了,那么老虎和兔子讲的是真话,推知老虎第一,狐狸第三,兔子第二,与题意相符. 如果兔子说谎了,那么兔子第一,与老虎说的是真话矛盾.

综上所述,说谎的是狐狸,得第二名的是兔子.

6. 由于相邻的两个星期天相差 7 天,故它们的日期号数的奇偶性必不同,所以如果有 3 个星期天的日期号码都是偶数号,则这三个星期天不是相邻的三个星期天,但一个月至多只能有 5 个星期天,因此,这个月应该有 5 个星期天,且只能是第 1,3,5 个星期天的日期号是偶数. 如果第一个星期天的日期号超过 2,那么第 5 个星期天的日期号将超过 $28+3=31$,矛盾. 故第一个星期天必是该月的 2 号,于是这个月的 8 号必是星期六.

7. 每个月可能有 28 天,29 天,30 天或 31 天. 如果该月是 28 天,则恰好是 4 个整周,所以星期一、星期二、$\cdots$、星期日都应该是 4 个,不可能有星期一多于星期二的情况出现,所以该月不是 28 天. 同理可知,该月不可能是 29 天和 31 天,而只可能是 30 天.由于 30 天是 4 周多 2 天,据题意,这多出来的 2 天应该是星期一和星期日,这只有该月 1 号是星期日才有可能,这样该月最后两天分别是星期日和星期一,于是该月有 5 个星期日和星期一,星期二到星期六都只有 4 个,符合题目要求,所以这个月 5 号是星期四.

8. 一共比赛了 $\frac{1}{2}\times5\times4=10$ 场,如果无平局,那么共得 $3\times10=30$ 分.

而 $8=3+3+1+1,7=3+3+1+0,4=3+1+0+0,1=1+0+0+0$.

四个学校共出现了 5 次平局,故至少有 3 场踢平,所以至多可得的总分为 $30-3=27$ 分.第 5 个学校至多得 $27-8-7-4-1=7$ 分,这个 7 分是可以达到的,如下表就是一种满足题目要求的比赛结果,故第 5 所学校最多得 7 分.

	一	二	三	四	五
一		1	1	1	3
二	1		3	3	0
三	1	0		3	0
四	0	0	0		1
五	0	3	3	1	

9. 4 个队之间一共比赛了 $\frac{1}{2}\times4\times3=6$ 场,故 4 个队的得分的总和最少为 $6\times2=12$ 分,最多为 $6\times3=18$ 分.由于 4 个队的得分是连续自然数,而 $2+3+4+5=14$ 分,$3+4+5+6=18$ 分.若各队得分总和为 18 分,则 6 场球没有平局,但得 5 分的队必须踢成平局,故不可能.若各队得分总和为 14 分,则由 $14=3+3+2+2+2+2$ 知 6 场球中只有 2 场是决出胜负的.其余 4 场都是踢成平局,第一名得 5 分,$5=3+1+1$,即第一名胜 1 场平 3 场;第二名得 4 分,$4=3+1+0$,故第二名胜 1 场平 1 场负 1 场;第四名得 2 分,$2=1+1+0$,故第四名平 2 场负 1 场;第 3 名得 3 分,若 $3=3+0+0$,即第三名胜 1 场负 2 场,则四个队一共胜了 3 场却负了 4 场,矛盾.故只可能 $3=1+1+1$,即第三名平 3 场.总之,一共只有 2 场胜场,即第一名胜第二名和第二名胜第四名,故输给第一名的是第二名,它所得的总分是 4 分.

10. 因为原命题与其逆否命题等值,故由(Ⅲ)推知有毛笔⇒无铅笔,再结合(Ⅳ)和(Ⅱ)推得有毛笔⇒无铅笔⇒有圆珠笔⇒有毛笔,故有毛笔、无铅笔、有圆珠笔三者是等值的,所以(3),(4)正确.

再结合(Ⅰ)知有钢笔的同学没有圆珠笔,从而他有铅笔,故(5)也正确.

若(1)正确,则有毛笔⇒有钢笔$^{(1)}$⇒没有圆珠笔⇒无毛笔,矛盾,故(1)不正确.因为有钢笔$^{(1)}$⇒无圆珠笔⇒无毛笔是正确的,故它的逆命题(2)不一定正确.综上得本题的结论是×、×、√、√、√.

11. 由①与②知甲比乙年龄小,丁比他的两个对手年龄大,故丁不可能比甲年轻.

由③知甲比他的伙伴年龄大,故甲也不是最小,故最小的一定是丙,于是乙的年龄>甲的年龄>丙的年龄.

若丁的年龄比乙大,则与④矛盾.

又丁比他的对手的年龄都大,故丁的年龄应排在乙与甲之间,所以年龄从小到大的顺序是丙<甲<丁<乙,且乙和丁是同伴,甲和丙是同伴.

12.假设有 100 人参加考试,那么做错 1~5 题的分别有 19,15,9,26,21 人,共错了 19+15+9+26+21=90 道题.显然可做到每人最多只错 1 道题.例如,1~19 号只错第 1 题,20~34 号只错第 2 题,35~43 号只错第 3 题,44~69 号只错第 4 题,70~90 号只错第 5 题,90~100 号全对.这样所有同学都为考试合格,合格率为 100%.如果有错误的人都恰好错了 3 道题,那么不合格的人数有 30 人,合格率最少只有 70%.例如,1~19 号错第 1 道,20~30 号及 1~4 号错第 2 题,第 5~30 号错第 4 题,1~9 号错第 3 题,10~30 号错第 5 题,这样 1~4 号做错第 1,2,3 题,5~9 号错第 1,3,4 题,10~19 号做错第 1,4,5 题,20~30 号做错第 2,4,5 题,1~30 号不合格,31~100 号满分,合格率恰为 70%.

13.如图,按题目中条件顺序依次可列方程:
(1)$A=C+F$;(2)$C+E+F=4$;(3)$B=5$;(4)$A=2C$;(5)$A+B+C=8$;(6)$A+G+F=7$;(7)$D=A+1$.

可求出 $A=2,B=5,C=1,D=3,E=2,F=1,G=4$.

于是,题目中各空白区应填入的数依次是①3,②1,③1,④4,⑤10.

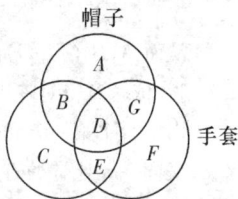

第 13 题

14.按题目涉及的事分为三类:教师、城市、课程三类,分别用三个方框表示,各类中元素用点表示.若两类中事物有关联,则对应两点连实线,否则连虚线(如图 a).

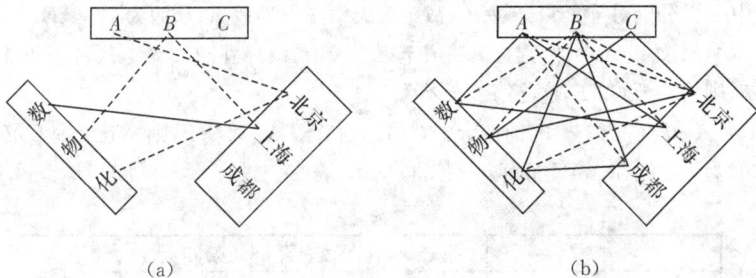

(a)   (b)

第 14 题

下列结论显然成立:①如果以 3 个不同类的点为顶点的三角形中,一条边为实线,第二条边是虚线,那么第三条边是虚线;

②如果某点用 2 条虚线连接另一类中 2 个点,那么这个点应该用实线连接该类中的第 3 个点;

③如果以 3 个不同类的点为顶点的三角形中已有两边连实线,那么第 3 边也应连实线.

于是由①知 B 与数连虚线,由②知 B 与化连实线,再由①B 与北京连虚线,再由②B 与成都连实线,由③化与成都连实线,于是 A 与成都连虚线,再由②知 A 与上海连实线,从而 A 与数连实线.

因此,可知,C、物、北京中任意两点连实线.

综上得 A 在上海教数学,B 在成都教化学,C 在北京教物理.

15.设报 3 的人心里想的数是 x,则报 5 的人心里想的数应是 $2\times4-x=8-x$,报 7 的人心里想的数应是 $2\times6-(8-x)=4+x$,报 9 的人心里想的数应是 $2\times8-(4+x)=12-x$,报 1 的人心里想的数应是 $2\times10-(12-x)=8+x$,报 3 的人心里想的数应是 $2\times2-(8+x)=-4-x$,所以 $-4-x=x,x=-2$,故应填 -2.

16. 设 A,B,C,D,E 的得分依次是 a,b,c,d,e，由 A 的说法得 $a=94$，由 E 的说法得 $e=c+2$，由 C 的说法得 $c=\dfrac{1}{2}(a+d)=47+\dfrac{d}{2}$. ①

于是 $e=49+\dfrac{d}{2}$. ②

由 D 的说法得 $5d=a+b+c+d+e=94+b+\left(47+\dfrac{d}{2}\right)+d+\left(49+\dfrac{d}{2}\right)$，即 $b=3d-190$. ③

而根据他们的说法，排名的顺序为 $b>e$ 及 $e>d$．用②、③代入 $b>e$ 及 $e>d$，得 $3d-190>49+\dfrac{d}{2}$，$49+\dfrac{d}{2}>d$，即 $96\leqslant d\leqslant 97$（$d$ 为整数）．又 $e=49+\dfrac{d}{2}$ 为整数，所以 d 为偶数，故 $d=96$.

从而 A,B,C,D,E 的得分分别是 $94,98,95,96,97$（分）．

17. 依题意得对阵表 1，先考察②，不妨设这场比赛中 D 出场.

由球台 1 第一天和第三天比赛知 D 不可能与 B 和 F 对阵.

又同一天比赛的有 C 和 E，故只能是 $D-A$，则⑥必为 $B-F$.

再考察③，不妨设有 B 出场，于是由第一、二、四天的比赛知 B 不能与 D、F、C 对阵，只可能 B 与 A 或 E 比赛.

若 B 与 A 比赛，则⑦只能是 C 与 E 比赛，这与第二天比赛矛盾.

故③为 $B-E$，⑦为 $A-C$.

前四天中 B 已分别对阵了 D、F、E、C，故第五天中必 B 对阵 A，从而为 B（表 2）.

最后考虑①，不妨设 A 参加，则在第二天至第五天中 A 已对阵 D、C、B，故 A 只可能对阵 E 或 F.

若 $A-F$，则⑤必为 $C-E$，这与第二天矛盾.

所以，①为 $A-E$，⑤为 $C-F$，前四天中 C 分别对阵了 A、B、E、F，则第五天中 C 必对阵 D，于是⑨为 $C-D$，⑩为 $E-F$，④、⑧只能为 $A-F$ 和 $D-E$（表 3）.

表 1

	第一天	第二天	第三天	第四天	第五天
球台 1	$B-D$	$C-E$	$D-F$	$B-C$	$A-?$
球台 2	①	②	③	④	⑨
球台 3	⑤	⑥	⑦	⑧	⑩

表 2

	第一天	第二天	第三天	第四天	第五天
球台 1	$B-D$	$C-E$	$D-F$	$B-C$	$A-B$
球台 2	①	$D-A$	$B-E$	④	⑨
球台 3	⑤	$B-F$	$A-C$	⑧	⑩

表 3

	第一天	第二天	第三天	第四天	第五天
球台 1	$B-D$	$C-E$	$D-F$	$B-C$	$A-B$
球台 2	$A-E$	$D-A$	$B-E$	$A-F$	$C-D$
球台 3	$C-F$	$B-F$	$A-C$	$D-E$	$E-F$

注 同一天球台 2 与 3 上的比赛可交换进行.

18. 该班没有参加语文、数学、外语、自然科学兴趣课的人数分别是 7，5，4，6，故该班至少有 25－(7＋5＋4＋6)＝3 人四门兴趣课都参加，并且可构造四门兴趣课都参加的人数恰为 3 的情形如下：3 人四门兴趣课都参加，7 人参加除语文外其他三门兴趣课，5 人参加除数学外的其他三门兴趣课，4 人参加除外语外的其他三门兴趣课，6 人参加除自然科学外其他三门兴趣课.

19. 用圆周上 6 个点表示 6 个人，如果两人互相握手，那么对应两点连一条线段，否则不连线段.

设其中共连有 n 条线段，要求 n 的最小值使任意三点中必有两点连有线段，不妨设从点 A 出发的线段数最少.

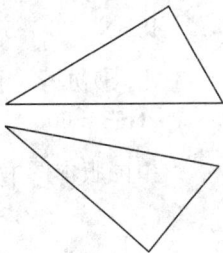

第 19 题

(1)若 A 点与其他点没有连线(孤立点)，则其他任意两点都必须连线，此时至少需连 $\frac{1}{2} \times 5 \times 4 = 10$ 条线段.

(2)若点 A 连出的线段恰有一条，设为 AB，此时 A 与其他四点无线可连，类似情形(1)，这四点之间必须两两连线，这样一共至少连 $1 + \frac{4 \times 3}{2} = 7$ 条线段.

(3)若 A 点出发恰有 2 条线段，此时，从其他每点出发至少也有 2 条线段，于是六个点之间至少连有 $\frac{1}{2} \times 6 \times 2 = 6$ 条线段，如图给出了恰连有 6 条线段的方法.

(4)若 A 点出发的线段至少 3 条，此时，每点出发的线段至少 3 条，图中所连线段数至少为 $\frac{1}{2} \times 6 \times 3 = 9$ 条.

综上得所求 n 的最小值为 6.

图书在版编目（CIP）数据

初中数学竞赛中的组合问题 / 张垚，沈文选，吴仁芳编著 . —长沙：湖南师范大学出版社，2011.1

（奥赛经典丛书·专题研究系列）

ISBN 978-7-5648-0357-5

Ⅰ.①初…　Ⅱ.①张…②沈…③吴…　Ⅲ.数学课—初中—教学参考资料　Ⅳ.G634.605

中国版本图书馆 CIP 数据核字（2010）第 240810 号

初中数学竞赛中的组合问题

张　垚　沈文选　吴仁芳　编著

◇策　　划：廖小刚　周基东
◇责任编辑：廖小刚　周基东
◇责任校对：蒋旭东
◇出版发行：湖南师范大学出版社
　　　　　　地址/长沙市岳麓区　邮编/410081
　　　　　　电话/0731-88873070　88873071　传真/0731-88872636
　　　　　　网址/https://press.hunnu.edu.cn
◇印刷：长沙超峰印刷有限公司
◇开本：787 mm×1092 mm　1/16 开
◇印张：13.25
◇字数：395 千字
◇版次：2011 年 1 月第 1 版　2023 年 10 月第 16 次印刷
◇书号：ISBN 978-7-5648-0357-5
◇定价：36.00 元